山东耕地质量评价与应用丛书

# 历城耕地

李　纲　李树青　朱玉芳　邢　超　主编

山东大学出版社

图书在版编目(CIP)数据

历城耕地/李纲等主编.—济南:山东大学出版社,2013.10
ISBN 978-7-5607-4927-3

Ⅰ.①历… Ⅱ.①李… Ⅲ.①耕地资源—资源评价—历城县
Ⅳ.①F323.211

中国版本图书馆CIP数据核字(2013)第269965号

责任策划:赵 岩
责任编辑:李 港
封面设计:张 荔

出版发行:山东大学出版社
社 址 山东省济南市山大南路20号
邮 编 250100
电 话 市场部(0531)88364466
经 销:山东省新华书店
印 刷:山东鸿杰印务集团有限公司
规 格:787毫米×1092毫米 1/16
9.5印张 12插页 232千字
版 次:2013年10月第1版
印 次:2013年10月第1次印刷
定 价:36.00元

# 《历城耕地》编委会

# 前　言

耕地是人类赖以生存的基本资源和条件。进入21世纪，人口不断增多，耕地逐渐减少，人民生活水平不断提高，保持农业可持续发展首先要确保耕地的数量和质量。“十分珍惜和合理利用土地，切实保护耕地”是必须长期坚持的一项基本国策。新中国成立以来，济南市历城区先后开展了两次土壤普查工作。1980年的第二次土壤普查，全面评述了土壤肥力状况和生产性能，科学地对土壤资源进行了质量评价，为配方施肥、秸秆还田技术的推广应用提供了科学依据。今天，城乡经济出现了前所未有的变化，一方面是各项事业的发展对土地提出了巨大的需求，另一方面是人们对农产品的消费水平不断提高，特别是我国加入世界贸易组织后，国内、国际两大市场对农产品质量要求越来越高。面对人口、资源、环境与经济的多重压力，以及改革开放以来农村经营体制、耕作制度、种植制度和肥料、农药使用等方面发生的巨大变化，耕地质量也发生了很大变化，产生了诸如耕地数量锐减、污染、水土流失、理化性状变差等一系列问题，再用过去的数据指导现实的农业生产已失去意义。2006年，根据山东省农业厅统一安排，济南市历城区开展了耕地地力调查与质量评价工作，对耕地进行了准确“诊断”，查清了耕地基础地力状况、耕地土壤理化性状、水资源状况以及障碍因素，“辨证施治”，为提出耕地资源合理配置建议、种植业结构调整规划、标准化生产意见、农田污染防治措施、可持续发展战略提供了科学依据。

济南市历城区作为2006年山东省耕地地力调查与质量评价的县之一，根据《2006年全国耕地地力调查与质量评价总体工作方案》及《全国耕地地力调查与质量评价技术规程》等方面的技术要求，精心组织，科学谋划，严谨务实，勤奋工作，较圆满地完成了本次耕地地力调查与质量评价工作，并取得了一系列的成果。先后对济南市历城区的11个镇的32047$hm^2$ 耕地进行了调查取样，共布点1478个；化验分析土壤有机质、全氮、碱解氮、有效磷、速效钾、缓效钾、有效硫、有效锌、有效铜、有效铁、有效硼、有效锰、pH等项目17个，共计25126项次；测定分析土壤容重200个。共调查农户1478户，对他们的生产情况按照要求进行了详尽的调查，掌握了第一手资料。通过系统分析，获得了翔实的数据，形成了济南市历城区耕地地力评价工作报告、技术报告、专题报告，绘制了济南市历城区耕地地力等级图、养分等级图等重要图件24幅。

在开展耕地地力调查与质量评价工作的基础上编写了本书，目的就是为济南市历城区的农业科技人员、农村基层干部指导农业提供参考，为济南市历城区发展高产、优质、高效农业生产提供帮助。由于耕地地力调查与质量评价工作涉及多个专业领域，加之我们水平有限，书中难免疏漏之处，敬请读者批评指正。

编　者

2012年11月

# 目 录

## 第一篇 耕地地力调查



## 第二篇 耕地地力分析与评价

# 第三篇 耕地改良与利用对策

# 第四篇　测土配方施肥技术应用与推广

# 第一篇 耕地地力调查

## 第一章 自然与农业生产概况

### 第一节 自然条件

**一、地理位置**

济南市历城区地处东经116°48′～117°22′，北纬36°20′～36°53′，南依泰山，北临黄河，东毗章丘，西与市区接壤，全区耕地面积为32047hm²，总面积为1298.57km²，总人口为92.4万，其中农业人口61.1万，辖15个镇(街道办事处)，602个行政村，其中农业镇11个。

**二、地形、地貌与微地貌单元**

(一)地形、地貌

地形是重要的成土因素，涉及土壤母质、光、水、热条件的重新分配。历城区地处鲁中南低山丘陵与鲁西平原交接地带，地势南高北低，自南向北地貌类型主要为山地、丘陵、平原，海拔高度20～975m。

1.山 地

历城区南部山地面积为870.04km²。一是坡度大于30°的荒坡岭，以砾石石渣及裸露岩为主，生长着生态林及自然灌木、草丛。二是梯田，坡度一般为15°～30°。岭坡梯田分布在山丘中上部，地势陡，地块小，呈环山水平状，阶差大，土层薄，大部分为林地或干果林地。坡麓梯田、沟谷梯田分布在山丘中下部，坡度较缓，地块大，土层厚，土质较肥沃，一年一作或种植水果。三是阶地，位于沟谷与坡麓梯田的下部，地势平缓开阔，受洪积、冲积作用形成，埝高一般为1～2m，土层较深厚，土质较肥沃，为山区的主要作物种植区。四是沿河阶地，分布在诸河河道两侧，地块略大，地势较平坦，土层较厚，土质肥沃，水源充足，是山区河川两岸人民的粮、果、菜生产区。

历城区南部山地系泰山背坡余脉，境内山脉多呈近东西走向，如长城岭、梯子山、康王顶、卧虎山、孤山、云台山、狼猫山等。近南北走向的有跑马岭、摩天岭、穆柯寨、青铜山、玉皇山等，为变质岩和石灰岩，山势蜿蜒起伏，沟谷开阔，河谷发育谷底覆有第四系沉积物，自然形成的大型冲沟终年流水。

境内著名的山峰有长城岭、梯子山、跑马岭、摩天岭、康王顶、穆柯寨、卧虎山、狼猫山、孤山、青铜山、云台山、桃花岭、九女山、黑峪山、莲花山、玉皇山、武将山、鱼山、华山。

2. 丘　陵

中部大部分为山前倾斜平原，海拔为 50～100m，有零星馒头状孤山，相对高度为 40～70m。地面微向北倾斜，坡度为 15°～30°，地貌为沿砂岩走向形成的链状孤山及开阔的河谷平原。冲积发育明显，沟宽几十米至上百米，沟深在 10m 以上。沟崖直立，而沟底平坦，并含有大量的沙、砾石等冲积物。面积为 212.97$km^2$，为风蚀、水蚀严重地区。地面起伏平缓，土层深厚，土质较肥沃，是丘陵区主要粮果生产区。该区障碍因素为干旱缺水。

3. 平　原

平原区分布在胶济铁路以北的唐王、董家、遥墙、王舍人、郭店、华山等镇一带，微地貌发育多存在相对高度为 1～5m 的长条形缓岗，缓岗间分布有倾斜微缓的二坡地和条形洼地，海拔为 20～50m，地面坡度总体渐趋平缓。小清河以北为黄泛平原，地势平坦，有黄河泛滥残留的少量沙岗、沙丘、坑塘洼地及缓岗和古河道，地下水丰富，是历城区主要农田所在地（粮、菜生产，一年两作或一年三作），面积为 215.56$km^2$。条形洼地夏季易积水，土壤有不同程度的盐渍化，对农业生产有一定影响，但改种水稻后，彻底改变了自然面貌。

（二）微地貌单元

地貌影响土壤中物质和能量的转化（水分、盐分、热量的平衡状况），使土壤属性（如理化性状及新生体等）发生变异，形成不同的土壤类型。同时地貌条件与农业生产密切相关，在不同地貌的条件下，农、林、牧等产业结构，以及土壤利用方式均不相同。

全区各地形部位除受自然作用的影响，还深受人为作用的影响，使原来的地质构造所形成的局部地貌景观发生变异。这些变异在人为作用的影响下，呈现一定的规律性。根据地力类型和形态，按照地貌分类原则，由山区到平原，由高到低划分为 10 个类型。

1. 低山岭坡

低山岭坡包括石质土岭、荒坡岭在内，一般坡度大于 30°，广泛分布在全区诸山上部。石质山岭以裸露岩石为主，不宜利用；荒坡岭分布在裸露岩石上部，多为荒坡岭或林地，土层薄，砾石多，仅有少量石渣土。

2. 水平梯田

水平梯田包括岭坡梯田、坡麓梯田、沟谷梯田在内。坡度一般为 15°～30°。岭坡梯田分布在山丘中上部，地势陡，地块小，以梯田的形式环山水平条带状出现，阶差大，土层薄，大部分为农田，部分为林地和干果林地。坡麓梯田、沟谷梯田分布在山丘中下部，坡度稍缓，地块大，土层厚，土质较肥沃，一年一作或一年两作，是山丘地区的主要耕作土壤。

3. 近山阶地

近山阶地包括近山阶地、近山高阶地在内，位于沟谷与坡麓梯田下部，地势平缓开阔，多因洪积、冲积作用成阶梯形。近山高阶地埝高一般为 1～2m，属厚层或深层土壤。近山阶地埝高一般小于 1m，每块地的面积不小于 6667$m^2$，土层深厚，土质肥沃，亦为山丘地区一年两作的主要耕作土壤。

4. 山前倾斜平地

山前倾斜平地包括山前缓平地、山前倾斜平地在内，分布在全区诸山之前的开阔地带，地势平缓，土层深厚，土质肥沃，宜一年两作，是丘陵地区的主要产粮基地。

5. 沿河阶地

沿河阶地分布在诸河之谷两侧，地块较大，地势较平坦，土层厚，土质肥沃，水源充足，宜一年两作或一年三作，稳产、高产，是山区河川两岸人民的粮菜产区。

6. 倾斜平地

倾斜平地包括倾斜平地、缓平地在内，分布在胶济铁路线以北至唐王、遥墙以南的广大平原区，地势平坦，土层深厚，土质肥沃，多为一年两作或一年三作，是本区的主要粮菜产区。

7. 槽型洼地

槽型洼地分布在遥墙镇西北部黄河内侧沿黄一带，地势低洼，潜水位高，土质差，且沙性松散，易受涝碱灾害，是低产区。

8. 交接洼地

交接洼地分布在唐王镇东北部与白云湖交界地带，地势低洼，易积水成灾，土质黏重，产量低而不稳，是尚待改造的低产区。

9. 沙岗地

沙岗地主要分布在遥墙镇东北部、唐王镇北部，因受黄河泛滥的多次影响，形成沙丘，沙岗深达 2～3m，大部分通体为沙，易受风力移动，不保肥水，也为亟待改造的低产区。

10. 河滩地

河滩地分布在遥墙镇大堤以内，因多年受黄河水的淤积，土质一般较好，土层深厚，一年一作，小麦产量高，有“一季吃三年之说”。

## 三、母岩和成土母质

土壤是母岩母质经过长期的自然和人为因素的综合影响而形成的。因此，搞清楚土壤的母岩母质，对于了解本区各土壤类型的分布、特征及土壤理化状况有极为重要的意义。什么样的岩石形成什么样的土壤类型，这是具有一定规律性的。如石灰岩、页岩就容易形成褐土类，砂石岩就容易形成棕壤土类等。

根据地质勘察部门的资料，因处于泰山断块突起的北翼，本区基岩地质情况为一北倾单斜构造。南部山区为泰山褶皱山，南翼断陷，北翼便形成了历城的地质单斜面，并保有微向东北、西北缓倾单斜的原始形态。基岩构造主要是水成岩和火成岩两大类。位于近南部，系太古代片麻岩（即火成岩）构成。向北到山前平原广泛覆盖第四纪沉积，其以下为石炭纪石灰岩。在山前平原灰岩地段中，有大量的火成岩侵入，形成岩体、岩床等结构。如果按地质形成等分类，历城区自南而北依次分布着：前震旦系、寒武系下统、寒武系中统、寒武系上统、奥陶系下统、奥陶系中统、闪长岩、石炭系、二迭系、第四系（见表 1-1）。

表 1-1　　历城区地质构造一览表

| 地质类别 | 分布地区 | 岩　性 |
|---|---|---|
| 前震旦系 | 西营、柳埠近南部一带 | 以片麻岩为主,次为片岩 |
| 寒武系下统 | 仲宫、高而、绣川、西营少部分地带 | 以杂色页岩为主,夹少部分灰岩 |
| 寒武系中统 | 仲宫、高而、绣川部分地带 | 暗紫色岩石为主,夹灰岩和杂色页岩 |
| 寒武系上统 | 南宅科、龙洞、东泉芦、大涧沟、 | 板状、砾状、竹叶或白云质灰岩 |
| 奥陶系下统 | 西坞西、挑科、大龙以东地带 | 中厚层白云质灰岩或白云岩 |
| 奥陶系中统 | 港沟至韩仓、孙村至大龙堂广大地带 | 青灰色厚层纯灰岩 |
| 闪长岩 | 唐冶、章灵一带零星出露 | 表层专沙粒结构 |
| 石灰系 | 谢家屯、郭店 | 以砂页岩为主,夹有数层灰岩与煤层 |
| 二迭系 | 十里堡以东地段、董家至遥墙至黄河广大地带 | 以砂页岩为主,夹有少量页岩与石炭系整合接触 |
| 第四系 | 本区北临胶济线一带 | 主要为沉积物,胶济线以南上部为黄土状沙质黏土或黄土状黏质沙土夹姜石。胶济线以北一般上部为黏质沙土或沙质黏土,期间夹粉细沙或沙粒石层,深度为几十米至百米,并存在近南北方向的古河道 |

母岩是岩石、矿化物经过风化作用形成的,再经过气候、生物、地形及时间等因素的综合影响,便发展成了土壤。本区系多山地区,母质主要是坡积洪积物,其次是洪积冲积物。

(1)坡积洪积物:分布在全区山丘中上部,在坡麓梯田以上,因岩石经过长时间的风化,以及植物枯枝落叶受水流动力的影响,形成粗细不等的坡积洪积物,这是历城区广大褐土带及棕壤土类的主要成土母质。

(2)洪积物:全区山丘下部、近山阶地、沿河阶地由岩石风化,经水流重力的影响,在水流急的地方产生粗沙,在水流平缓的地方产生细沙,而后又经气候、生物、物理化学分化等产生了洪积土壤。

(3)洪积冲积物:本区山前倾斜平地、缓平地为洪积冲积物,是风化物靠水速的带动,又受水流动力的影响,经长时间的沉积而形成的。

(4)冲积物:分布在本区北部,遥墙、唐王以北一带,是本区潮土的成土母质。按距河流由近至远、沉积物由粗到细有规律的变化,又因受黄河洪水泛滥的影响及洪水流速的改变,各地沉积的往往沙黏相间,层里交错,致使 1～2m 深的土壤质地剖面层次变化较复杂,对土壤的发育、理化性状和土壤中水盐态变化都有直接的影响。

母岩母质与土壤的形成发育和农业生产特性的关系极为密切。在一定的条件下,什么样母岩母质形成什么样的土壤,以及对农、林、牧的适应性均具有一定的规律性。历城区近南部花岗岩所处地形部位在海拔 50m 上,降雨为 700～800mm,由于多雨潮湿,且经过长时间的风化作用、水流动力的冲积(坡积洪积)以及化学变化等因素影响,形成颗粒较粗的微酸性或酸性土壤,适合于耐酸的赤松、油松、板栗、刺槐、阔叶林的生长,但不耐酸的作物与树种则受到一定的限制。中部低山地区多半为石灰岩(钙质岩)形成的褐土,属中性或微碱性土壤,对于小麦、玉米、红薯、谷子等农作物及侧柏、荆棵、酸枣等树种生长颇为适宜,而对于赤松、油松、板栗等耐酸树种则不甚适宜。不同的母质形成不同的土质,对农、林、牧的适应性方面也各不相同,如北部冲积物形成的潮土,适合水稻、花生、棉花、西瓜、芦笋等作物以及柳、杨等树种,但不适合红薯、谷子等作物,柏树、刺槐等生长缓慢,赤松、油松、板栗等不宜种植。所以,母岩母质既是成土的主要因素之一,也是农业生产受到区域限制的一个重要方面。

## 四、气候条件

历城区属暖温带大陆性半湿润季风气候,夏热冬冷,光照充足,降水集中。由于所处地理位置及地势起伏程度等因素影响,构成了平原、丘陵温暖半湿润气候和山区温凉湿润气候。山区年平均气温比平原、丘陵低2℃左右。四季总的特征是:春季干旱多风,夏季高温多雨,秋季天高气爽,冬季寒冷少雪。

### (一)气　温

1986～2007年,累年平均气温为14.9℃。1998年最高,为15.98℃,较平均值偏高1.08℃;2003年最低,为13.9℃,较平均值偏低1℃,年际差为2.08℃。年内最冷月是1月,平均气温为－0.04℃;最热月是7月,平均气温为27.7℃,气温年较差为27.74℃。一年之中4月气温回升最快,月平均气温比3月高7.7℃;11月气温下降最快,月平均气温比10月降低7.7℃。月平均最高气温为30.4℃,出现在1997年7月;月平均最低气温为－3.3℃,出现在2000年1月。

### (二)地温和冻土

1986～2007年,累年平均地面温度为16.4℃。年平均地面温度最高为17.4℃,出现在1997年;最低为14.8℃,出现在2003年。一般年份,在11月中旬以后,地面温度降到0℃以下,开始出现冻结现象。1986～2007年,累年平均冻土深度为25cm。最大冻土深度为42cm,出现在2000年;最小冻土深度为10cm,出现在1996年。没有无冻土年份。

### (三)降　水

1986～2007年,累年平均降水量为712.4mm。最多年为1090mm,出现在2004年;最少年为347mm,出现在1986年,相差约3倍,年际间降水变率为51%～53%。四季降水为:夏季最多,冬季最少,春、秋降水相近,夏季降水是冬季降水的21倍,差别明显。

### (四)积温与霜期

日平均气温不低于10℃的时期称为"作物生长活跃期",也是决定耕作制度、作物布局和播种选择的依据。1986～2007年,累年平均不低于10℃气温的初日在3月26日,终日在11月5日,间隔日数为225天,累年平均不低于10℃的积温为4892.4℃。年不低于10℃的积温最高为5268.5℃,出现在2006年;最低为4673.7℃,出现在1993年。

农作物附近空气层温度降至0℃以下,使作物受冻害的现象称为"霜冻",不高于0℃的初、终日为初霜冻期和终霜冻期,其间隔日数为无霜期。1986～2007年,累年平均无霜期为244天。终霜期最早开始日期为1月18日,出现在2002年;初霜期最晚日期为11月27日,出现在2004年。一般年份无霜始期出现在3月上旬,无霜终期出现在11月中旬。无霜期最长年份为 307 天，出现在 2002 年；最短年份为 209 天，出现在 1987 年和 1991 年。

（五）雾、降雪和积雪

1986～2007 年，累年平均大雾日数为 16 天。最多为 27 天，出现在 1992 年；最少为 7 天，出现在 2006 年。最多、最少年相差 20 天。

1986～2007 年，累年平均降雪日数为 12 天。累年平均积雪日为 10.2 天，累年平均积雪深度为 6.9cm。年降雪日数最多为 26 天，出现在 2001 年；年降雪日数最少为 4 天，出现在 1996 年，年际间最多降雪日数与最少降雪日数相差 22 天，差异明显。年积雪日数最多为 29 天，出现在 2001 年；年积雪日数最少为 0，出现在 1999 年。年最大积雪深度为 22cm，出现在 1993 年；年最小积雪深度为 0，出现在 1999 年。

（六）日　照

1986～2007 年，累年平均日照时数为 2328.3 小时。其中 5 月最多，为 255.4 小时；12 月最少，为 147.3 小时。春、夏、秋、冬四季中，春季日照时数最多，冬季最少，春季比冬季多 213.1 小时，多 45％。

（七）季　风

历城区属暖温带季风气候区，季风环流是影响本区气候的重要因素。冬季在亚洲大陆上空形成蒙古高压，不断受来自西伯利亚干冷气团的侵袭，形成了西北风、北风和东北风，造成冬季干冷天气。夏季受热带、副热带海洋气团左右，主导风向为西南风、南风和东南风，致使夏季湿热，雨量集中。春、秋风向多变，春季风速大，有沙尘天气出现。

1986～2007 年，年均大风（8 级以上）为 18 天，其中 1987 年大风日数最多，为 41 天；1997 年大风日数最少，为 3 天。一年之内，4 月大风日数最多，累年月均为 4.1 天，1 月、8 月大风日数最少，累年月均均为 0.6 天。

综上所述，气候与土壤有着密切的联系，就历城区气温、地温、积温、霜期、降雨等气候诸因素来看，不但能基本满足作物生长发育的需要，而且对土壤的生成和发育也起了主导作用。如冬季寒冷、夏季多雨加上多风等就能促进岩石风化。同时，夏季高温多湿促进土壤微生物的活动、肥料的分解、地力的培养、剖面的发育、理化性状的改善，从而大大加快土壤的熟化。但这样的气候条件也有一些弊病。如雨量过分集中，有时出现暴雨，造成水土流失，破坏土壤的团粒结构和良好的土体构型、理化性状，甚至于农田被淹“窒息”和土壤板结，对土壤造成严重破坏。北部遥墙镇槽型洼地一带，常因降雨集中而积水，氧气不足，且受黄河、小清河顶托的影响，潜水位抬高，土壤轻度盐渍化，个别地方有越变越坏的趋势。此外，冬季寒冷造成土壤龟裂，更直接影响土壤养分的积累。

### 五、河流和地下水

河流与地下水直接影响土壤的形成和发育，而土壤又明显地受水文条件的控制。因此，摸清地面水与地下水的情况及发展规律，对于了解土壤理化性状并为其开发利用找到途径，以及迅速改变历城区地上水与地下水较贫的状况，提高农业生产效率，都具有十分重要的意义。

(一)河　流

1. 河流的特点

本区没有真正的常年流水河，有流经本区的黄河，位于近北部，流经段长 10km；发源于济南泉群的小清河，经北部，蜿蜒曲折，流向东北，而后入海；玉符河，发源于南部山区，由锦绣川、锦云川、锦阳川 3 个支流在卧虎山水库汇合而成，北入黄河；巨野河，发源于东南部山区，流经孙村、董家两镇，北入小清河。上述四河总长 136km(包括段长在内)，流域面积为 $6.8\times10^5\mathrm{km}^2$。此外，还有很多条季节性干河，如土河、刘公河、赵王河等，每逢雨季、洪水暴发，水流满河，但遇枯水季节，则断流无水，河流干涸，利用率很低。

从历史上看，虽然河流不多，但都汇聚到北部，造成黄河、小清河的多次泛滥，据记载光绪年间就达几百次，仅光绪 18 年一次黄河决口就淹没我区农田四十余万亩，致使房屋倒塌，民不聊生。新中国成立后，尽力根治，如在南北诸河上游修建了很多水库、塘坝，相对减轻了各条河流域的承受压力，防止了水土流失和洪涝灾害，发展了农田灌溉。

2. 主要河流

境内主要河流有小清河、玉符河，区界河有黄河等，这些河水直接影响潜水埋藏深度，与土壤水分动态有直接关系。

(1)小清河：小清河的主发源地为济南市“四大泉群”(趵突泉、五龙潭、黑虎泉、珍珠泉)。玉符河右岸的睦里闸(属槐荫区)分流之水则是其辅助水源。历城段内自全福街道办事处北全福庄，蜿蜒曲折向东北流经华山、王舍人、遥墙、唐王 4 个镇，从唐王镇的井家村东出境，流入章丘市。境内长度为 33.8km，流域面积为 $825.16\mathrm{km}^2$。

(2)玉符河：玉符河是黄河下游的最后一条支流。玉符河水系的发源地在历城南部山区，全长 85.4km，全流域面积为 $751.3\mathrm{km}^2$，其中区内流域面积为 $677.04\mathrm{km}^2$(含原党家镇面积)。水系内的“三川一河”锦绣川、锦阳川、锦云川(又名锦银川)和泉泸河等 4 条支流，分别在仲宫镇仲宫南、郭而、营而等村汇入卧虎山水库。水库大坝以下河道为玉符河干流。玉符河主河道从水库下游 4km 处(董家庄)出境后，进入市中区党家镇宅科村，又北流 22.2km，于丰齐村出市中区入槐荫区，后在北店子汇入黄河。玉符河水系的河道均为山洪型河道，来水量集中于汛期。上游三川骨干河道除特枯年，常年有基流。

(3)巨野河：巨野河是一条古老的山洪河道，全长 48.5km，流域面积为 $111.2\mathrm{km}^2$(不包括章丘境内)，河底比降为千分之四。狼猫山水库大坝至孙村段，主河槽宽 80～130m，河道深 5～7m，河床为风化石灰岩，溶洞裂隙较多，河底为深层卵石，漏水严重，汛期外河道多干枯；孙村以下河床土层逐渐增厚，主河槽宽 50～80m，河道深 8～10m。抬头河村以下河床全部变为土质。

(4)大辛河：又名“大辛石河”，流域面积为 $44.71\mathrm{km}^2$，全长 21km。上游龙洞以南是完好石灰岩，龙洞至石河岭的河道内地质岩性为风化石灰岩，河床断面大，可通过近 $900\mathrm{m}^3/\mathrm{h}$ 的流量；石河岭至铁路段河道变窄、加深，河岸高达 10m 以上，最大泄量为 $170\mathrm{m}^3/\mathrm{h}$；过胶济铁路后，河床变窄、变浅，仅能通过 $50\mathrm{m}^3/\mathrm{h}$ 的流量。上下游河道断面极不协调，山洪暴发后易造成灾害。该河目前是季节性山洪河道，而济王公路以北已成为城市的排污河道。

(二)地下水

全区地下水蕴藏量较小，亦未能充分开采。地下水的主要来源为降水补给。其水文地质条件受地貌岩性构造、水文气候等因素的综合影响控制。在地层岩性上，构造从南向北依次为露砂岩、页岩、石灰岩。在地形、地貌上，由于南高北低，加之地层为北倾单斜面，故可将地下水分布分为 3 个区：南部山区及低山丘陵区为补给区（近南部的山区，由于锦绣川的深切，割断了与北部的大部分联系，构成了间接补给区；山前倾斜平原为往流区；平原一带则为排浅区。

地下水由南而北流动，且有补给，径流排浅区的运态有明显的不同。在排浅区内，小清河以南潜水向北流，小清河以北潜水向南流，其排浅除一部分蒸发、人类开采，主要是靠小清河。补给区的补给形式则以垂直渗入为主，到达区域水位后即变成水平运动，补给区最高水位和最低水位之差为 15～30m（指年变幅），排浅区为 2～4m，补给区降雨即上升，排浅区几天才上升，反映了地下水源的多寡。并由此可见，地下水的动态变化依附气象因素最为突出。降雨后水位上升，多日不雨水位下降，由于降雨主要集中在 7～8 月，冬春少雨且大量蒸发，因而全年丰水期出现在 8～10 月，枯水期出现在 5～6 月。因历城区多为低山丘陵的地下水补给区，大部向北排浅，故地下水源较贫，仅遥墙、唐王、董家水源较足。

地下水的埋藏深度因地貌、岩性的不同而深浅不一。一般南部山区丘陵在低洼处埋深在 50～80m，有些则更深，水质较好。北部平原排浅区内，地下水以水平运动为主，埋藏较浅，可自流。如遥墙受黄河、小清河渗透补给，使地下水位抬高，一般埋深仅有 1.5～5m，董家、唐王一带埋深为 10～20m，是最为理想的井灌区。但除董家、唐王一带水质较好，北部地区平均矿化度达到 0.917g/L，含盐量达 0.22%。

由奥陶纪石炭岩裂隙岩溶发育，含水丰富，个别地方泉水出露，水质良好，为历城区工农业用水的主要含水层。山前倾斜平地地区易成井（成井率达 95%以上），便于开采（水位埋深为 20～30m），单井涌水量一般都在 $100m^3/h$ 左右，这一带可以开展井灌，水量也能够满足需要。石灰岩与岩浆岩、砂页岩接触带地下水特别丰富，可打群井，集中大水量引水灌溉，如董家、张而虞山一带，兴修虞山工程每昼夜可出水四万多吨。另外，武家、埠东等地均可打群井取水。寒武纪中统区和第四纪分布区（有古河道存在）水量也较丰实，水质良好，含水层埋藏浅，易开采，易发展井灌，可以在人力、物力允许的情况下开发利用。

（三）水文地质条件对土壤的影响

水文地质条件对土壤的形成发育影响很大。地貌、地质、潜水埋深、丰水程度、水质好坏以及水流动力大小，均对各土壤的形成、分布、特征、肥力状况有影响。南部山区岩层溶水埋藏深、水质好、污染轻，相比之下，有利于有机质的积累和理化性状的改善，因而有机质及其他养分含量（除有效磷）普遍偏高，水热状况也较好。由此说明，适当的土壤水分含量不但能满足作物的生长，而且有助于土壤的改良、土壤微生物的活动、肥料的分解、养分的积累以及理化性状的改善。但土壤水分过多、过少，对土壤的形成发育与植物的生长均不利。如北部低洼地区的地下水位一般较高，尤其在雨季，地下水位过高，土壤水分达到饱和，甚至淹没农田，因得不到足够的空气，使土壤窒息，致使农作物生长受阻，生长发育受到影响。同时，当地下水溶盐较多时，由于旱季表土水分大量蒸发，土壤表层便出现不同程度的盐渍化，更直接影响土壤熟化及有机质和矿物质的移动和转化，有碍于土壤养分的积累。南部山区雨季下雨较多，则造成山洪暴发，水土大量流失，更会直接地跑掉养分，破坏土体结构，因此，水文地质条件对土壤的形成发育起着极其重要的作用。

### 六、自然植被

历城区属暖温带落叶阔叶林区,林木的区系组成是以华北林木区系为主体,同时又掺杂了一定数量的南方、北方及国外林木成分,因此树种资源比较丰富,生态特性也比较复杂。历城区的主要树种有 47 个科、12 个亚科、98 个属、234 个种。其中经济林有 20 个属、41 个种,400 多个品种系号;自然草种 150 多个种;药用植物有 60 个科、200 多个种。粮食作物有 12 个种,经济作物有 10 多个种,蔬菜有 46 个品种。由于长期受人类活动的影响,原始植被基本消失,现有的多是受人为活动影响的次生植被,全区林木覆盖率为 47%。

(1)绿针叶林植被:主要分布在南部山区的山坡中上部。主要树种是侧柏、松类(油松、赤松、黑松),面积为 253.33km$^2$,占全区总面积的 19.51%。

(2)落叶阔叶林植被:主要分布在山丘地区的山坡中下部和平原田路旁。主要树种为板栗、核桃、山楂、苹果、梨、桃、杏、樱桃、李子、杨、柳、泡桐、刺槐、榆、桑、枣、香椿树等,面积为 317.4km$^2$,占全区总面积的 24.44%。

(3)灌木草丛植被:主要分布在山丘地区未成林的山坡、树下和梯田地隔上,以多年生宿根性耐旱草本植物为主,间生灌木。草本植物种类较多,主要有黄草、白草、胡子草、结缕草、爆竹草、野菊和有药用价值的柴胡、远志、黄芩等;灌木主要有酸枣、荆条、杞柳、郁李、鼠李、卫茅、金鸡尔等。这类植物由于山石裸露、土壤条件较差,面积为 109km$^2$,占全区总面积的 8.4%。

(4)粮食及经济作物植被:粮食作物主要有小麦、玉米、水稻、大豆、高粱、红薯、谷子、绿豆、红小豆、豇豆、豌豆、黍子等,常年播种面积为 456.27km$^2$;经济作物有棉花、花生、芝麻、向日葵、麻类、甜菜、西瓜、香瓜等,常年播种面积为 12.53km$^2$。粮食及经济作物占全区总面积的 36.1%。

(5)蔬菜植被:历城区蔬菜种类较多,有荚果类、茄科类、叶菜类、茎菜类等 46 个品种,常年播种面积为 138.67km$^2$,占全区总面积的 10.69%。

## 第二节 农业经济与农业生产情况

### 一、农业经济情况

2009 年,全区完成生产总值 550.2 亿元,同比增长 11.1%。其中,第一产业总产值为 26 亿元,增长 5.6%。

农业综合生产水平稳步提高。全区农业机械总动力为 5.63×10$^5$kW。其中,农产品加工动力为 1.3×10$^5$kW,农用拖拉机有 6323 台,机播作业面积为 31600hm$^2$,机收作业面积为 27200hm$^2$,农业机械化水平达 78%。

农业产业化水平不断提高。从 2002 年本区农业产业化起步开始,到 2008 年底,全区年销售收入 100 万元以上的农业龙头企业已达 62 家(其中省市级农业龙头企业达 36 家),各类农民专业合作组织达 260 家。各类市场主体辐射带动基地约 4×10$^4$hm$^2$,带动农户 10 多万户，户均年增收达 2200 多元。

农业基础设施明显改善。全区建有中型水库 2 座、小型水库 32 座、塘坝 265 座，总库容为 $2.1\times10^8 m^3$，水利库容为 $1.1\times10^8 m^3$，节水灌溉面积达 $7733hm^2$；全区基本实现了"柏油路(水泥路)和客车村村通""自来水户户通"和"有线电视户户通"；发展生态富民沼气用户 1.1 万户，推广太阳能用户 1.5 万户；建成生态防护林 $2.5\times10^4 hm^2$、经济林 $3.13\times10^4 hm^2$、农田林网 $1.67\times10^4 hm^2$，林木覆盖率达 42.7%，居全市之首；通过大力实施产业扶贫开发，贫困人口年人均增收 12%以上，脱贫致富步伐进一步加快。

### 二、农业生产情况

2009 年，农作物播种面积为 $63366hm^2$，比上年增长 0.2%。其中，粮食为 $47146hm^2$，减少 0.9%；蔬菜为 $13786hm^2$，增加 2.5%；油料为 $1013hm^2$，增加 19.7%；棉花为 $185hm^2$，增加 0.5%。全年粮食产量为 26.57 万吨，增加 2.4%；蔬菜产量为 83.84 万吨，增加 3.8%；肉类产量为 4.22 万吨，减少 2.9%；禽蛋产量为 5.71 万吨，增加 0.7%；奶类产量为 9.58 万吨，减少 3%(见表 1-2)。

表 1-2　　2009 年主要农产品产量

| 产品名称 | 产品产量(万吨) | 比上年增长(%) |
|---|---|---|
| 粮食 | 26.57 | 2.4 |
| 棉花 | 0.03 | 16.1 |
| 油料 | 0.43 | 20.2 |
| 水果 | 13.16 | 0.1 |
| 蔬菜 | 83.84 | 3.8 |
| 肉类 | 4.22 | −2.9 |
| 禽蛋 | 5.71 | 0.7 |
| 奶类 | 9.58 | −3 |
| 水产品产量 | 0.53 | 14.3 |

## 第三节　农业基础设施情况

2009 年，全区农业机械总动力 $5.63\times10^5 kW$。其中，农产品加工动力 $1.3\times10^5 kW$，农用拖拉机 6323 台，机播作业面积为 $31600hm^2$，机收作业面积为 $27200hm^2$。

2009 年，全区有效灌溉面积为 $2.251\times10^4 hm^2$，节水灌溉面积为 $1.24\times10^4 hm^2$，机电井及配套有 6502 眼(见表 1-3)。

表 1-3　　2009 年水利基本情况

| 类　型 | 计量单位 | 总　计 |
|---|---|---|
| 年末总灌溉面积 | $\times 10^3 hm^2$ | 24.06 |
| 有效灌溉面积 | $\times 10^3 hm^2$ | 22.51 |
| 林地果园灌溉面积 | $\times 10^3 hm^2$ | 1.95 |
| 机电提灌面积 | $\times 10^3 hm^2$ | 6.28 |
| 节水灌溉面积 | $\times 10^3 hm^2$ | 12.4 |
| 水库 | 座 | 34 |
| 总库容 | $\times 10^8 m^3$ | 2.1 |
| 机电井 | 眼 | 6502 |
| 配套机电井 | 眼 | 5505 |

# 第二章　土壤与耕地资源状况

## 第一节　土壤类型及分布

土壤是具有肥力的自然资源，在气候、母质、生物、地形和时间五大自然因素及人类生产活动的综合影响下发生变化。因此，土壤的分布依自然条件的变化和生产活动的差异而呈现明显的规律性。历城区土壤依地形、水文、气候、植被、母岩、母质等自然条件的差异及人为生产活动的影响，从总轮廓看，由南往北，海拔由高到低，土壤的排列顺序是：棕壤土类、褐土土类、潮土土类。在潮土类带中，特殊局部地区分布着砂姜黑土类。

### 一、土壤分类的依据

1980 年第二次土壤普查时，历城区根据《全国第二次土壤普查暂行技术规程》和《山东省第二次土壤普查工作分类暂行工作分类方案》规定，按土壤发生学分类的原则，全区共分为棕壤、褐土、潮土、砂姜黑土、水稻土 5 个土类，11 个亚类，17 个土属，59 个土种。

（一）土　类

土类是高级分类的基本单元，它是在一定的综合自然条件和一定的农业措施综合影响下，经过一个主导或几个相结合的成土过程，具有一定相似的、可鉴别的发生层次，土类间在性质有明显的差异。

（二）亚　类

亚类是土类范围内和土类之间的过渡类型，在主导过程外还有一个附加的成土过程，使土壤属性发生了一个很大的变化，但同属一个土类的亚类，成土过程的总趋势应该是一致的。

（三）土　属

在土壤发生和分类上，土属具有承上启下的特点，它既是亚类的续分，又是土种的归纳，主要是根据母质类型和性质等区域性因子来划分。

（四）土　种

土种是基层分类的基本单元，在相同母质的基础上，具有相类似的发育程度和剖面层次排列的一种比较稳定的土壤类型。

（五）变　种

变种是在土种范围内，根据耕层质地或表层性质的差异而划分的分类单元，它可以通过耕作、施肥措施，由一个变种转变为另一变种，可根据肥力状况、常年产量水平（三年至五年）等差异而区分成不同变种。

## 二、土壤命名

根据土壤分类现状，土壤命名采用分级处理连续命名的方法。土类和亚类运用土壤文献资料的习用名称，也可以从俗称中提炼。为了反映土类与亚类在发生学上的联系。亚类的命名采用连续命名法，即在一类名称前添加表示附加成土作用的形容词，如潮褐土表示褐土附加了潮土成土过程。土属种类和变种沿用习惯用法并经过整理而成，字较少，土壤属性明确。

## 三、本区土壤分类系统

本次土壤普查时，全区总面积为 129857hm$^2$，其中耕地面积为 32047hm$^2$，按上述土壤分类原则和依据，全区土壤分类如表 2-1 和表 2-2 所示。

表 2-1　　土壤分类表

| 代号 | 土类名称 | 亚类代号 | 亚类名称 | 土属代号 | 土属名称 | 土种编号（见土种名称表） |
|---|---|---|---|---|---|---|
| A | 棕壤 | a | 棕壤性土 | 1 | 酸性盐类 | 1、2、3 |
| | | c | 棕壤 | 2 | 洪积物 | 4 |
| | | | | 1 | 坡积洪积 | 5、6 |
| B | 褐土 | a | 褐土性土 | 3 | 钙质盐类 | 7、9 |
| | | d | 褐土 | 2 | 洪积物 | 11、12、13、14、52、53 |
| | | | | 1 | 坡积洪积 | 15、16、17、18、19、21 |
| | | | | 3 | 洪积冲积 | 24、26、54、55 |
| | | | | 4 | 冲积物 | 27 |
| | | c | 淋溶褐土 | 1 | 坡积洪积 | 28、29、30、31、32 |
| | | | | 3 | 洪积冲积 | 33 |
| | | f | 潮褐土 | 4 | 冲积物 | 35、36、37 |
| | | | | 3 | 洪积冲积 | 38、56、57 |
| C | 潮土 | a | 褐土化潮土 | 1 | 褐土化潮土 | 39、58 |
| | | b | 潮土 | 2 | 潮土 | 40、41、42、43、44、59、60、61、62 |
| | | c | 盐化潮土 | 5 | 盐化潮土 | 45、46、47、48、49、50、63、64 |
| G | 砂姜黑土 | a | 砂姜黑土 | 3 | 岗坡 | 51 |
| F | 水稻土 | a | 淹育水稻土 | 2 | 湿潮土型淹育水稻土 | 65、66 |

表 2-2　　土壤命名和土种面积统计表

| 土壤代号 | | 土壤连续命名 | 可用面积（$hm^2$） | 占可利用面积（%） |
|---|---|---|---|---|
| 1 | Aa 1 4/5 | 马牙砂薄层酥石棚棕壤性土 | 179.12 | 0.56 |
| 2 | Aa 1 4/6 | 马牙砂中层酥石棚棕壤性土 | 761.99 | 2.38 |
| 3 | Aa 1 1/6 | 粗砂中层酥石棚棕壤性土 | 687.55 | 2.15 |
| 4 | Ac 1 5/1 | 中壤均质洪积物棕壤土 | 784.78 | 2.45 |
| 5 | Ac 1 5/3 | 中壤厚黏心坡积洪积物棕壤土 | 54.5 | 0.17 |
| 6 | Ac 1 5/1 | 中壤均质坡积洪积物棕壤土 | 12.97 | 0.04 |
| 7 | Ba 3 3/2 | 石渣薄层硬石底钙质岩类褐土性土 | 1956.14 | 6.1 |
| 9 | Ba 3 5/3 | 壤质土中层硬石底岩类褐土性土 | 374.38 | 1.17 |
| 11 | Bd 2 4/1 | 轻壤均质洪积物褐土 | 328.29 | 1.02 |
| 12 | Bd 2 5/1 | 中壤均质洪积物褐土 | 2455.17 | 7.66 |
| 13 | Bd 2 5/5 | 中壤厚黏腰洪积物褐土 | 162.32 | 0.51 |
| 14 | Bd 2 5/3 | 中壤厚黏心洪积物褐土 | 916.05 | 2.86 |
| 15 | Bd 1 5/5 | 中壤厚黏腰坡积洪积物褐土 | 779.57 | 2.43 |
| 16 | Bd 1 5/3 | 中壤土厚黏心坡积洪积物褐土 | 791.63 | 2.47 |
| 17 | Bd 1 5/1 | 中壤均质坡积洪积物褐土 | 4273.71 | 13.34 |
| 18 | Bd 1 5/7 | 中壤中层坡积洪积物褐土 | 345.38 | 1.08 |
| 19 | Bd 1 4/1 | 轻壤均质坡积洪积物褐土 | 1129.38 | 3.52 |
| 21 | Bd 1 4/7 | 轻壤中层坡积洪积物褐土 | 127.89 | 0.4 |
| 24 | Bd 3 4/5 | 轻壤厚黏腰洪积冲积物褐土 | 1646.9 | 5.14 |
| 26 | Bd 3 4/1 | 轻壤均质洪积冲积物褐土 | 1610.63 | 5.03 |
| 27 | Bd 4 4/1 | 轻壤均质冲积物褐土 | 1318.62 | 4.11 |
| 28 | Bc 1 5/1 | 中壤均质坡积洪积物淋溶褐土 | 80 | 0.25 |
| 29 | Bc 1 1/6 | 松砂薄层坡积洪积物淋溶褐土 | 18.34 | 0.06 |
| 30 | Bc 1 3/1 | 沙壤均质坡积洪积物淋溶褐土 | 192.09 | 0.6 |
| 31 | Bc 1 4/1 | 轻壤均质坡积洪积物淋溶褐土 | 50.96 | 0.16 |
| 32 | Bc 1 5/7 | 中壤土中层坡积物洪积物淋溶褐土 | 95.06 | 0.3 |
| 33 | Bc 3 5/1 | 中壤均质洪积冲积物淋溶褐土 | 46.28 | 0.14 |
| 35 | Bf 4 5/2 | 中壤薄黏心冲积物潮褐土 | 228.25 | 0.71 |
| 36 | Bf 4 4/1 | 轻壤均质冲积物潮褐土 | 315.23 | 0.98 |
| 37 | Bf 4 4/5 | 轻壤厚黏腰冲积物潮褐土 | 521.28 | 1.63 |

续表

| | 土壤代号 | 土壤连续命名 | 可用面积（$hm^2$） | 占可利用面积（%） |
|---|---|---|---|---|
| 38 | Bf 3 4/5 | 轻壤厚黏腰洪积物冲积物潮褐土 | 750.1 | 2.34 |
| 39 | Ca 1 4/19 | 轻壤均质褐土化潮土 | 256.81 | 0.8 |
| 40 | Cb 2 4/14 | 轻壤厚黏心潮土 | 274.32 | 0.86 |
| 41 | Cb 2 4/15 | 轻壤薄黏腰轻壤土 | 214.13 | 0.67 |
| 42 | Cb 2 4/19 | 轻壤均质潮土 | 1393.06 | 4.35 |
| 43 | Cb 2 4/2 | 轻壤厚沙心潮土 | 107.43 | 0.34 |
| 44 | Cb 2 3/19 | 沙壤均质潮土 | 1484.83 | 4.63 |
| 45 | Cc 5 3/19 | 沙壤均质盐化潮土 | 469.46 | 1.46 |
| 46 | Cc 5 4/2 | 轻壤厚砂心盐化潮土 | 674.08 | 2.1 |
| 47 | Cc 5 4/19 | 轻壤均质盐化潮土 | 493.61 | 1.54 |
| 48 | Cc 5 4/16 | 轻壤厚黏腰盐化潮土 | 31.35 | 0.1 |
| 49 | Cc 5 4/8 | 轻壤厚壤心盐化潮土 | 53.79 | 0.17 |
| 50 | Cc 5 4/14 | 轻壤厚黏心盐化潮土 | 217.32 | 0.68 |
| 51 | Ga 3 4/3 | 轻壤厚黑土岗坡砂姜黑土 | 259.83 | 0.81 |
| 52 | Bd 2 4/2 | 轻壤薄心砾石洪积褐土 | 50.21 | 0.16 |
| 53 | Bd 2 5/5 | 中壤厚黏腰洪积褐土 | 7.68 | 0.02 |
| 54 | Bd 3 4/5 | 轻壤厚黏腰洪冲积褐土 | 83.44 | 0.26 |
| 55 | Bd 3 5/1 | 中壤均质洪冲积褐土 | 112.26 | 0.35 |
| 56 | Bf 3 4/5 | 中壤厚黏腰洪冲积潮褐土 | 209.55 | 0.65 |
| 57 | Bf 3 5/1 | 中壤均质洪冲积潮褐土 | 401.53 | 1.25 |
| 58 | Ca 1 4/14 | 轻壤厚黏心褐土化潮土 | 164.16 | 0.51 |
| 59 | Cb 2 4/16 | 轻壤厚黏腰潮土 | 68.95 | 0.22 |
| 60 | Cb 2 4/18 | 轻壤厚黏底潮土 | 319.23 | 1 |
| 61 | Cb 2 5/14 | 中壤厚黏心潮土 | 765.05 | 2.39 |
| 62 | Cb 2 6/14 | 重壤厚黏心潮土 | 49.84 | 0.16 |
| 63 | Cc 5 3(—)/10 | 沙壤厚壤腰轻度盐化潮土 | 27.42 | 0.09 |
| 64 | Cc 5 4(—)/19 | 轻壤均质轻度盐化潮土 | 576.28 | 1.8 |
| 65 | Fa 2 4/15 | 轻壤薄黏腰湖积水稻土土 | 203.51 | 0.64 |
| 66 | Fa 2 4/16 | 轻壤厚黏腰湖积水稻土土 | 83.31 | 0.26 |
| 合计 | | | 32047 | 100 |

注：土种代号中分子表示质地，分母表示土体厚度和基地性质。

说明：

一、土体厚度和障碍层厚度的划分

1. 土体厚度的划分

极薄层小于 15cm，薄层为 15～30cm，中层为 30～60cm，厚层为 60～100cm，深层厚大于 100cm。

2. 障碍层或表层厚度划分

(1)砂层、黏层，薄层为 10～30cm，厚层大于 30cm。

(2)砾层、砂姜层，薄层小于 10cm，厚层大于 10cm。

砂层是指棕壤、褐土明显漏水、漏肥的砂层。

二、剖面中不同部位的名称及标准

“表”即表土或耕层，指 0～20cm 的部位。

“心”即浅位，指 20～60cm 的部位。

“腰”即中位，指 60～100cm 的部位。

“底”即深位，指大于 100cm 的部位。

“均质”即全剖面质地均一，包括表层。

(一)棕壤土类

棕壤最早以其棕色的特性命名，又称为“棕色森林土”。一般来说，它是在暖温带湿润半湿润地域、年降雨量在 800mm 以上、年平均温度在 12℃左右的气候条件下形成的。历城区的棕壤分布在柳埠、高而、西营南部或东南部与泰安市接壤的泰山山脉一带，总面积为 2480.91$hm^2$，占全区总可利用面积的 7.74%，由酸性岩(主要是片麻岩)风化的残积、坡积、洪积冲积物等发育而成，有较明显的淋溶淀积作用，通体无石灰反应，有铁锰结核，土壤一般呈微酸性－酸性反应。现有的植被大部分是野杜鹃、石竹、板栗、马尾松、橡子树和红薯、花生、小麦、玉米等耕地作物。

棕壤土类在本区有 2 个亚类、3 个土属、6 个土种。

1. 棕壤性土(Aa)

此土壤俗称“马牙砂土”“砂石土”“粗砂土”等。多分布在柳埠镇李家堂、黄巢，西营镇的降甘东南山，仲宫、高而花坦一带的低山丘陵中上部。面积为 1628.66$hm^2$，占可利用面积的 5.08%。此土一般剖面发育不完全，无心土层，表层以下即为半风化的片麻岩母质。土层一般小于 30cm，并含有较大量的粗沙。由于土壤发育在片麻岩残积坡积物上和此处的地位较高，一般海拔为 500～800m，所以矿物质水分和养分易流失，土壤肥力较低。

棕壤性土区域处在泰山背后，降雨量较大，蒸发量较小，自然植被覆盖率较高，林木较茂密，林木主要有马尾松、刺槐、板栗、橡子树。耕地作物主要以花生、红薯为主。

此类土壤养分含量很低，物理性状不良，土体发育不完全。棕壤性土今后因土改良、因土利用的主要措施是深翻整平，整修梯田，加深土层，保持水土，增施有机肥，发展灌溉，实行红薯、花生为主的耕种制度，坡度大于 15°的地块因沙石较多，一般可发展林果，以增加收益，保持水土。

2. 棕壤亚类(Ac)

棕壤亚类俗称“红黏土”“黄土”。棕壤亚类在本区有 2 个土属，即洪积物质和坡积洪积。主要分布在柳埠镇的窝铺、李家堂，西营镇藕池，高而花坦等低山丘陵中下部的局部地区，面积为 852.25$hm^2$，占可利用面积的 2.66%。土体发育完全，土层比较深厚，无不良层次，心土一般有淋溶淀积黏化层，心土层以下有铁、锰、胶膜、铁锰结核，通体无石灰反应，土壤呈微酸性到酸性反应。

棕壤亚类的利用改良要注意浅位黏化层的逐步熟化，不断加深耕作层，整平地面，增施有机肥料，改善土壤物理结构，提高土壤肥力。

(二)褐土土类

褐土，过去一向是作为一种棕色森林土来研究的。1936 年，梭颇在中国发现这种土壤有碳酸盐积聚，不同于一般的森林土，所以就称之为“山东棕壤”，以区别于真正的棕色森林土。1927 年，前苏联土壤学家扎哈诺夫在高加索和中亚山地工作时，认为这种土壤的植被的干旱性、剖面的碳酸盐性和中性反应不同于棕色森林土，就称之为“褐土”。此后，格拉西莫夫进一步论证了它与棕色森林土的关系和区别，采用了札哈诺夫的命名名称，作为一个独立的土类而存在。

我国 1954 年的土壤分类称之为“森林棕钙土”，1956 年，格拉西莫夫来中国进行土壤考察，才开始采用褐土这一名称。

褐土是在半干旱地区受季风影响(冬干夏湿)形成的特殊类型，高温和湿润同时发生，夏季占主导地位，褐土地带年降雨量为 400～700mm，年平均温度为 12℃～15℃，冬季寒冷而干燥，一年内干湿季节交替十分明显。

历城区褐土土类绝大多数是由钙质岩类、坡积洪积、冲积物等母岩发育成的，全区的山区、丘陵、平原等广大地区均分布有褐土类。在垂直带谱中，上(南)接棕壤，下连潮土类，面积为 21378.32$hm^2$，占可利用面积的 66.71%。

褐土的剖面通体呈褐色或浅褐色，通常由耕作层、淀积黏化层和钙积层 3 个基层段组成，剖面中分布有不同数量的假菌群体，由于黏粒有由表层向下移动的趋势，心土层较黏重，并有胶膜淀积，底土层中常发现小型的石灰结核(砂浆)，土壤呈中性或微碱性，pH 为 7～8，耕地以外的植被为侧柏、酸枣、核桃、荆条、白草等。

褐土土类在历城区有 4 个亚类、9 个土属、31 个土种。

1. 褐土性土(Ba)

褐土性土俗称“石渣土”“狼屎土”“岭沙土”，曾定名为“山丘褐土”，是分布于褐土地带内的一种薄层粗骨性土壤。历城区的褐土性土有 1 个土属，即钙质盐类，有 2 个土种，面积为 2330.52$hm^2$，占可利用面积的 7.27%。分布在全区低山丘陵中上部，即荒坡岭、岭坡梯田等微地貌上。有较古老的风化残积物，颜色呈褐色或棕褐色，质地较黏重，也有新风化残积物，土层较厚，颜色暗褐。褐土性土剖面发育不完全，无心土层，表层以下即为半风化石灰岩，或石灰岩硬石底，干旱土薄，并含有大量的砾石，水土流失严重，因分布在山丘较高部位，矿质元素和水分量易流失。植物所需的养分极小，属于荒坡岭地，当前种植耐旱柏树等，可耕地大部分种植花生或谷子。

褐土性土大部分分布在部位较高、坡度较大、土体薄、水浇条件差的地方，必须整修梯田，培好地埂，加厚土层，兴修水利，发展灌溉，从根本上改进褐土的生产性能。

2. 褐土亚类(Bd)

褐土亚类俗称“黄土”“红土”“红毛土”(紫色页岩母质)，在土壤文献中常称为“耕种褐土”“石灰性褐土”“黄垆土”。主要分布于山区、丘陵、平原的大部分地区。此类型土壤发育在石灰岩类、坡积洪积、洪积、洪积冲积、冲积等物质上。土体发育完全，土层深厚，表、心、底层次明显，通体有不同程度石灰反应，中下部有不同量的假菌群，中性或微碱性。熟化程度较高，质地一般较适中，适耕期较长，保水、供肥性能较强，复种指数较高，一般一年两作或两年三作。全区此亚类面积为 16139.13hm$^2$，占可利用面积 50.36%。

褐土亚类在历城有 4 个土属，即坡积洪积土属、洪积物土属、洪积冲积物土属、冲积物土属，共有 19 个土种。

根据褐土亚类的特点，今后应逐步加深活土层，兴修水利，整平土地，发展灌溉，有机肥和化肥结合施用，氮、磷统一施用，适当加施磷肥，在培肥地力的基础上，适当提高复种指数，以发挥土壤的增产作用。

3. 淋溶褐土(Bc)

淋溶褐土俗称“黄沙土”“黄土”。分布地形部位较褐土亚类高，大多数分布在褐土与棕壤的过渡地带内，pH 在 6.5～7.5 之间。淋溶土在 1m 土层内，无钙积层，无假菌群，淋溶作用比褐土强烈，由于淋溶作用强，一般无石灰反应，有时剖面中下部也可出现铁锰胶膜与铁子的淀积。土壤物理性状良好，养分含量比较高，自然植被有柏树、杨树、酸枣，这种土壤大部分已成为主要耕地，一般种植玉米、小麦，小部分种植谷子，是山区主要粮食区。

在历城区淋溶褐土主要分布在南部山区，西营镇的营东峪，西营村东至枣林的沿河阶地，柳埠镇的黄草峪、苇沟西北一带，高而的西邱至高家庄、核桃园南部等地区。面积为 482.73hm$^2$，占可利用面积的 1.51%。

淋溶褐土在全区有 2 个土属，即坡积洪积物、洪积冲积物，共有 6 个土种。

4. 潮褐土亚类(Bf)

潮褐土俗称“黑黄土”“潮黄土”，在土壤文献资料上称“草甸土”“潮黄垆土”等。一般分布在褐土带内较低平的地区，潜水埋深为 2～4m，黄土母质发育的潮褐土心土层可能有黏化现象，而沙性母质发育的可能无黏化现象，底层有铁锰结核和锈纹、锈斑。

历城区潮褐土面积为 2425.94hm$^2$，占可利用面积的 7.57%，分布在东北部，董家镇的许家、邢家、大张、苏新，唐王镇的王辛、北殷、南殷、亓家、小徐、大徐以西樊家以北，刘六务以东一带和遥墙镇的鸭旺口、小陈家、桥北等村。本亚区在褐土带内，因受潜水影响，附加了成土过程，发育成过渡性土壤，土层比较深厚，层次明显，有石灰反应，有锈纹、锈斑，由洪积冲积或冲积物发育而成，潮褐土本区共有 2 个土属、4 个土种。

潮褐土亚类分布在历城区大部分地势平坦地区，土层深厚，通体有石灰反应，土壤中性或微碱性，质地良好，耕层为轻壤或中壤，宜耕种管理，保水、保肥，土壤中的水、气、热较协调，但地下水埋藏较浅。

(三)潮土土类

在历城区，潮土类主要分布在董家镇西北，东西折腰、达子营一带，唐王镇北部张家圈、西八户、老僧口向北至小清河岸，遥墙镇大部地区。全区面积为 7641.42hm$^2$，占可利用面积为 23.84%。潮土由河流多次沉积的物质形成。黄河是多次泛滥和决口的河流，因此，潮土不仅在平面分布上有沉积物粗细的不同，而且在同一沉积剖面中也有不同粗细的层次排列。地下埋藏较浅，同时由于年内降水分配不均、干湿交替，地下水发生季节性升降，使剖面中产生氧化还原的交替过程。在低水位期间，地下水位以上的土层为氧化层，高水位时，全部或部分土层因水分新饱和，而产生还原过程。在毛管支持水和饱和含水层交替的土层中，氧化、还原交替进行。变化频繁的氧化、还原过程和干湿变化影响土壤物质的溶解、移动和淀积，并在土壤剖面中下部土层中形成各种色泽的锈纹、锈斑或细小的铁锰结核和石灰结核，土壤呈中性至碱性，pH 为 7.1～8.5。潮土类在本区因地形受潜水作用程度以及盐化情况不同，共 3 个亚类、3 个土属、19 个土种。

1. 褐土化潮土(Ca)

褐土化潮土俗称为"壤土"，分布在遥墙镇大杜家、大李家一带，此区地势比周围高，潜水埋深为 3～4m，受潜水作用较潮土亚类弱，是一种附加褐土化过程的潮土，心土层有假菌丝体和不甚明显的黏粒胶膜、底土，有锈纹、锈斑。褐土化潮土在该地区仅有 1 个土属，即褐土化潮土，面积为 420.97hm$^2$，占可利用面积的 1.31%。

褐土化潮土土层深厚，上松下实，表层性状较好，但养分含量偏低，保肥性能稍差，表层有季节性的较度盐化现象，今后应多施有机肥，有机、无机肥料配合施用，培肥土壤，提高土壤肥力。

2. 潮土亚类(Cb)

潮土俗称为"二合土""沙土"，在本区主要分布于唐王镇北部、董家镇西北部、遥墙镇的南部、南郭而、东大郭、马家、大码头等一带，面积为 4676.84hm$^2$，占可利用面积的 14.59%。此类土层深厚，土体构型复杂。由于大力开展引黄、引清灌溉，稻麦两作，增施有机肥料和氮肥、磷肥，土壤肥力有所提高，产量逐年上升，但相比来说，普遍土壤养分含量低，结构较差，易漏水、漏肥，地下水浅，给农业生产带来不利条件。

3. 盐化潮土亚类(Cc)

盐化潮土多分布于大型洼地边缘或缓平地的中下端和洼坡地带，潜水埋深为 1.5～2m，地表有盐斑，表层多为轻质土壤。

盐化潮土在本区主要分布于遥墙镇黄河南岸北河套、王楼至秦家、赵家、兴隆、小河套以东，小清河以西，陈孟以南，梁家码头以北，刘家、马官寨、杨史等一带。俗称"盐土"，面积为 2543.31hm$^2$，占可利用面积的 7.94%。

该亚类是由潮土演变而来的，形成的主要因素是该土发生在微斜和浅平洼地上，这种地貌类型使降水重新分布，产生地表径流，低洼积水，特别是由于黄河底高于地面，渗压、侧压相当强烈，使潜水位升高，同时蒸发量大于降水量，尤其是春季，土壤蒸发量为降水量的 8～10 倍，使潜水以毛管水形态大量上升，造成地表积盐。另外，土体质地以沙壤和壤质为主，粉沙质多，毛管作用强烈，也是盐分上升积累的因素。由于早春有不同程度的返盐，对作物幼苗有一定的危害。近年来，实行稻麦两作，改正灌溉措施，增施有机肥料，加强耕作管理，盐化状况有所减弱，但与其他地区相比，土壤肥力仍较差。

(四)砂姜黑土土类

砂姜黑土的成土母质是河流沉积物，是在地势低洼、排水条件差等特殊条件下形成发育的一种土壤类型。表层一般为后期覆盖的壤质土，厚薄不等，下为灰黑色黏重坚硬的黑土层，并有砂姜的土层组成。砂姜黑土分布于唐王镇白云湖附近、大徐以东局部地区，面积为 259.83hm$^2$，占可利用面积的 0.81%。全区砂姜黑土只有 1 个亚类、1 个土属、1 个土种。

砂姜黑土地区地下水位高，一般在1m左右，排水不良，经常积涝成灾，表层以下质地黏重，影响植物根系生长，养分含量失调，有机质较高，其他养分偏低，今后应搞好排灌系统，做到涝能排、旱能灌，调节养分比例，发挥各肥力因素的增产作用，加深耕层，逐步改良土壤质地、培肥土壤，提高粮食产量。

（五）水稻土土类

水稻土面积为286.82hm²，占可利用面积的0.89%，全区水稻土有1个亚类、1个土属、2个土种，主要分布在华山镇和王舍人镇区域内。

### 四、土壤分布规律

土壤既是一个历史自然体，又是农业的基本生产资料，在环境因素的综合影响下形成和发展。它是自然景观中一个不可分割的有机组成部分，在一定的自然条件下，是有一定类型的自然土壤，而在空间分布上，有着明显的地带性规律。

农业土壤既受当地自然成土因素的影响，又受栽培作物、耕作措施和改土措施的制约，是土壤发展过程中一个特定的和更高级的阶段。因此，农业土壤既有地带性的特征，又有人工熟化的共同特点。

历城区土壤分布规律是和当地特有的自然条件相吻合的。南部柳埠、仲宫、西营等与泰山山脉接壤，属海拔350m以上的山区酸性岩（主要是片麻岩）带，分布着棕壤土类，从本区南部山区向北至小清河南岸，海拔为20～700m，存在坡积洪积、洪积、洪积冲积物等母质，地下水埋藏在20～100m及以下，不受地下水的影响。在一定生物、气候条件下，发育形成褐土类。小清河以北地区，海拔在20m以下，河流沉积物多、地势较低洼，是受地下水和黄河、小清河渗侧压作用较强的地带，发育形成潮土土类。唐王东北部白云湖边潮土带中的局部地区，处在低湿排水不良的环境下，发育形成砂姜黑土土类。

## 第二节　土地利用状况

### 一、土地利用现状

近年来，由于城镇建设加快和交通、居民及工矿用地增加以及农村产业结构调整，土地利用类型发生了明显变化。2009年，全区土地总面积为129857hm²，各利用类型如下：

耕地：全区耕地面积为30707hm²，占全区土地总面积的23.65%。其中常用耕地为31551hm²，包括水田2059hm²，主要分布在王舍人、遥墙、华山3个镇；旱地12944hm²，主要分布在郭店、港沟、彩石3个镇以南的大部分丘陵地区；水浇地16548hm²，主要分布在唐王、董家等大部分平原地区。临时性耕地为496hm²。

园地：包括果园、桑园和其他园地等。全区园地面积为9438hm²，占全区土地总面积的7.3%。

林地：包括有林地、灌木林、疏木林、未成林林地、迹地和苗圃。全区林地面积为56293hm²，占全区土地总面积的43.4%。

居民及工矿用地：包括建制镇用地、村庄用地、独立工矿用地、特殊用地。全区居民及工矿用地面积为 22777hm²，占全区土地总面积的 17.54%。

交通用地：包括公路和农村道路用地。全区交通用地面积为 2476hm²，占全区土地总面积的 1.9%。

水域沟渠：包括河流、水库、坑塘水面以及苇地、滩涂、沟渠、水工建筑物。全区水域沟渠面积为 1128hm²，占全区土地总面积的 0.87%。

未利用土地：包括荒草地、裸岩石砾地、田坎和其他。

## 二、土地利用现状中存在的问题

从当前土地利用现状来看，土地利用中存在的主要问题是耕地日益减少且后备资源不足、农田重用轻养现象严重等。据统计局资料显示，新中国成立初期，开荒造田面积超过基本建设占地面积，耕地有所增加，但现在在耕地面积大量减少的同时，全区人口却在急剧增长，随着社会的发展，各项建设不可避免地仍要占用耕地，人地矛盾将更加突出。

土地利用中存在的问题首先是土地资源利用不够充分。全区荒岭坡地和多数沟、路、河渠、塘库旁尚未被充分利用，植树造林和发展畜牧业尚有较大空间。其次是农作物布局尚需调整。近几年农作物布局取得了重大成效，全区粮经比例日趋合理，但粮菜比例仍有很大的调整余地，主要是旱田退耕还林、还果。山区发展干果，既能抗旱，又有较高的经济效益。据调查，正常年份干果产值是粮食产值的 5～10 倍，干旱年份是粮食产值的 7～15 倍。应积极稳妥地在山区推行退耕还果，在平原区扩大蔬菜面积。然后是购肥理念和施肥技术落后。平原地区蔬菜地平均每亩年施用有机肥 1500kg，施用化肥实物量 519kg，根据多种蔬菜平均每吨产量需氮、磷、钾的比例为 1∶0.34∶1.23 衡量，氮和磷过量，钾偏少。同时，总施用量大大超过蔬菜吸收量，既破坏了土壤结构和土壤养分平衡，又导致土壤酸化和盐渍化。山地丘陵区粮田年平均施用有机肥 235kg/667m²，年施用有机肥的农户仅占调查总户数的 31.2%，有 68.8%的农户不施有机肥，有 75%的农户只施用氮、磷肥料，忽视了钾肥补充，这不仅影响了土壤肥力的提高，而且还导致了土壤养分失衡，应逐步加以改进。部分山丘区粮油种植部位过高，土壤翻动次数频繁，不利于水土保持，必须从大农业观点出发，做到因土种植，提高生态效益和经济效益。

为此，必须大力推广间作套种、立体种植及一年两收、两年三作等高产高效、轮作换茬栽培技术模式，使耕地得到充分利用。特别是推广应用作物优良品种、农业新技术和新成果，发展农业产业化，提高土地的生产能力，增加粮食产量和提高农业经济效益。但是，随着城市化进程的加快和经济建设的快速发展，城市建设、工矿企业用地和交通建设、水利设施占地地不断增加，使耕地面积逐年减少，农业生产可利用面积逐渐萎缩变小，发展空间受到限制。因此，加大种植制度改革和种植业内部结构调整力度，推选多茬、立体栽培的种植模式，最大限度地发挥土地的生产潜力，提高土地实际利用率，是现代农业发展的必由之路。

## 第三节 耕地利用与管理

### 一、耕地保养利用管理简要回顾

新中国成立以来，全国共进行了两次土壤普查工作。历城区第一次土壤普查工作于1959年进行。1980年，根据国务院111号文件[1979]精神以及全国土壤普查办公室和山东省土壤普查办公室的统一部署，按照《全国第二次土壤普查暂行技术规程》和《山东省土壤工作分类暂行方案》要求，历城区进行了第二次土壤普查工作。这次土壤普查工作在区委、区政府领导下，设立了土壤普查办公室，具体领导土壤普查工作。全区组织了64人的专业队，经过物资准备、技术培训、野外调查、分析化验、资料汇总等阶段，全面完成了全区土壤普查任务。1983年和1984年，地区和省两级土壤普查办公室先后进行了验收，颁发了土壤普查成果验收合格证书，认为质量达到了要求，并在发展农业生产、发展土壤科学、培养技术人才等方面作出了成绩。

全区普查面积为138177.5hm$^2$，其中可利用面积为102727hm$^2$。挖剖面956个，打钻孔1130个（不包括自然剖面），常规化验典型剖面164个，取得数据2031个；物理测定剖面84个，取得数据995个；采集化验农化样本917个，取得数据4219个；共取得了7000余个数据，建立了土壤普查技术资料档案室。

通过普查，查清了土地资源、土壤类型分布及理化性质，总结了高产土壤的条件，摸清了低产土壤的面积分布及障碍因素，编绘了区1∶50000的土地利用现状图、地貌图、土地评级图、土壤改良利用区划图、表层质地图、土体构型图、土壤图和有机质、全氮、有效磷、速效钾养分图等，共90份。对每个公社编写了土壤普查报告，共13份，汇总编写了《简明报告》及《历城土壤》。

第二次土壤普查科学系统地分析论述了自然条件和人为生产活动对土壤发生、发育的影响，各类土壤的生成、发育、特性、分类及分布，全面评述了土壤肥力状况和生产性能，科学地对土壤资源进行了质量评价，分析了存在的问题，制订了土壤改良利用分区规划和因地制宜土壤改良培肥的措施，并认真总结了形成高产田的土壤条件，为其后磷肥的大面积推广应用、氮磷配合施用、配方施肥和秸秆还田技术的推广应用提供了科学依据。

从20世纪80年代中后期开始，历城区逐年加大对农业的投入，开展了生态农业建设、小流域治理和农业综合开发等重大建设项目，大面积、大范围地对平原及山区土地进行了土地改良、开发利用、综合治理。实现了一个明确的改田、增粮、创收的行为目标和一个对各种自然资源的综合利用，体现沟、渠、林、田、路统一规划、综合治理，农业、水利、林业、科技、生物措施的组装配套，资金、物资、劳力和科技综合投入，各种生产要素有机结合，经济、社会和生态三方面综合效益高度统一的、讲求综合效应的开发模式。近年来，国家农业综合开发及土地整理项目的实施，使平原地区达到田成方、林成网、路相通、渠相连，沟、渠、田、林、路统一规划，旱、涝、风、沙、碱经综合治理，彻底解决了农田排灌现状，实现旱能浇、涝能排，土地平整，田间面貌整齐美观，农业生态环境良好，田间小气候得到改善，抗御低温、霜冻、风、雹、旱、涝等自然灾害的能力显著增强，土地风蚀化、盐碱化问题得到解决，土壤结构、养分含量明显改善和提高。同时，农业产业化程度明显提高，农业生产条件得到根本改善，可持续发展能力显著增强，基本实现了农田林网化，农药、化肥施用标准化，水土流失、水资源紧缺等得到扭转。山区通过修塘坝，建旱池，封山育林，退耕还林、还果，发展节水灌溉，铺设低压管道，进行小流域综合治理等综合开发措施，最大限度地改善了山区旱地的水浇条件和生产条件，农业生态环境得到改善，林木覆盖率明显提高，水土流失得到遏制，抵御自然灾害侵袭的能力显著增强。同时通过推广秸秆还田、测土配方施肥、良种良法配套等科学技术，农业科技含量进一步提高，农业产业化程度明显提高。对于全面贯彻落实《基本农田保护条例》、因地制宜地合理利用耕地、科学保养管理耕地起到了极大的促进作用。

## 二、肥料投入状况

肥料是植物的粮食，合理施用有机肥料和化学肥料，对不断培肥地力和提高作物产量起着重要作用。因为肥料不仅能营养作物，而且能协调土壤中水、肥、气、热条件，提高土壤肥力，增加农作物产量，提高农产品品质。新中国成立以来，历城区农业生产的提高与增施肥料、扩大施肥面积密切相关，肥料在农业生产中的投入比例占50%。但是，施入土壤的化学肥料大部分不能被作物吸收。一般情况下，氮肥的当季利用率为28%～30%，磷肥为18%～23%，钾肥为50%左右。未被作物吸收的肥料，在土壤中挥发、淋溶和固定。肥料的损失很大程度上与不合理施肥有关。如何减少肥料的浪费，对提高农业生产效益相当重要。施肥的目的是为了营养作物，而作物营养又是指导施肥的理论依据，但是作物生长发育与它的外界环境条件密切相连。因此，施肥不仅要根据作物营养特点，而且还要考虑到外界环境条件，包括生物、土壤、肥料、水利及栽培技术等因素，要把它们当作一个整体，运用现代科技来研究合理施肥的理论和技术，以发挥肥料增产的最大效益。历城区农业历史悠久，农民在长期生产实践中，总结出"以水调肥"，以及"看天、看地、看庄稼"的经验，而这些经验又必须采用现代科学加以总结提高。

### (一)有机肥料

2008年末，全区共有各类畜牧养殖户3266户，年饲养畜禽约600万头(只)，年产粪肥70万吨。其中，家禽552万只，禽粪15万吨；猪29万头，猪粪28万吨；牛4.7万头，牛粪20万吨；羊12.5万只，羊粪7万吨。

养殖场的粪肥利用：一是供肥料生产企业加工有机肥，占15%；二是零售卖给农户和果农施用，占75%；三是露天堆放不加以利用，占10%。其他有机肥的利用：随着化学肥料用量地不断增加和农业商品化的生产发展，劳动力的价值也在逐年提高，这给有机肥的积造和秸秆还田、堆沤肥、城粪利用等多方面带来一定的困难。据农民推算，积$667m^2$耕地的农家肥，需用工10多个，而用这些工钱购化肥，可解决$1668m^2$耕地的用肥。尽管这种推算具有短期行为，但从经济效益和眼前利益讲不无道理。因此，在有机肥的积造和施用上，出现了三大问题：一是有机肥施用面积越来越小。根据全区农户调查得知，全区农田施用有机肥面积仅有31.2%。二是施用量逐年下降。调查发现，过去每个农户每年积攒三圈农家肥料，现在每户三年积攒不到一圈肥。因而施肥量较过去下降了60%以上，有机肥用量平均只有$850kg/667m^2$。三是城市粪便由过去的派人看、管、争、抢变为无人过问，城市垃圾得不到合理的加工利用，农村人畜粪便的积用也越来越不受重视。

上述问题的存在，严重影响了地力培肥和农业增产。全区 1478 个耕地土壤养分检测结果表明，土壤有机质平均仅有 17.6g/kg，微量元素中锌、硼缺乏严重，土壤理化性状变劣，生产性能降低。群众反映土壤越来越“娇嫩”了，承受旱、涝、风、寒、病、虫的抗逆性越来越差，增肥不增产、增产不增收的现象越来越严重。

全区秸秆还田实施方式有三种：一是残茬覆盖方式，俗称“刀下留肥”。于小麦收割时，适当高留茬 20cm 左右，夏播作物可套种或贴茬种植，待作物出苗后，适当灭茬，根茬即可覆盖在地表。二是夏玉米收获后，趁鲜及时粉碎直接还田。三是追铺方式，即在小麦起身拔节期间、玉米小喇叭口期前后，于植株行间每亩追铺碎麦秸 200kg 左右，果园每亩覆盖 1500～2000kg。全区小麦秸秆还田面积为 12813$hm^2$，占 69%；玉米秸秆直接还田面积为 10400$hm^2$，占 54%。

历城区经多年秸秆还田的试验、示范和大面积推广应用实践表明，秸秆还田有如下效果：一是提高了作物产量。二是培肥了地力，增加了土壤肥力的基础物质。据测定，每年平均增加土壤有机质 0.2～0.4g/kg。三是提高了土壤蓄水保墒能力。由于作物秸秆的覆盖，可减少土壤水分的扩散和蒸发，这对干旱缺水的丘陵山区农业生产具有重要的现实意义。四是具有减缓水土流失、防止土壤环境污染的功效。五是秸秆还田能减少田间杂草，节约劳力，具有增加土壤生物量、节约能源、减少投入的优点。

（二）化学肥料

历城区农业在化学肥料施用方面起步较晚。在新中国成立初期，化肥用量少，粮食的增产主要依赖有机肥料。到 20 世纪 80 年代，随着化学肥料投入的不断增加，作物产量逐年提高。由此看出，肥料与农业生产的关系极为密切，但不是唯一的增产条件。因为农业是一个复杂的生产系统，系统中的诸因素如国家政策、气候条件、土壤肥力、作物品种、栽培措施、病虫防治、灌排系统等，都直接影响着农作物产量的提高，肥料的增产作用只有在诸因素彼此协调的状态下才能得以充分发挥。

新中国成立后，党和政府十分重视肥料工作，1956～1967 年的全国农业发展纲要中指出：“中央和地方都应当积极发展化肥制造工业”。随后，我国化肥工业迅速发展，从无到有，由小到大，从无到有，肥料品种不仅有单质肥料、复合肥料，而且也有高浓度肥和长效肥等肥料新品种的研制、生产和应用。目前，全区化肥用量仍然是：氮肥＞磷肥＞钾肥，而肥效是：氮肥＞钾肥＞磷肥。农田中，氮、磷的肥效普遍下降，钾肥的肥效显著。因此，生产中应增加钾肥的投入。微量元素肥料中，应重视锌肥和硼肥补充，微肥的施用原则是因缺补缺。

肥料是提供植物正常生长的必需营养元素并兼有改变土壤性质、提高土壤肥力功能的物质。在农业生产的发展中，肥料的作用是十分明显的。它一方面能提高作物的产量和改善作物的品质，满足人们的生活需要和日益增长的工业需求，另一方面保持提高了土壤肥力，使农业生产得以持续发展。据联合国粮农组织估计，近 30 多年来，在提高农业产量的增产因素中，增施肥料占 40%～60%。

(三)农户施肥情况调查

1. 小 麦

被调查的典型村庄农户有40户,共种植小麦8$hm^2$,2006年总产为39756kg,平均单产为331.3kg。底肥施用尿素1767.6kg,平均每亩施14.73kg;施磷酸二铵4885.2kg,平均每亩施40.71kg。小麦追肥面积为3.53$hm^2$,占播种面积的44.2%,追肥总数量为:尿素为1178.4kg,平均每亩施9.82kg,共折纯N为1848kg,平均每亩施15.4kg;$P_2O_5$为2247.6kg,平均每亩施18.73kg。N∶P∶K比例为1∶1.2∶0。开展测土配方施肥项目以来,农民施肥方式有所改变,钾肥用量有了明显增加。具体情况为:折纯N为1135.2kg,平均每亩施9.46kg;$P_2O_5$为1436.4kg,平均每亩施11.97kg;折纯K为480kg,平均每亩施4kg。N∶P∶K比例为2.37∶3∶1。氮肥用量变化不大,磷肥用量通过配方肥的推广明显减少,钾肥有了大幅度增加。

2. 玉 米

被调查的典型村庄农户有40户,共种植玉米8$hm^2$,2006年总产为48684kg,平均单产为405.7kg。玉米底肥施用磷酸二铵5820kg,平均每亩施48.5kg。追肥总数量为:尿素为685kg,平均每亩施5.7kg,折合纯N为1362.7kg,平均每亩施11.36kg;$P_2O_5$为2677.2kg,平均每亩施22.31kg。N∶P∶K比例为1∶1.96∶0。开展测土配方施肥项目以来,农民施肥方式有所改变,钾肥用量有了明显增加,磷肥用量明显减少。具体情况为:折纯N为1419kg,平均每亩施11.83kg;$P_2O_5$为1886.9kg,平均每亩施15.72kg;折纯K为160kg,平均每亩施1.33kg。氮肥每亩平均增加0.47kg,磷肥每亩平均减少6.59kg,N∶P∶K比例为8.89∶11.8∶1。

## 三、耕地利用现状

历城区耕地总面积为30707$hm^2$,其中水浇地面积为17841$hm^2$,占耕地面积的58.1%;旱作面积为12406$hm^2$,占耕地面积的40.4%。2009年,农作物播种面积为63365$hm^2$,其中粮食总播种面积为47146$hm^2$,占播种面积的74.4%;棉花播种面积为212$hm^2$,占播种面积的0.3%;蔬菜播种面积为13783$hm^2$,占播种面积的21.8%。化肥施用量为47711吨,折纯为16972吨,其中氮肥施用量为20792吨,折纯为5050吨;磷肥施用量为8832吨,折纯为2206吨;钾肥施用量为5174吨,折纯为1972吨;复合肥施用量为12912吨,折纯为7204吨。

近年以来,全区土地政策稳定,政府政策扶持力度和资金投入不断加大,提高了农民的生产积极性,使耕地利用情况日趋合理。一是耕地产出率高。2009年,粮食总产量为265722吨,人均粮食产量为287.6kg。二是耕地利用率高。随着新品种的不断引进,间作、套作等耕作方式的合理运用,设施农业快速发展,反季节栽培技术大力推广,耕地复种指数不断提高。以2009年统计数据为依据,以复种指数为判断指标,综合统计分析复种指数,情况表明:全区耕地资源总体上利用较好,复种指数较高,保证了粮食生产的安全。三是产业结构日趋合理。与第二次土壤普查时的1980年相比,虽然耕地面积有所减少,但农作物播种面积却有了较大提高,农业、种植业内部结构更加优化,粮经比例更趋合理。四是基础设施进一步改善,水利化程度提高。通过土地整理等项目的实施,全区农田基础设施不断改善，节水灌溉面积达到 $1.24\times10^4$ hm²。历城区 2009 年农业生产概况如表 2-3 所示。

表 2-3　历城区 2009 年农业生产概况

| 类　型 | 计量单位 | 总　计 | 类　型 | 计量单位 | 总　计 |
|---|---|---|---|---|---|
| 耕地面积 | $hm^2$ | 30707 | 秋粮播种面积 | $hm^2$ | 24995 |
| 化肥施用量:实物量 | 吨 | 47711 | 单产 | $kg/hm^2$ | 6028 |
| 折纯量 | 吨 | 16972 | 总产 | 吨 | 150672 |
| 氮肥施用量:实物量 | 吨 | 20792 | 玉米播种面积 | $hm^2$ | 18513 |
| 折纯量 | 吨 | 5050 | 单产 | $kg/hm^2$ | 6330 |
| 磷肥施用量:实物量 | 吨 | 8832 | 总产 | 吨 | 117187 |
| 折纯量 | 吨 | 2206 | 油料作物播种面积 | $hm^2$ | 1012 |
| 钾肥施用量:实物量 | 吨 | 5174 | 单产 | $kg/hm^2$ | 4231 |
| 折纯量 | 吨 | 1972 | 总产 | 吨 | 4282 |
| 复合肥施用量:实物量 | 吨 | 12912 | 棉花播种面积 | $hm^2$ | 212 |
| 折纯量 | 吨 | 7204 | 单产 | $kg/hm^2$ | 1637 |
| 农作物总播种面积 | $hm^2$ | 63365 | 总产 | 吨 | 347 |
| 粮食播种面积 | $hm^2$ | 47146 | 蔬菜播种面积 | $hm^2$ | 13783 |
| 单产 | $kg/hm^2$ | 5636 | 单产 | $kg/hm^2$ | 60825 |
| 总产 | 吨 | 265722 | 总产 | 吨 | 838350 |
| 夏粮播种面积 | $hm^2$ | 22151 | | | |
| 单产 | $kg/hm^2$ | 5194 | | | |
| 总产 | 吨 | 115050 | | | |

## 四、施肥实践中存在的主要问题

由于过去科学施肥技术推广力度小，农民科技素质差，科学施肥技术到位率低，导致农民施肥决策不合理，肥料利用率低。从全区农户施肥调查结果中看出，依据肥料价格高低购买施用的占 75%，按 N、P、K 养分含量购买施用的占 21%，按大、中、微量元素配合的仅占 4%；农民确定施肥量，依据地力的占 10%，依据习惯的占 70%，随大流的占 20%。虽然有 10%的农户知道根据地力来确定施肥量，但在实际操作中既缺乏土壤检测手段，又缺乏施肥技术指导，只能进行粗略定性或定量，因而购肥、施肥带有很大的盲目性。其结果是既增加了生产成本，又降低了肥料利用率。

氮、磷、钾养分投入产出平衡状况决定土壤养分含量的增减。从采样点施肥调查结果可看出，其变化原因：一是农民投肥比例不合理，化肥施用一味以氮、磷为主，氮、磷、钾比例是 1∶0.56∶0.15，距理想的氮、磷、钾比例（1∶0.4∶0.5）仍有一定的差距，氮磷比例趋于合理，氮钾比例差距较大，钾肥投入严重不足。其结果是造成土壤有效磷大幅上升、碱解氮逐年提高，尤其是麦田有效磷和碱解氮增加较大。二是由于家庭养殖业萎缩、农家有机肥源匮乏，有机肥投入逐年减少，土壤的缓冲能力下降。

# 第三章　样品采集和分析

## 第一节　土壤样品的布点与采集

### 一、布点原则

土壤养分的空间变异对耕地地力评价的准确性影响较大，因此，布点应综合考虑作物种类、土壤类型、肥力高低、地形地貌、工作进度等方面的因素，保证采样点具有典型性和代表性，同时兼顾空间分布的均匀性。

（一）室内布点要有广泛的代表性，兼顾均匀性

布点要考虑土壤类型、土种与面积、肥力水平、作物种类等。蔬菜还要考虑设施类型、蔬菜种类、种植年限。布点数量要满足评价的需要。首先整理编绘土种图，确定耕地类型土种数量，根据密度要求确定区总采样点数。其次是根据土壤类型（土种）、利用现状、肥力水平、乡镇耕地面积，确定各乡镇采样点数。根据土种、利用现状（作物熟制、蔬菜、果树）、肥力水平统计各因素采样点数，并进行调整。根据土种、利用现状、肥力水平，标注成图点位，注意均匀性。原则上要求每村布 1～3 个采样点，项目示范区、每个大村设置3～5 个采样点。根据历城区实际情况，每年采样开始前，农业局抽调技术人员 10 人结合乡镇的技术人员组成采样小组，根据规范要求进行布点，全区总共有 1478 个耕地地力点位。用于耕地地力评价。

（二）图上定位，现场定点

以土壤图（土种）与土地利用现状图或行政区划图（村）的叠加图斑为采样单元（落实到图上），采样人员带着图到实地，在位于采样单元相对中心位置的典型地块定点取样。这样做法的好处是可以先在图上观察样点分布的均匀度。田间调查人员根据在图上确定的点位到田间应用 GPS 定位取样。记录经纬度，精确到 0.1″。GPS 正确使用是保证数据准确性的重要前提，在调查前对区镇两级专业技术人员进行培训，并相互校验即将使用的 GPS，统一用北京 84 度坐标。为保证定位精度，定位仪由专人操作。

### 二、采样单元

土壤样品的采集是土壤测试的一个重要技术环节，采集有代表性的样品，是如实反映客观情况的先决条件。因此，应选择有代表性的地段和有代表性的土壤采样，并根据不同分析项目采用相关的采样和处理方法。为保证土壤样品的代表性，采样小组确定了采样

单元：大田作物每 2.67～6.67$hm^2$ 采集 1 个混合样，蔬菜、果树每 1.33～3.33$hm^2$ 采集 1 个混合样。

### 三、采样时间

粮食作物及蔬菜在收获后或播种前采集（上茬作物已经基本完成生育进程，下茬作物还没有施肥），耕地地力点样品采集一般选择在秋后。

### 四、采样周期

同一采样单元，土壤碱解氮、有效磷、速效钾、有机质等一般每季或每年采集 1 次，中微量元素 3～5 年采集 1 次。

### 五、采样点数量

要保证有足够的采样点，使之能代表采样单元的土壤特性。采样点的多少，依据田块面积、地块形状，严格按照采样技术规程进行准确定位和规范采样，每个样品采样点数都在 15 个以上，一般为 15～20 个点为宜。

### 六、采样路线

采样时沿着一定的线路，按照随机、等量和多点混合的原则进行采样。一般采用“蛇形”布点采样，以较好地克服耕作、施肥等所造成的误差。在地形较小、地力较均匀、采样单元面积较小的情况下，采用“棋盘”法布点取样，同时避开路边、田埂、沟边、肥堆等特殊部位（见图 3-1）。

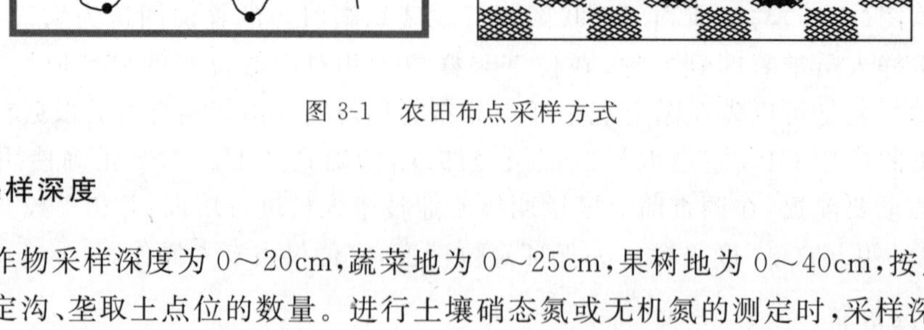


图 3-1　农田布点采样方式

### 七、采样深度

大田作物采样深度为 0～20cm，蔬菜地为 0～25cm，果树地为 0～40cm，按照沟、垄面积比例确定沟、垄取土点位的数量。进行土壤硝态氮或无机氮的测定时，采样深度根据不同作物、不同生育期的主要根系分布深度来确定。采样时要垂直，上下取土一致。微量元素则用不锈钢取土器采样，若用铁锨，要用竹、木铲配合，把金属污染部分去掉。

### 八、采样方法

每个采样点的取土深度及采样量应均匀一致，土样上层与下层的比例要相同。取样器应垂直于地面入土，深度相同。用取土铲取样时先铲出一个耕层断面，再平行于断面下铲取土，微量元素则用不锈钢取土器采样。

### 九、样品重量

一个混合土样以取土 1kg 左右为宜，如果样品数量太多，可采用四分法将多余的样品弃去。方法是将采集的土壤样品放在盘子里或塑料布上，弄碎、混匀，铺成四方形，画对角线将土样分成四份，把对角的两份分别合并成一份，保留一份，弃去一份。如果所得的样品依然很多，可再用四分法处理，直至所需数量为止。

样品标记：采集的样品放入统一的样品袋中，用铅笔写好标签，内外各放一张，标签内容如表 3-1 所示。

**表 3-1　　标签内容**

| 统一编码 | | | 邮编 | | |
|---|---|---|---|---|---|
| 户名 | | | 联系电话 | | |
| 采样时间 | 年　　月　　日　　时 | | | | |
| 采样地点 | 镇　　村　　地 | | 块方位 | 方向　m | |
| 经度 | | | 纬度 | | |
| 采样深度(cm) | | 采样点数 | | 采样人 | |

## 第二节　土壤样品的制备

### 一、风干样品

从野外采回的土壤样品及时放在样品盘上，摊成薄薄的一层，置于干净整洁的室内通风处自然风干，严禁暴晒，并注意防止酸碱等气体及灰尘的污染。风干过程中经常翻动土样，并将大土块捏碎以加速干燥，同时剔除土壤以外的侵入体。

### 二、试样分析

(一)一般化学分析试样

将风干的样品平铺在制样板上，用木棍或塑料棍碾压，并将植物残体、石块等侵入体和新生体剔除干净，细小易断的植物须根采用静电吸附的方法清除。压碎的土样全部通过 2mm 孔径筛。未过筛的土粒必须重新碾压过筛，直至全部样品通过 2mm 孔径筛为止，过 2mm 孔径筛的土样可供 pH、盐分、交换性能及有效养分项目测定。将通过 2mm 孔径筛的土样用四分法取出一部分继续研磨，使之全部通过 0.25mm 孔径筛，可供有机质、全氮、碳酸钙等项目的测定。

（二）微量元素分析试样

用于微量元素分析的土样，其处理方法同一般化学分析样品，但在采样、风干、研磨、过筛、运输、储存等诸环节不要接触金属器具，以避免污染。如采样、制样使用木、竹或塑料工具，过筛使用尼龙网筛等。通过 2mm 尼龙网筛的样品可用于测定土壤有效态微量元素。

风干后的土样按照不同的分析要求研磨过筛，充分混匀后，装入样品瓶中备用。瓶内外各放标签一张，写明编号、采样地点、土壤名称、采样深度、样品粒径、采样日期、采样人及制样时间、制样人等项目。制备好的样品妥为储存，避免日晒、高温、潮湿和酸碱等气体的污染。全部分析工作结束，分析数据核实无误后，试样一般还要保存三个月至一年，以备查询。少数有价值需要长期保存的样品，须保存于广口瓶中，用蜡封好瓶口。

## 第三节　样品分析与质量控制

### 一、分析项目与方法

样品的室内分析是了解耕地土壤理化性状的重要手段，根据农业部《测土配方施肥技术规范》测试分析项目的要求，历城区确定本次耕地地力评价要求化验分析项目为土壤理化性状 17 项，各项目分析方法有国家标准或部颁标准的以国家标准或部颁标准为首选分析方法（见表 3-2）。

**表 3-2　耕地地力评价样品分析项目测定方法**

| 分析项目 | 标准号 | 测定方法名称 |
|---|---|---|
| pH | NY/T　1121.2－2006 | 玻璃电极法 |
| 有机质 | NY/T　1121.6－2006 | 重铬酸钾－硫酸溶液－油浴法 |
| 有效磷 | NY/T　148－1990 | 碳酸氢钠浸提－钼锑抗比色法 |
| 速效钾 | NY/T　889－2004 | 乙酸铵浸提－火焰光度法 |
| 全氮 | NY/T　53－1987 | 半微量凯氏法 |
| 碱解氮 | LY/T　1229－1999 | 碱解扩散法 |
| 缓效钾 | NY/T　889－2004 | 硝酸浸提－原子吸收分光光度法 |
| 有效铜 | NY/T　890－2004 | DTPA 浸提－原子吸收法 |
| 有效锌 | NY/T　890－2004 | DTPA 浸提－原子吸收法 |
| 有效铁 | NY/T　890－2004 | DTPA 浸提－原子吸收法 |
| 有效锰 | NY/T　890－2004 | DTPA 浸提－原子吸收法 |
| 有效钼 | NY/T　1121.9－2006 | 草酸－草酸铵提取－极谱法 |
| 有效硼 | NY/T　1121.8－2006 | 沸水浸提－甲亚胺比色法 |
| 交换性钙 | NY/T　1121.13－2006 | 乙酸铵交换－原子吸收法 |

续表

| 分析项目 | 标准号 | 测定方法名称 |
|---|---|---|
| 交换性镁 | NY/T　1121.13－2006 | 乙酸铵交换－原子吸收法 |
| 有效硫 | NY/T　1121.14－2006 | 磷酸盐－乙酸氯化钙提取硫酸钡比浊法 |
| 土壤容重 | | 环刀法 |

从田间采来的土壤样品，经样品管理员核查标签，编上统一的室内检验编号，并登记检验台账，土壤样品及时送至专门的土壤样品风干室进行风干处理。方法是将土壤样品弄成碎块平铺在干净的塑料编织袋上，摊成薄层放于木架上风干，风干后的土样放到样品制备室进行磨细过筛处理，处理过的土样装入样品袋，并标上样品检验编号、粒径及分析项目，放入样品橱等待检验员领取。

## 二、质量控制

（一）实验室概况

承担测土配方施肥项目检验任务的是济南市历城区农业质量检测检验中心，检测检验中心实验室面积为600$m^2$，其中空调面积为200$m^2$，拥有包括Agilent6890N、7890A气象色谱仪、原子吸收分光光度计、液相色谱仪、原子荧光光度计、细菌鉴定仪、微波消解仪等在内的各种精密检测仪器设备78台（套、件），固定资产总值600余万元；设业务室和检测室2个专业科室，9名工作人员，7名专职检测人员；认证的检测项目有：蔬菜、水果产品的49种农药残留含量，农药残留6个指标，过磷酸钙、复混肥料等9种肥料产品的指标，土壤养分含量有机质等9个指标，共有87个参数。

仪器设备进行了计量检定，检测人员经培训考核，掌握了规定的检测方法及程序，能够完成计量认证项目表中规定的全部指标项目的检验工作任务。

（二）质量控制措施

分析质量受试样、方法、试剂、仪器、环境及分析人员素质等多方面因素制约，影响结果的准确度和精密度。为保证试验结果的可靠性及实验室之间的可比性，必须采取严格的质量控制措施。为确保本次耕地地力评价检测结果准确可靠，对参加检验的人员进行了集中培训，分配了检验任务，每两人为一组承担一个检验项目并对结果负责，编制了统一的原始记录表格，制订质量控制措施。

1. 仪器设备及标准物质的购置和管理

为了保证检测结果的准确性和可靠性，对仪器设备和标准物质加以控制，确保仪器设备处于正常状态，以满足检验工作的要求。严格按《质量手册》和《程序文件》的要求，根据检验参数，配备全部仪器设备（标准物质），并对所有仪器设备进行运行检查，贴上合格标志后，方可使用。

2. 所用化学试剂严格验收程序，以保证试剂的质量

对用于检测工作中的外部支持服务和外购物品实行有效控制，以确保外部支持服务和供应的质量，使其符合检验工作的要求，保证检验结果的可靠性。

3. 化验分析方法严格执行国家或行业标准

为使测量结果能真实反映测量对象的特性，需对检验方法的采用作出统一规定，确保对检验过程进行有效控制。所用检验方法必须由技术负责人确认，保证采用的检验方法为现行有效版本。

4. 坚持平行试验、再现性试验，控制精密度，减少随机误差

对控制样品进行多次重复测定，由所得结果计算出控制样的平均值 $X$ 和标准差 $S$，绘制精密度控制图，纵坐标为测定值，横坐标为获得数据的顺序。将平均值 $X$ 作成与横坐标平行的中心线 $CL$，$X\pm 3S$ 为上下控制限 $U_{CL}$ 及 $L_{CL}$，$X\pm 2S$ 为上下警戒限 $U_{WL}$ 及 $L_{WL}$。在进行试样例行分析时，每批带入控制样，其测定数据在控制图上打点，如果打在控制限外，叫"超控"，该批结果全部判为错误结果，必须立即找出原因，采取适当措施，等"回控"后再重复测定，如果控制样的结果落在控制限和警戒限之间，说明精密度已不理想，应引起注意。

5. 坚持双人双检，严格校核、签字及记录的修改制度

检验人员负责检验原始记录、仪器设备、标准物质(含标准溶液)使用记录的填写。各种质量记录应客观、规范、准确和及时地直接填写在规定格式的原始记录纸上。原始记录必须由检验者在现场亲自填写，不得事后追记。一项检验有两人或两人以上操作人员时，应指定一人担当记录。校核人要对记录的规范性和计算的准确性进行审核，检查无误后签字。原始记录不允许随意更改和删减，数据必须更改时，用两条平行线将错误数据划掉，将正确数据写在其正上方，并在错误数据上加盖更改人印章。

6. 全程序空白值试验

全程序空白值是指用一方法测定某物质时，除样品中不含该测定物质，整个分析过程的全部因素引起的测定信号值或相应浓度值。每次测定两个平行样，用于校正仪器零点或检查是否在允许范围内。

7. 准确度控制，坚持使用标准样品，进行内参样掺插

利用土壤标准样品及参比样品进行分析质量控制。土壤标准品用于检验考核实验室、分析人员的技术水平和分析方法的评价，直接从国家标准物质中心购买。参比样品由山东省土壤肥料总站统一组织制作，分发至所需检测室，用统一的方法进行检测，经整理统计后，其平均值和标准差作为日常分析工作的参比值。

8. 加标回收率试验

取两份相同的样品，一份加入已知量的标准物，在同一条件下测定其含量，计算已知量的回收率，可作为准确度的指标：

$$\text{回收率}(\%)=\frac{\text{测得总量}-\text{样品含量}}{\text{标准加入量}}\times 100\%$$

9. 检验结果与其他实验室作对比

为提高实验室之间分析结果的可比性，积极参加上级实验室组织的样品比对试验或用同一控制样品主动与同级实验室进行比对试验，通过数理分析，对差异的数据，查明原因，采取措施。

# 第二篇　耕地地力分析与评价

## 第四章　土壤理化性状及评价

土壤养分直接影响作物的产量和品质，是耕地地力的主要制约因素。通过耕地地力评价项目的实施，对全区耕地有机质、氮、磷、钾、中微量元素及相关属性进行了调查、化验和分析，取得了大量数据。按照项目要求，共筛选出1478个土壤样品用于耕地地力评价。从化验结果中，选取pH 1478个、有机质1469个、有效磷1473个、速效钾1478个、缓效钾1478个、全氮1478个、碱解氮1461个用于耕地地力评价；中微量元素选取交换性钙1477个、交换性镁1464个、有效硫1478个、有效锌1452个、有效铁1478个、有效锰1478个、有效铜1465个、有效硼1478个、有效钼1475个、有效硅1478个用于耕地地力评价；土壤容重选取200个用于耕地地力评价。通过耕地地力评价项目的实施，对全区耕层土壤样品化验分析，基本摸清了历城区土壤养分状况，找出了高产土壤适宜的氮、磷、钾配比及低产土壤在养分方面的限制因素，为历城区合理施肥，夺取当季、全年高产及用地养地、培肥地力等方面提供了科学依据。历城区土壤养分含量如表4-1所示。

表4-1　历城区土壤养分含量平均值

| 土壤养分 | 平均值 |
|---|---|
| pH | 7.7(众数) |
| 有机质(g/kg) | 17.6 |
| 全氮(g/kg) | 1.23 |
| 碱解氮(mg/kg) | 97 |
| 有效磷(mg/kg) | 41.5 |
| 速效钾(mg/kg) | 177 |
| 缓效钾(mg/kg) | 801 |
| 交换性钙(mg/kg) | 3287 |
| 交换性镁(mg/kg) | 255 |
| 有效硫(mg/kg) | 38.3 |

续表

| 土壤养分 | 平均值 |
|---|---|
| 有效锌(mg/kg) | 1.9 |
| 有效硼(mg/kg) | 0.62 |
| 有效锰(mg/kg) | 15.9 |
| 有效铜(mg/kg) | 2 |
| 有效铁(mg/kg) | 12.8 |
| 有效钼(mg/kg) | 0.21 |
| 有效硅(mg/kg) | 223.96 |

# 第一节　土壤pH和有机质

## 一、土壤pH

土壤的酸碱度是土壤形成过程综合因子作用的结果，参与土壤的许多化学反应，是土壤肥力重要指标之一。土壤的酸碱度对土壤养分的转化，特别是对磷和微量元素的有效性，有很大影响。在酸性土壤或石灰性土壤中，磷常被铁、铝和钙固定为无效态。土壤过酸和过碱均不利于有益微生物的活动，从而影响到土壤中氮素和部分磷素养分的释放。第二次土壤普查时，本区没有对pH进行化验分析，但20多年来由于施肥结构等多方面的影响，耕层土壤pH还是发生了变化。如近年来蔬菜的生产，大大增加了化肥、农药的投入，导致种菜地区pH发生了变化。

(一)耕层土壤pH分级和分布

从化验分析结果中选出耕层土样pH 1478个，其众数为7.7，变幅为5～8.4，标准差为0.3，变异系数为3.85%。具体数据及分级如表4-2所示。

表4-2　耕层土壤pH及分布状况

| pH级别 | 1 | 2 | 3 | 4 | 5 | 6 | 合　计 |
|---|---|---|---|---|---|---|---|
| 分级标准 | >8.5 | 7.5～8.5 | 6.5～7.5 | 5.5～6.5 | 4.5～5.5 | <4.5 | |
| 样品个数(个) | | 1287 | 173 | 12 | 6 | | 1478 |
| 耕地面积($hm^2$) | | 115953.21 | 13059.72 | 797.32 | 46.75 | | 129857 |
| 占总耕地(%) | | 89.29 | 10.06 | 0.61 | 0.04 | | 100 |

统计结果显示，本区大多数土壤pH为7.5～8.5，一般作物都喜欢生长在中性、弱酸性或弱碱性的环境下。因此，历城区土壤的pH基本符合作物生长的需要。

(二)不同利用类型土壤pH状况

本区典型的种植制度是小麦—玉米，其次是蔬菜、果树、设施种植。不同利用类型土壤pH如表4-3所示。

表 4-3　　不同利用类型土壤 pH 状况

| 利用类型 | 众数 | 最大值 | 最小值 | 标准差 | 变异系数(%) |
|---|---|---|---|---|---|
| 小麦—玉米 | 7.7 | 8.3 | 5 | 0.28 | 3.67 |
| 蔬菜 | 7.6 | 8.1 | 5.5 | 0.33 | 4.38 |
| 果树 | 7.5 | 8.4 | 5.5 | 0.35 | 4.52 |
| 设施种植 | 7.8 | 7.9 | 7.6 | 0.1 | 1.27 |

统计结果显示，小麦—玉米、设施种植的土壤 pH 略高于蔬菜、果树的土壤 pH，因为土壤 pH 除受成土母质影响，不合理的施肥、灌溉对土壤 pH 也有很大影响。据调查，果树和蔬菜的施肥量大于小麦—玉米的施肥量，从而会影响土壤 pH，使土壤 pH 有所降低。

（三）不同土壤类型 pH 状况

本区土壤主要分为棕壤、褐土、潮土、砂姜黑土、水稻土五种类型，不同土壤类型 pH 如表 4-4 所示。

表 4-4　　不同土壤类型 pH 状况

| 土壤类型 | 众数 | 最大值 | 最小值 | 标准差 | 变异系数(%) |
|---|---|---|---|---|---|
| 棕壤 | 7.4 | 8.2 | 5 | 0.62 | 8.44 |
| 褐土 | 7.8 | 8.4 | 5.3 | 0.26 | 3.39 |
| 潮土 | 7.8 | 8.3 | 7.3 | 0.16 | 2.01 |
| 砂姜黑土 | 7.8 | 7.9 | 7.7 | 0.09 | 1.15 |
| 水稻土 | 7.7 | 7.8 | 7.5 | 0.11 | 1.48 |

统计结果显示，不同土壤类型 pH 差异不大，砂姜黑土、潮土、褐土、水稻土、棕壤的 pH 逐渐降低，表明 pH 与土壤类型有一定关系。土壤类型内的 pH 差异比较明显，在农业生产中，可通过不断增施有机肥，提高土壤有机质和黏粒含量，增强土壤的缓冲能力，使土壤 pH 稳定在作物的生长需求范围内，以利于发挥土壤养分的有效性，促进作物的生长发育。

（四）各镇土壤 pH 状况

各镇土壤 pH 状况如表 4-5 所示。

表 4-5　　各镇土壤 pH 状况

| 镇 | 彩石镇 | 董家镇 | 港沟镇 | 郭店镇 | 华山镇 | 柳埠镇 | 唐王镇 | 王舍人镇 | 西营镇 | 遥墙镇 | 仲宫镇 |
|---|---|---|---|---|---|---|---|---|---|---|---|
| pH | 7.7 | 7.8 | 7.9 | 7.9 | 7.9 | 7.5 | 7.7 | 7.7 | 7.6 | 7.8 | 7.8 |

统计结果显示，各镇 pH 差别不大。

（五）土壤酸碱性对土壤养分有效性的影响

土壤酸碱性通过影响矿质盐分的溶解度而影响养分的有效性。土壤中大、中微量元素的有效性均随土壤溶液的酸碱度的不同而发生着明显变化。同时，土壤酸碱性还制约微生物的活动，对有机质的矿化过程也有一定的影响。有机质在酸性条件下分解较慢，但以中性和微碱性最适宜。固氮根瘤菌在 pH 降至 6 以下时固氮能力明显下降。土壤酸碱性对磷酸盐的形态和有效性影响较大。土壤 pH 低于 5.5 时，磷酸根与铁、铝结合形成闭蓄态磷酸铁、铝而失去有效性。土壤 pH 在 5.6～7 的范围内时，磷酸盐的有效性最大。土壤酸碱性也影响着钾的吸附量，酸性土和盐基饱和度低的土壤其交换性钾含量低于中性土和盐基饱和度高的土壤。土壤酸碱性对土壤微量元素的有效性影响非常明显，钼的有效性随土壤 pH 的降低而降低，硼的有效性在 pH 的一定范围内随 pH 的升高而提高，铁、锰、锌的有效性随 pH 的降低而提高。

## 二、土壤有机质

土壤有机质是土壤的重要组成部分，与土壤的发生演变、肥力水平和许多属性都有密切的关系。土壤有机质中含有作物生长所需的各种养分，可直接或间接地为作物生长提供氮、磷、钾、钙、镁、硫和各种微量元素；有机质具有改善土壤理化性状，影响和制约土壤结构形成及通气性、渗透性、缓冲性、交换性能和保水、保肥性能，是评价耕地地力的重要指标。对耕作土壤来说，培肥的中心环节就是增施各种有机肥，实行秸秆还田，保持和提高土壤有机质含量。

（一）耕层土壤有机质分级和分布

从化验分析结果中选出耕层土样有机质 1469 个，其平均含量为 17.6g/kg，变幅为 3.4～37.9g/kg，标准差为 4.93，变异系数为 28.06%。具体数据及分级如表 4-6 所示。

表 4-6　耕层土壤有机质分级和分布

| 有机质级别 | 1 | 2 | 3 | 4 | 5 | 6 | 7 | 合计 |
|---|---|---|---|---|---|---|---|---|
| 分级标准(g/kg) | ＞20 | 15～20 | 12～15 | 10～12 | 8～10 | 6～8 | ＜6 | |
| 样品个数(个) | 362 | 689 | 282 | 71 | 42 | 8 | 15 | 1469 |
| 耕地面积($hm^2$) | 26081.78 | 78134.96 | 23153.5 | 2108.88 | 377.88 | | | 129857 |
| 占总耕地(%) | 20.09 | 60.17 | 17.83 | 1.62 | 0.29 | | | 100 |

统计结果显示，本区土壤有机质含量多为 15～20g/kg，占耕地总面积的 60.17%，这也说明本区土壤有机质含量属中等水平，保水、保肥能力有所保障。土壤有机质含量的多少是土壤肥力高低的重要指标，它是肥料以外土壤中氮素的唯一来源，也是磷、硫等养分的重要来源，直接影响到土壤容重、结构等一系列物理性状，所以对土壤的肥沃度、生产率影响极大。由于历城区处在季风气候区，土壤干湿交替明显，在生物活动及人为因素的作用下，土壤有机质易于分解而不易于积累。1980 年土壤普查时，全区平均值只有 10.9g/kg，属较低水平。与 1980 年土壤普查相比，耕地有机质有所上升，含量为 17.6g/kg，比 1980 年提高了 6.7g/kg。

（二）不同利用类型土壤有机质状况

本区典型的种植制度是小麦—玉米，其次是蔬菜、果树、设施种植。不同利用类型土壤有机质如表 4-7 所示。

表 4-7　不同利用类型土壤有机质状况

| 利用类型 | 平均值(g/kg) | 最大值(g/kg) | 最小值(g/kg) | 标准差 | 变异系数(%) |
|---|---|---|---|---|---|
| 小麦—玉米 | 17.5 | 37.9 | 3.4 | 5.07 | 29 |
| 蔬菜 | 18.7 | 36.3 | 9.7 | 4.74 | 25.32 |
| 果树 | 17.6 | 33.8 | 5.7 | 4.63 | 26.35 |
| 设施种植 | 17.6 | 25.3 | 13.4 | 2.67 | 15.18 |

统计结果显示，小麦—玉米的土壤有机质含量普遍低于蔬菜、果树和设施种植的土壤有机质含量，因为土壤有机质除受成土母质影响，受耕作、施肥等人为影响很大。据调查，果树、蔬菜和设施种植注重提高土壤有机质含量，施用有机肥现象较普遍。而据近两年农户施肥状况调查，70%的麦田不施有机肥。虽然大部分耕地在小麦收获时均采取小麦留高茬的措施，但效果不明显，从而会影响土壤有机质含量。

从区域含量分析看，历城区土壤有机质含量较高的耕地主要分布在仲宫镇营而村一带，为蔬菜集中区域；西营镇上降甘、下降甘一带，为果树比较集中地区。耕地地力评价的结果恰好验证了这一点。

(三)不同土壤类型有机质状况

本区土壤主要分为棕壤、褐土、潮土、砂姜黑土、水稻土五种类型，不同土壤类型有机质如表 4-8 所示。

表 4-8　不同土壤类型有机质状况

| 土壤类型 | 平均值(g/kg) | 最大值(g/kg) | 最小值(g/kg) | 标准差 | 变异系数(%) |
|---|---|---|---|---|---|
| 棕壤 | 17.1 | 31.7 | 5.7 | 5.37 | 31.41 |
| 褐土 | 17.6 | 37.7 | 4.9 | 4.54 | 25.85 |
| 潮土 | 17.7 | 37.9 | 3.4 | 5.84 | 33.06 |
| 砂姜黑土 | 19.5 | 22.4 | 10.9 | 4.06 | 20.85 |
| 水稻土 | 20.9 | 28.1 | 17.5 | 3.14 | 15.05 |

统计结果显示，不同土壤类型有机质含量按水稻土、砂姜黑土、潮土、褐土、棕壤逐渐降低，表明土壤有机质含量与土壤类型有一定关系。虽然经过人类的长期耕作和其他自然条件及人为因素的干预，但有机质含量并没有发生巨大的变化，分布规律也没有发生大的改变。

(四)各镇土壤有机质含量状况

各镇土壤有机质含量状况如表 4-9 所示。

表 4-9　各镇土壤有机质含量状况

| 镇 | 彩石镇 | 董家镇 | 港沟镇 | 郭店镇 | 华山镇 | 柳埠镇 | 唐王镇 | 王舍人镇 | 西营镇 | 遥墙镇 | 仲宫镇 |
|---|---|---|---|---|---|---|---|---|---|---|---|
| 含量(g/kg) | 16 | 17.4 | 14.6 | 19.8 | 21.2 | 19 | 17.1 | 21.1 | 18.8 | 15.5 | 16.9 |

统计结果显示，土壤有机质含量最高的镇是华山镇，平均含量为 21.2g/kg；土壤有机质含量最低的镇是港沟镇，平均含量为 14.6g/kg。原因可能是华山镇辖区内土壤为潮土，而潮土土类有机质含量偏高，因此，华山镇总体含量偏高。

（五）有机质变化的原因

1. 采样时间

采样时间不同，导致土壤有机质含量差异很大。土壤中的动植物残体、微生物及施入的有机肥等产生的有机质因采样时间不同，矿化度也不同。春季采样时，土壤中的有机物经过一个冬季的矿化作用，虽然温度很低，矿化作用小，但也有一定的矿化作用。秋季采样时，由于作物刚刚收获完毕，动植物残体都还未经矿化，以至于土壤中的有机质含量稍低于春季采样。

2. 人为耕作管理措施

人为耕作管理措施是影响土壤有机质含量的一个主要因素。全国第二次土壤普查时，有机质的肥力水平是自然与人工复合作用的结果。自 20 世纪 80 年代以来，中国推行家庭联产承包责任制后，农民的积极性得到了极大地提高，有机肥的施用量逐年较快增长，而且秸秆还田技术开始大面积地推广。此时段，有机肥的施入量超过有机质矿化分解的量，所以有机质含量普遍呈上升趋势，有机质含量上升的幅度也较大。如果有机质投入不足，随着作物产量的不断增加，部分地区的有机质入不敷出，会呈下降的趋势，应注意土壤的培肥管理。

（六）增加土壤有机质含量的途径

土壤有机质的含量取决于年合成量和年矿化量的相对大小，当合成量大于矿化量时，有机质含量会逐步增加，反之，将会逐步降低。土壤有机质矿化量主要受土壤温度、湿度、通气状况、有机质含量等因素影响。一般来说，土壤温度低、通气性差、湿度大时，土壤有机质矿化量较低；相反，土壤温度高、通气性好、湿度适中则有利于土壤有机质的矿化。农业生产中应注意创造条件，减少土壤有机质矿化量。保护地栽培条件下，土壤长期处于高温多湿条件，有机质易矿化，含量提高缓慢，这是有机质含量偏低的一个主要原因。适时通风降温、减少盖膜时间将有利于土壤有机质的积累。增加有机物质施入量是人为增加土壤有机质含量的主要途径。其方法主要有秸秆还田、增施有机肥和施用有机、无机复混肥三个方面。

## 第二节　土壤大量元素状况

### 一、土壤氮素

（一）土壤全氮

1. 耕层土壤全氮分级和分布

从化验分析结果中选出耕层土样全氮 1478 个，其平均含量为 1.23g/kg，变幅为 0.13～2.5g/kg，标准差为 0.29，变异系数为 23.89%。具体数据及分级如表 4-10 所示。

表 4-10　耕层土壤全氮分级和分布

| 全氮级别 | 1 | 2 | 3 | 4 | 5 | 6 | 7 | 合　计 |
|---|---|---|---|---|---|---|---|---|
| 分级标准(g/kg) | ＞1.5 | 1.2～1.5 | 1～1.2 | 0.75～1 | 0.5～0.75 | 0.3～0.5 | ＜0.3 | |
| 样品个数(个) | 220 | 535 | 464 | 195 | 52 | 10 | 2 | 1478 |
| 耕地面积($hm^2$) | 7062.92 | 65764.78 | 47905.55 | 8439.41 | 685.64 | | | 129857 |
| 占总耕地(%) | 5.44 | 50.64 | 36.89 | 6.5 | 0.53 | | | 100 |

统计结果显示，本区土壤全氮含量大都集中在 2、3 级，占耕地总面积的 87.53%，这充分说明本区大部分耕地的氮肥施用较充足。

2. 不同利用类型土壤全氮状况

本区典型的种植制度是小麦—玉米，其次是蔬菜、果树、设施种植。不同利用类型土壤全氮如表 4-11 所示。

表 4-11　不同利用类型土壤全氮状况

| 利用类型 | 平均值(g/kg) | 最大值(g/kg) | 最小值(g/kg) | 标准差 | 变异系数(%) |
|---|---|---|---|---|---|
| 小麦—玉米 | 1.22 | 2.49 | 0.13 | 0.28 | 23.13 |
| 蔬菜 | 1.35 | 2.5 | 0.57 | 0.42 | 31.01 |
| 果树 | 1.24 | 2.28 | 0.54 | 0.3 | 24.38 |
| 设施种植 | 1.16 | 1.58 | 0.78 | 0.2 | 17.6 |

统计结果显示，设施种植的土壤全氮含量低于蔬菜、果树和小麦—玉米的土壤全氮含量，发生这种情况可能由以下原因造成：首先，设施种植氮肥施用量没有明显多于其他模式，但氮元素消耗量比较大，可能会造成土壤中全氮含量降低；其次，设施种植灌溉次数比较多，可能会加快氮元素的流失，从而降低含量。

3. 不同土壤类型全氮状况

本区土壤主要分为棕壤、褐土、潮土、砂姜黑土、水稻土五种类型，不同土壤类型全氮如表 4-12 所示。

表 4-12　不同土壤类型全氮状况

| 土壤类型 | 平均值(g/kg) | 最大值(g/kg) | 最小值(g/kg) | 标准差 | 变异系数(%) |
|---|---|---|---|---|---|
| 棕壤 | 1.14 | 2.24 | 0.52 | 0.35 | 30.36 |
| 褐土 | 1.25 | 2.5 | 0.4 | 0.27 | 21.73 |
| 潮土 | 1.21 | 2.49 | 0.13 | 0.34 | 27.69 |
| 砂姜黑土 | 1.31 | 1.43 | 1.11 | 0.12 | 9.1 |
| 水稻土 | 1.53 | 2 | 1.27 | 0.23 | 15.01 |

统计结果显示，不同土壤类型全氮含量按水稻土、砂姜黑土、褐土、潮土、棕壤逐渐降低，表明土壤全氮含量与土壤类型有一定关系。虽然经过人类的长期耕作和其他自然条件及人为因素的干预，但全氮含量并没有发生巨大的变化，分布规律也没有发生大的改变。

4. 各镇土壤全氮含量状况

各镇土壤全氮含量状况如表 4-13 所示。

表 4-13　各镇土壤全氮含量状况

| 镇 | 彩石镇 | 董家镇 | 港沟镇 | 郭店镇 | 华山镇 | 柳埠镇 | 唐王镇 | 王舍人镇 | 西营镇 | 遥墙镇 | 仲宫镇 |
|---|---|---|---|---|---|---|---|---|---|---|---|
| 含量(g/kg) | 1.24 | 1.15 | 1.15 | 1.2 | 1.29 | 1.14 | 1.14 | 1.37 | 1.31 | 1.17 | 1.27 |

统计结果显示,土壤全氮含量最高的镇是王舍人镇,平均含量为 1.37g/kg;土壤全氮含量最低的镇是柳埠镇,平均含量为 1.14g/kg。可能的原因是:王舍人镇有部分水稻土分布,致使土壤全氮含量偏高。

(二)土壤碱解氮

土壤中的氮素主要以有机态存在,约占土壤全氮量的 90%,而这些含量的土壤氮素主要以大分子化合物的形式存在于土壤有机质中,作物很难吸收利用,属迟效性氮。土壤中铵态氮和硝态氮是被作物直接吸收的无机态氮,也称“速效氮”,通常用碱解法测定其含量,故又称“碱解氮”。它的含量水平常作为衡量土壤供氮水平的指标。耕地土壤碱解氮含量与全氮量显著的正相关,但受人为施肥的影响较大。

1. 耕层土壤碱解氮分级和分布

从化验分析结果中选出耕层土样全氮 1461 个,其平均含量为 97mg/kg,变幅为 30～178mg/kg,标准差为 22.74,变异系数为 23.42%。具体数据及分级如表 4-14 所示。

表 4-14　耕层土壤碱解氮分级和分布

| 碱解氮级别 | 1 | 2 | 3 | 4 | 5 | 6 | 7 | 8 | 合　计 |
|---|---|---|---|---|---|---|---|---|---|
| 分级标准(mg/kg) | >150 | 120～150 | 90～120 | 75～90 | 60～75 | 45～60 | 30～45 | <30 | |
| 样品个数(个) | 25 | 214 | 645 | 350 | 176 | 43 | 7 | 1 | 1461 |
| 耕地面积($hm^2$) | | 9283.48 | 78186.9 | 37228.7 | 5157.92 | | | | 129857 |
| 占总耕地(%) | | 7.15 | 60.21 | 28.67 | 3.97 | | | | 100 |

统计结果显示,本区的土壤碱解氮含量大都集中在 3、4 级,占耕地总面积的 88.88%。1980 年,全区土壤碱解氮平均含量是 66mg/kg。与 1980 年的比较可以看出,碱解氮含量增加了 31mg/kg。农田土壤氮素含量高与当地氮肥施用有着直接关系。化肥品种以尿素、过磷酸钙和复合肥(15－15－15)为主,主要以基肥方式施入,有机肥以鸡粪、猪粪和土杂肥为主,主要以基肥撒施方式施入。农田氮肥的高量连续投入对当地农业生产的持续发展造成一定影响,由于氮肥过量施用引发的土壤酸化,是个不容忽视的问题。

2. 不同利用类型碱解氮状况

本区典型的种植制度是小麦—玉米,其次是蔬菜、果树、设施种植。不同利用类型土壤碱解氮如表 4-15 所示。

表 4-15　　不同利用类型土壤碱解氮状况

| 利用类型 | 平均值(mg/kg) | 最大值(mg/kg) | 最小值(mg/kg) | 标准差 | 变异系数(%) |
| --- | --- | --- | --- | --- | --- |
| 小麦—玉米 | 95 | 175 | 30 | 21.19 | 22.34 |
| 蔬菜 | 115 | 178 | 55 | 30.23 | 26.39 |
| 果树 | 102 | 168 | 41 | 24.3 | 23.8 |
| 设施种植 | 102 | 164 | 45 | 23.69 | 23.21 |

统计结果显示,小麦—玉米的土壤碱解氮含量低于蔬菜、果树和设施种植的土壤碱解氮含量,这种规律与施肥习惯有很大关系,蔬菜、果树和设施种植的氮肥施用量高于小麦—玉米的施用量。

3. 不同土壤类型碱解氮状况

本区土壤主要分为棕壤、褐土、潮土、砂姜黑土、水稻土五种类型,不同土壤类型碱解氮如表 4-16 所示。

表 4-16　　不同土壤类型碱解氮状况

| 土壤类型 | 平均值(mg/kg) | 最大值(mg/kg) | 最小值(mg/kg) | 标准差 | 变异系数(%) |
| --- | --- | --- | --- | --- | --- |
| 棕壤 | 102 | 157 | 41 | 22.77 | 22.33 |
| 褐土 | 98 | 178 | 42 | 23.13 | 23.53 |
| 潮土 | 92 | 161 | 30 | 21.33 | 23.1 |
| 砂姜黑土 | 102 | 118 | 87 | 10.27 | 10.09 |
| 水稻土 | 95 | 108 | 78 | 10.4 | 10.91 |

统计结果显示,棕壤和砂姜黑土土壤碱解氮含量高于其他土壤类型,其次为褐土、水稻土和潮土。据调查,全区种植户大多偏施氮肥、磷肥,但钾肥施用量相对较少。因此,在农业生产实践中,要根据土壤中碱解氮含量和作物需肥规律合理施用氮肥。

4. 各镇土壤碱解氮含量状况

各镇土壤碱解氮状况如表 4-17 所示。

表 4-17　　各镇土壤碱解氮含量状况

| 镇 | 彩石镇 | 董家镇 | 港沟镇 | 郭店镇 | 华山镇 | 柳埠镇 | 唐王镇 | 王舍人镇 | 西营镇 | 遥墙镇 | 仲宫镇 |
| --- | --- | --- | --- | --- | --- | --- | --- | --- | --- | --- | --- |
| 含量(mg/kg) | 88 | 92 | 88 | 91 | 104 | 95 | 96 | 98 | 117 | 84 | 105 |

统计结果显示,土壤碱解氮含量最高的镇是西营镇,平均含量为 117mg/kg;土壤碱解氮含量最低的镇是遥墙镇,平均含量为 84mg/kg。说明土壤碱解氮含量与土壤类型和成土母质有一定关系。

## 二、土壤有效磷

耕层土壤中的磷一般以无机磷和有机磷两种形态存在,通常有机磷占全磷量的 20%～50%,无机磷占全磷的 50%～80%。无机形态的磷中易溶性磷酸盐及土壤胶体吸附的磷酸根离子和有机形态磷中易矿化的部分被称为“土壤有效磷”，占土壤总磷量的10%左右。土壤有效磷含量是衡量土壤养分容量和强度水平的重要指标。

（一）耕层土壤有效磷分级和分布

从化验分析结果中选出耕层土样有效磷1473个，其平均含量为41.5mg/kg，变幅为3～224.5mg/kg，标准差为38.11，变异系数为91.84%。具体数据及分级如表4-18所示。

表4-18 耕层土壤有效磷分级和分布

| 有效磷级别 | 1 | 2 | 3 | 4 | 5 | 6 | 7 | 8 | 9 | 合计 |
|---|---|---|---|---|---|---|---|---|---|---|
| 分级标准（mg/kg） | >120 | 80～120 | 50～80 | 30～50 | 20～30 | 15～20 | 10～15 | 5～10 | <5 | |
| 样品个数（个） | 63 | 196 | 167 | 203 | 173 | 293 | 247 | 98 | 33 | 1473 |
| 耕地面积（$hm^2$） | 1281.69 | 10470.37 | 25477.94 | 31117.63 | 23766.43 | 22847.04 | 14224.54 | 671.36 | | 129857 |
| 占总耕地（%） | 0.99 | 8.06 | 19.62 | 23.96 | 18.3 | 17.59 | 10.95 | 0.53 | | 100 |

统计结果显示，本区土壤有效磷含量主要集中在3、4、5、6级，占耕地总面积的79.47%。全区耕地土壤有效磷含量属中等水平，含量较高的主要集中在蔬菜种植区和果树种植区。1980年土壤普查时，全区有效磷平均含量为6.5mg/kg。经过20多年的耕作，特别是大量磷肥（磷酸二铵、过磷酸钙）的施用，导致大量磷素得以积累，极大地抬升了土壤有效磷的含量，当前耕地有效磷的含量是1980年土壤普查时的6.38倍。

（二）不同利用类型土壤有效磷状况

本区典型的种植制度是小麦—玉米，其次是蔬菜、果树、设施种植。不同利用类型土壤有效磷如表4-19所示。

表4-19 不同利用类型土壤有效磷状况

| 利用类型 | 平均值（mg/kg） | 最大值（mg/kg） | 最小值（mg/kg） | 标准差 | 变异系数（%） |
|---|---|---|---|---|---|
| 小麦—玉米 | 36.1 | 164.3 | 2.5 | 32.68 | 90.41 |
| 蔬菜 | 84.5 | 224.5 | 4.5 | 66.01 | 78.15 |
| 果树 | 45.4 | 199.8 | 3 | 35.75 | 78.8 |
| 设施种植 | 97 | 193.5 | 16.8 | 42.64 | 43.98 |

统计结果显示，设施种植和蔬菜的土壤有效磷含量明显高于果树和小麦—玉米的土壤有效磷含量，这是因为土壤中的有效磷含量在很大程度上取决于施肥量的种类和数量。据调查，设施种植和蔬菜的磷肥施用量大于果树和小麦—玉米的施用量。在农业生产实践中，要根据土壤中有效磷的含量和作物施肥规律合理施用磷肥。

（三）不同土壤类型有效磷状况

本区土壤主要分为棕壤、褐土、潮土、砂姜黑土、水稻土五种类型，不同土壤类型有效磷如表 4-20 所示。

表 4-20 不同土壤类型有效磷状况

| 土壤类型 | 平均值(mg/kg) | 最大值(mg/kg) | 最小值(mg/kg) | 标准差 | 变异系数(%) |
|---|---|---|---|---|---|
| 棕壤 | 36.3 | 137.5 | 3 | 29.51 | 81.29 |
| 褐土 | 39.6 | 224.5 | 2.5 | 38.21 | 96.48 |
| 潮土 | 49.5 | 157 | 3 | 39.57 | 79.92 |
| 砂姜黑土 | 17.5 | 24.8 | 10.8 | 5.27 | 30.14 |
| 水稻土 | 16.7 | 19.8 | 13.6 | 2.16 | 12.95 |

统计结果显示,不同土壤类型有效磷含量按水稻土、砂姜黑土、棕壤、褐土、潮土逐渐升高,同一土壤类型土壤有效磷含量差异较大,表明土壤有效磷含量可能与土壤类型和施肥量有一定关系。因此,土壤有效磷含量除受土壤类型影响,很大程度上取决于施肥种类和施肥量的多少。

(四)各镇土壤有效磷含量状况

各镇土壤有效磷状况如表 4-21 所示。

表 4-21 各镇土壤有效磷含量状况

| 镇 | 彩石镇 | 董家镇 | 港沟镇 | 郭店镇 | 华山镇 | 柳埠镇 | 唐王镇 | 王舍人镇 | 西营镇 | 遥墙镇 | 仲宫镇 |
|---|---|---|---|---|---|---|---|---|---|---|---|
| 含量(mg/kg) | 53.5 | 66.5 | 14.8 | 17.5 | 94.1 | 19.1 | 36.1 | 17.6 | 54.6 | 51.3 | 41.8 |

统计结果显示,土壤有效磷含量最高的镇是华山镇,平均含量为 94.1mg/kg;土壤有效磷含量最低的镇是港沟镇,平均含量为 14.8mg/kg。说明土壤有效磷含量受土壤类型和人为因素多个方面影响,总体含量水平趋势按照土壤类型的分布由北向南依次减少,但有些地区也因为磷肥施用量的多少而有所改变。

### 三、土壤钾素

(一)土壤缓效钾

1. 耕层土壤缓效钾分级和分布

从化验分析结果中选出耕层土样缓效钾 1478 个,其平均含量为 801mg/kg,变幅为 210～1752mg/kg,标准差为 213.19,变异系数为 26.61%。具体数据及分级如表 4-22 所示。

表 4-22 耕层土壤缓效钾分级和分布

| 缓效钾级别 | 1 | 2 | 3 | 4 | 5 | 6 | 合 计 |
|---|---|---|---|---|---|---|---|
| 分级标准(mg/kg) | >1200 | 900～1200 | 750～900 | 500～750 | 300～500 | <300 | |
| 样品个数(个) | 71 | 358 | 435 | 510 | 100 | 4 | 1478 |
| 耕地面积($hm^2$) | 122.07 | 30251.49 | 52495.99 | 46353.75 | 633.7 | | 129857 |
| 占总耕地% | 0.09 | 23.3 | 40.42 | 35.7 | 0.49 | | 100 |

统计结果显示,本区的土壤缓效钾含量集中在 2、3、4 级,占耕地总面积的 99.42%。缓效钾含量属于中等水平。

2. 不同利用类型土壤缓效钾状况

本区典型的种植制度是小麦—玉米,其次是蔬菜、果树、设施种植。不同利用类型土壤缓效钾如表 4-23 所示。

表 4-23 不同利用类型土壤缓效钾状况

| 利用类型 | 平均值(mg/kg) | 最大值(mg/kg) | 最小值(mg/kg) | 标准差 | 变异系数(%) |
|---|---|---|---|---|---|
| 小麦—玉米 | 791 | 1454 | 210 | 206.59 | 26.11 |
| 蔬菜 | 860 | 1562 | 409 | 218 | 25.36 |
| 果树 | 838 | 1752 | 333 | 233.91 | 27.9 |
| 设施种植 | 687 | 943 | 463 | 151.33 | 22.01 |

统计结果显示,设施种植的土壤缓效钾含量低于蔬菜、果树和小麦—玉米的土壤缓效钾含量,可能是由于设施种植钾肥施用量没有明显多于其他模式,但钾元素消耗量比较大有关。蔬菜和果树土壤缓效钾含量较高,与钾肥施用量大有直接关系。

3. 不同土壤类型土壤缓效钾状况

本区土壤主要分为棕壤、褐土、潮土、砂姜黑土、水稻土五种类型,不同土壤类型缓效钾如表 4-24 所示。

表 4-24 不同土壤类型缓效钾状况

| 土壤类型 | 平均值(mg/kg) | 最大值(mg/kg) | 最小值(mg/kg) | 标准差 | 变异系数(%) |
|---|---|---|---|---|---|
| 棕壤 | 695 | 1230 | 253 | 190.64 | 27.41 |
| 褐土 | 837 | 1752 | 210 | 223.08 | 26.66 |
| 潮土 | 732 | 1296 | 272 | 161.22 | 22.03 |
| 砂姜黑土 | 795 | 883 | 661 | 92.06 | 11.59 |
| 水稻土 | 749 | 887 | 536 | 99.58 | 13.29 |

统计结果显示,不同土壤类型缓效钾含量按褐土、砂姜黑土、水稻土、潮土、棕壤逐渐降低,表明土壤缓效钾含量与土壤类型有一定关系。土壤中缓效钾主要存在于黏土矿物的层状结构中和部分水云母、黑云母中,不能被作物当季吸收利用。一般土壤质地越黏

重，含钾黏土矿物就越多，相应的土壤中的缓效钾含量就高。褐土缓效钾含量最高，表明土壤缓效钾含量与钾肥施用量多少也有一定关系。

4. 各镇土壤缓效钾含量状况

各镇土壤缓效钾状况如表 4-25 所示。

**表 4-25　各镇土壤缓效钾含量状况**

| 镇 | 彩石镇 | 董家镇 | 港沟镇 | 郭店镇 | 华山镇 | 柳埠镇 | 唐王镇 | 王舍人镇 | 西营镇 | 遥墙镇 | 仲宫镇 |
|---|---|---|---|---|---|---|---|---|---|---|---|
| 含量(mg/kg) | 1014 | 672 | 933 | 763 | 786 | 748 | 792 | 694 | 706 | 723 | 865 |

统计结果显示，土壤缓效钾含量最高的镇是彩石镇，平均含量为 1014mg/kg；土壤缓效钾含量最低的镇是董家镇，平均含量为 672mg/kg。这可能与土壤质地有关系，但具体原因还有待进一步研究。

（二）土壤速效钾

土壤速效钾含量是衡量土壤供钾水平的重要指标。土壤速效钾含量受人为耕作的影响较大，不同土壤类型间差异比较明显。地势平坦、耕层质地适宜、有良好水浇条件的土壤，由于大量施用化肥，速效钾含量相对较高。分布于低山丘陵区域的土壤，因无水浇条件、肥料施用少，含量较低。

1. 耕层土壤速效钾分级和分布

从化验分析结果中选出耕层土样速效钾 1478 个，其平均含量为 177mg/kg，变幅为 25～562mg/kg，标准差为 84.02，变异系数为 47.53％。具体数据及分级如表 4-26 所示。

**表 4-26　耕层土壤速效钾分级和分布**

| 速效钾级别 | 1 | 2 | 3 | 4 | 5 | 6 | 7 | 8 | 合计 |
|---|---|---|---|---|---|---|---|---|---|
| 分级标准(mg/kg) | ＞300 | 200～300 | 150～200 | 120～150 | 100～120 | 75～100 | 50～75 | ＜50 | |
| 样品个数(个) | 169 | 289 | 352 | 288 | 144 | 137 | 88 | 11 | 1478 |
| 耕地面积($hm^2$) | 854.46 | 41508.79 | 47784.78 | 25393.54 | 7879.72 | 4594.34 | 1841.37 | | 129857 |
| 占总耕地(％) | 0.66 | 31.95 | 36.8 | 19.59 | 6.07 | 3.51 | 1.42 | | 100 |

统计结果显示，本区土壤速效钾含量集中在 2、3 级，占耕地总面积的 68.75％，土壤速效钾含量属中等偏上。1980 年土壤普查时，速效钾含量平均值为 117mg/kg。与 1980 年相比，全区土壤耕层土壤速效钾含量大体上呈上升趋势，平均含量增加了60mg/kg。

2. 不同利用类型速效钾状况

本区典型的种植制度是小麦—玉米，其次是蔬菜、果树、设施种植。不同利用类型土壤速效钾如表 4-27 所示。

表 4-27　不同利用类型土壤速效钾状况

| 利用类型 | 平均值(mg/kg) | 最大值(mg/kg) | 最小值(mg/kg) | 标准差 | 变异系数(%) |
|---|---|---|---|---|---|
| 小麦—玉米 | 169 | 562 | 46 | 79.88 | 47.28 |
| 蔬菜 | 185 | 543 | 59 | 79.17 | 42.69 |
| 果树 | 192 | 513 | 25 | 89.56 | 46.57 |
| 设施种植 | 309 | 382 | 154 | 59.52 | 19.28 |

统计结果显示，设施种植的土壤速效钾含量最高，蔬菜和果树的土壤速效钾含量也高于小麦—玉米的土壤速效钾含量，这与农户施肥情况有很大关系，土壤中速效钾含量的高低受钾肥施用量影响很大。施用钾肥多，土壤中速效钾含量就高。在农业生产实践中，要根据丰缺指标和区域分布，制订有针对性的钾肥施用方案。

3. 不同土壤类型速效钾状况

本区土壤主要分为棕壤、褐土、潮土、砂姜黑土、水稻土五种类型，不同土壤类型速效钾如表 4-28 所示。

表 4-28　不同土壤类型速效钾状况

| 土壤类型 | 平均值(mg/kg) | 最大值(mg/kg) | 最小值(mg/kg) | 标准差 | 变异系数(%) |
|---|---|---|---|---|---|
| 棕壤 | 119 | 334 | 25 | 66.93 | 56.33 |
| 褐土 | 186 | 562 | 26 | 83.33 | 44.75 |
| 潮土 | 167 | 464 | 52 | 82.77 | 49.68 |
| 砂姜黑土 | 153 | 182 | 111 | 23.54 | 15.37 |
| 水稻土 | 193 | 365 | 62 | 109.08 | 56.41 |

统计结果显示，褐土和水稻土土壤速效钾含量高于其他土壤类型，其次为潮土、砂姜黑土和棕壤。水稻土速效钾含量最高，为 193mg/kg，棕壤速效钾含量最低，为119mg/kg，最高比最低多 74mg/kg，这可能与钾肥施肥量有关。

4. 各镇土壤速效钾含量状况

各镇土壤速效钾状况如表 4-29 所示。

表 4-29　各镇土壤速效钾含量状况

| 镇 | 彩石镇 | 董家镇 | 港沟镇 | 郭店镇 | 华山镇 | 柳埠镇 | 唐王镇 | 王舍人镇 | 西营镇 | 遥墙镇 | 仲宫镇 |
|---|---|---|---|---|---|---|---|---|---|---|---|
| 含量(mg/kg) | 150 | 245 | 202 | 214 | 162 | 125 | 146 | 214 | 199 | 160 | 194 |

统计结果显示，土壤速效钾含量最高的镇是董家镇，平均含量为 245mg/kg；土壤速效钾含量最低的镇是柳埠镇，平均含量为 125mg/kg。说明土壤速效钾含量受土壤类型和人为因素多个方面影响，总体含量水平趋势按照土壤类型的分布而分布，但有些地区也因为钾肥施用量的多少而有所改变。

5. 不同土壤质地土壤速效钾含量状况

本区按照轻壤、沙壤和中壤三种类型总结分析速效钾含量(见表 4-30)。

表 4-30 不同土壤质地土壤速效钾含量状况

| 土壤质地 | 平均值(mg/kg) | 最大值(mg/kg) | 最小值(mg/kg) |
|---|---|---|---|
| 轻壤 | 154 | 464 | 25 |
| 中壤 | 188 | 562 | 26 |
| 沙壤 | 132 | 442 | 52 |

统计结果显示,土壤速效钾含量最高的是中壤土,平均含量为 188mg/kg;土壤速效钾含量最低的是沙壤土,平均含量为 132mg/kg。原因是土壤中沙粒含量由沙壤、轻壤、中壤依次减少,土壤质地越细,土壤中的阳离子交换量越高,土壤速效钾含量就越高。

## 第三节 土壤中量元素状况

### 一、土壤交换性钙

(一)钙的营养作用及作物缺钙症状

1. 钙的营养作用

稳定细胞膜,促进细胞的伸长和根系生长,行使第二信使功能,调节渗透作用,酶促作用,影响作物品质。

2. 作物缺钙的症状

在缺钙时,植株生长受阻,节间较短,因而一般较正常生长的植株矮小,而且组织柔软。钙在细胞壁、细胞膜中有关键作用,同时也由于钙主要通过木质部运输,受蒸腾作用影响大,老叶中钙的再利用程度低,缺钙植株的顶芽、侧芽、根尖等分生组织首先出现缺素症,易腐烂死亡,幼叶卷曲畸形,叶缘变黄逐渐坏死。

(二)耕层土壤交换性钙分级和分布

从化验分析结果中选出耕层土样交换性钙 1477 个,其平均含量为 3287mg/kg,变幅为 209～10264mg/kg,标准差为 1670.32,变异系数为 50.81%。具体数据及分级如表 4-31 所示。

表 4-31 耕层土壤交换性钙分级和分布

| 交换性钙级别 | 1 | 2 | 3 | 4 | 5 | 6 | 7 | 合 计 |
|---|---|---|---|---|---|---|---|---|
| 分级标准(mg/kg) | ＞6000 | 4000～6000 | 3000～4000 | 2500～3000 | 2000～2500 | 1500～2000 | ＜1500 | |
| 样品个数(个) | 77 | 425 | 321 | 168 | 149 | 104 | 233 | 1477 |
| 耕地面积($hm^2$) | 8068.01 | 30264.46 | 29198.35 | 23041.83 | 12016.97 | 8184.89 | 19082.49 | 129857 |
| 占总耕地(%) | 6.21 | 23.31 | 22.48 | 17.75 | 9.25 | 6.3 | 14.7 | 100 |

统计结果显示,本区土壤交换性钙含量集中在2、3级,占耕地总面积的45.79%,土壤交换性钙含量属中等偏上。

(三)不同利用类型交换性钙状况

本区典型的种植制度是小麦—玉米,其次是蔬菜、果树、设施种植。不同利用类型土壤交换性钙如表4-32所示。

表4-32 不同利用类型土壤交换性钙状况

| 利用类型 | 平均值(mg/kg) | 最大值(mg/kg) | 最小值(mg/kg) | 标准差 | 变异系数(%) |
|---|---|---|---|---|---|
| 小麦—玉米 | 3462 | 10264 | 209 | 1655.01 | 47.8 |
| 蔬菜 | 3336 | 9122 | 365 | 1591.77 | 47.72 |
| 果树 | 2569 | 9077 | 375 | 1629.28 | 63.42 |
| 设施种植 | 3567 | 5132 | 2461 | 804.49 | 22.55 |

(四)不同土壤类型交换性钙状况

本区土壤主要分为棕壤、褐土、潮土、砂姜黑土、水稻土五种类型,不同土壤类型交换性钙如表4-33所示。

表4-33 不同土壤类型交换性钙状况

| 土壤类型 | 平均值(mg/kg) | 最大值(mg/kg) | 最小值(mg/kg) | 标准差 | 变异系数(%) |
|---|---|---|---|---|---|
| 棕壤 | 1396 | 5375 | 282 | 1363.78 | 97.66 |
| 褐土 | 3198 | 10264 | 209 | 1680.91 | 52.57 |
| 潮土 | 3972 | 7476 | 223 | 1107.62 | 27.89 |
| 砂姜黑土 | 6101 | 9298 | 4371 | 1681.53 | 27.56 |
| 水稻土 | 5347 | 7560 | 4194 | 1053.95 | 19.71 |

(五)各镇土壤交换性钙含量状况

各镇土壤交换性钙含量状况如表4-34所示。

表4-34 各镇土壤交换性钙含量状况

| 镇 | 彩石镇 | 董家镇 | 港沟镇 | 郭店镇 | 华山镇 | 柳埠镇 | 唐王镇 | 王舍人镇 | 西营镇 | 遥墙镇 | 仲宫镇 |
|---|---|---|---|---|---|---|---|---|---|---|---|
| 含量(mg/kg) | 2804 | 3523 | 6446 | 3239 | 4451 | 2043 | 4032 | 3913 | 1345 | 2894 | 3072 |

统计结果显示,土壤交换性钙含量最高的镇是港沟镇,平均含量为6446mg/kg;土壤交换性钙含量最低的镇是西营镇,平均含量为1345mg/kg。

## 二、土壤交换性镁

(一)镁的营养作用及作物缺镁症状

1. 镁的营养作用

植物体内镁的含量为0.05%~0.7%。其分布规律为:豆科植物地上部分的含镁量是禾本科植物的2～3倍;种子含镁较多,茎、叶次之,而根系很少;生长初期,镁大多存在于叶片中,结实期则以植酸盐的形式储存在种子中。

由于镁在韧皮部中的移动性很强,储存在营养体或其他器官中的镁可以被重新分配和再利用。

镁的营养生理功能主要为合成叶绿素并促进光合作用,还参与蛋白质的合成,活化和调节酶促反应。

2. 作物缺镁的症状

农作物对镁的吸收量平均为10～25kg/hm$^2$。植物体镁的临界浓度因植物种类、品种、器官和发育时期不同而有很大差异,单子叶植物镁临界值比双子叶植物低。一般来说,当叶片含镁量高于0.4%时,表明供镁充足,当植物叶片中的镁含量低于0.2%时,则可能缺镁。

由于镁在韧皮部中的移动性较强,缺镁症状首先出现在中下部老叶上。当植物缺镁时,其突出表现是叶绿素含量下降,并出现失绿症。失绿症开始于叶尖端和叶缘的脉间部位,颜色由淡绿变黄再变橙红或紫色,叶脉保持绿色,在叶片上形成清晰的网状脉纹。当植株缺镁时,中下部叶脉间失绿黄化。

(二)耕层土壤交换性镁分级和分布

从化验分析结果中选出耕层土样交换性镁1464个,其平均含量为255mg/kg,变幅为47～1438mg/kg,标准差为184.7,变异系数为72.45%。具体数据及分级如表4-35所示。

表4-35　耕层土壤交换性镁分级和分布

| 交换性镁级别 | 1 | 2 | 3 | 4 | 5 | 6 | 7 | 合　计 |
|---|---|---|---|---|---|---|---|---|
| 分级标准(mg/kg) | >600 | 400～600 | 300～400 | 250～300 | 200～250 | 150～200 | <150 | |
| 样品个数(个) | 90 | 130 | 116 | 122 | 183 | 395 | 428 | 1464 |
| 耕地面积(hm$^2$) | 15811.39 | 14138.83 | 10792.42 | 9899 | 13081.79 | 38957.1 | 27176.47 | 129857 |
| 占总耕地(%) | 12.18 | 10.89 | 8.31 | 7.62 | 10.07 | 30 | 20.93 | 100 |

统计结果显示,本区土壤交换性镁含量集中在6、7级,占耕地总面积的50.93%,土壤交换性镁含量不丰富。

(三)不同利用类型交换性镁状况

本区典型的种植制度是小麦—玉米,其次是蔬菜、果树、设施种植。不同利用类型土壤交换性镁如表4-36所示。

表4-36　不同利用类型土壤交换性镁状况

| 利用类型 | 平均值(mg/kg) | 最大值(mg/kg) | 最小值(mg/kg) | 标准差 | 变异系数(%) |
|---|---|---|---|---|---|
| 小麦—玉米 | 255 | 1438 | 47 | 172.42 | 67.74 |
| 蔬菜 | 236 | 1063 | 84 | 184.13 | 77.89 |
| 果树 | 258 | 1375 | 80 | 232.86 | 90.14 |
| 设施种植 | 266 | 355 | 135 | 60.65 | 22.82 |

(四)不同土壤类型交换性镁状况

本区土壤主要分为棕壤、褐土、潮土、砂姜黑土、水稻土五种类型,不同土壤类型交换性镁如表 4-37 所示。

表 4-37　不同土壤类型交换性镁状况

| 土壤类型 | 平均值(mg/kg) | 最大值(mg/kg) | 最小值(mg/kg) | 标准差 | 变异系数(%) |
|---|---|---|---|---|---|
| 棕壤 | 297 | 1188 | 94 | 235.1 | 79.26 |
| 褐土 | 255 | 1438 | 47 | 202.12 | 79.21 |
| 潮土 | 242 | 531 | 103 | 98.24 | 40.68 |
| 砂姜黑土 | 212 | 470 | 147 | 115.25 | 54.29 |
| 水稻土 | 313 | 450 | 178 | 92 | 29.4 |

(五)各镇土壤交换性镁含量状况

各镇土壤交换性镁含量状况如表 4-38 所示。

表 4-38　各镇土壤交换性镁含量状况

| 镇 | 彩石镇 | 董家镇 | 港沟镇 | 郭店镇 | 华山镇 | 柳埠镇 | 唐王镇 | 王舍人镇 | 西营镇 | 遥墙镇 | 仲宫镇 |
|---|---|---|---|---|---|---|---|---|---|---|---|
| 含量(mg/kg) | 152 | 257 | 607 | 625 | 332 | 154 | 203 | 275 | 566 | 151 | 162 |

统计结果显示,土壤交换性镁含量最高的镇是郭店镇,平均含量为 625mg/kg;土壤交换性镁含量最低的镇是遥墙镇,平均含量为 151mg/kg。

## 三、土壤有效硫

(一)硫的营养作用及作物缺硫症状

1. 硫的营养作用

合成蛋白质的必需成分,调节氧化还原状况和传递电子,参与一些酶的活化,影响叶绿素的合成,参与固氮过程,合成植物体内挥发性含硫物质,影响农产品的品质和营养价值。

2. 作物缺硫的症状

植物需硫量因植物的种类、品种、器官和生育期而有所不同。一般认为,当植物的硫含量(干重)低于 0.2%时,植物会出现缺硫症状。缺硫时,蛋白质合成受阻导致失绿症,其外观症状与缺氮很相似,但缺硫症状往往先出现于幼叶。

植物缺硫一般症状为植物发僵,新叶失绿黄化。禾谷类植物缺硫时,开花和成熟期推迟,结实率低,籽粒不饱满。豆科植物特别是苜蓿需硫多,对缺硫敏感。缺硫时,叶呈淡黄绿色,小叶比正常叶更直立,茎变红,分枝少。玉米早期缺硫时,新叶和上部叶片脉间黄化,后期缺硫时,叶缘变红,然后扩展到整个叶面,茎基部也变红。

(二)耕层土壤有效硫分级和分布

从化验分析结果中选出耕层土样有效硫 1478 个,其平均含量为 38.3mg/kg,变幅为 5.1~110.9mg/kg,标准差为 24.47,变异系数为 63.84%。具体数据及分级如表 4-39 所示。

表 4-39 耕层土壤有效硫分级和分布

| 有效硫级别 | 1 | 2 | 3 | 4 | 5 | 6 | 7 | 合 计 |
|---|---|---|---|---|---|---|---|---|
| 分级标准(mg/kg) | >100 | 75～100 | 60～75 | 45～60 | 30～45 | 15～30 | <15 | |
| 样品个数(个) | 45 | 125 | 68 | 190 | 347 | 515 | 188 | 1478 |
| 耕地面积($hm^2$) | | 9874.33 | 8764.05 | 11615.71 | 32214.92 | 52379.12 | 15008.87 | 129857 |
| 占总耕地(%) | | 7.6 | 6.75 | 8.95 | 24.8 | 40.34 | 11.56 | 100 |

统计结果显示，本区土壤有效硫含量集中在 5、6 级，占耕地总面积的 65.14%，土壤有效硫含量偏低。

(三)不同利用类型有效硫状况

本区典型的种植制度是小麦—玉米，其次是蔬菜、果树、设施种植。不同利用类型土壤有效硫如表 4-40 所示。

表 4-40 不同利用类型土壤有效硫状况

| 利用类型 | 平均值(mg/kg) | 最大值(mg/kg) | 最小值(mg/kg) | 标准差 | 变异系数(%) |
|---|---|---|---|---|---|
| 小麦—玉米 | 42 | 110.9 | 5.1 | 25.28 | 60.22 |
| 蔬菜 | 36.4 | 108.4 | 5.2 | 25.29 | 69.45 |
| 果树 | 22.4 | 80.2 | 5.4 | 10.9 | 48.67 |
| 设施种植 | 58.7 | 93.2 | 32.5 | 17.11 | 29.13 |

(四)不同土壤类型有效硫状况

本区土壤主要分为棕壤、褐土、潮土、砂姜黑土、水稻土五种类型，不同土壤类型有效硫如表 4-41 所示。

表 4-41 不同土壤类型有效硫状况

| 土壤类型 | 平均值(mg/kg) | 最大值(mg/kg) | 最小值(mg/kg) | 标准差 | 变异系数(%) |
|---|---|---|---|---|---|
| 棕壤 | 25.9 | 95.3 | 5.1 | 15.31 | 59.17 |
| 褐土 | 32.9 | 110.4 | 5.1 | 21.33 | 64.77 |
| 潮土 | 56.3 | 110.9 | 16.6 | 24.99 | 44.34 |
| 砂姜黑土 | 95.5 | 106.3 | 88.4 | 7.23 | 7.57 |
| 水稻土 | 34.9 | 50.8 | 15 | 10.64 | 30.52 |

(五)各镇土壤有效硫含量状况

各镇土壤有效硫含量状况如表 4-42 所示。

表 4-42 各镇土壤有效硫含量状况

| 镇 | 彩石镇 | 董家镇 | 港沟镇 | 郭店镇 | 华山镇 | 柳埠镇 | 唐王镇 | 王舍人镇 | 西营镇 | 遥墙镇 | 仲宫镇 |
|---|---|---|---|---|---|---|---|---|---|---|---|
| 含量(mg/kg) | 19.6 | 53.9 | 22.7 | 42 | 78.9 | 35.9 | 78.2 | 40.3 | 15 | 40.5 | 22.6 |

统计结果显示，土壤有效硫含量最高的镇是华山镇，平均含量为 78.9mg/kg；土壤有效硫含量最低的镇是西营镇，平均含量为 15mg/kg。

## 第四节 土壤微量元素状况

微量元素在作物体内含量虽少，但它对植物的生长发育起着至关重要的作用，植物体内酶或辅酶的组成部分，具有很强的专一性，在作物生长发育过程中不可缺少和不可相互代替。因此，当植物缺乏任何一种微量元素时，生长发育都会受到抑制，导致减产和品质下降。在微量元素充足的情况下，植物生理机能就会十分旺盛，这有利于作物对大量元素的吸收利用，还可改善细胞原生质的胶体化学性质，从而使原生质的浓度增加，增强作物对不良环境的抗逆性。

### 一、土壤有效锌

(一)锌对植物生长的作用及作物缺锌的症状

1. 锌对植物生长的作用

锌以 $Zn^{2+}$ 的形式被植物吸收。在氮素代谢中，锌能很好地改变植物体内有机氮和无机氮的比例，大大提高抗干旱、抗低温的能力，促进枝叶健康生长。锌参与叶绿素生成，防止叶绿素降解和形成碳水化合物。锌主要参与生长素的合成，是某些酶(如谷氨酸脱氢酶、乙醇脱氢酶)的活化剂。色氨酸合成需要锌，而色氨酸是合成生长素的前提。现在已经知道锌是 80 种以上酶的成分，如乙醇脱氢酶、Cu-Zn 超氧物歧化酶、碳酸酐酶和 RNA 聚合酶。

2. 作物缺锌的症状

果树缺锌在我国南北方均有所见，除叶片失绿，在枝条尖端常出现小叶和簇生现象，称为“小叶病”。严重时枝条死亡，产量下降。在北方常见有苹果树和桃树缺锌，而南方柑橘缺锌现象较普遍。此外，梨、李、杏、樱桃、葡萄等也可能发生缺锌。水稻缺锌表现为“稻缩苗”，玉米缺锌时叶片出现沿中脉的失绿带与红色斑状褪色现象。细质地土壤通常比砂质土壤含锌高。随着土壤 pH 升高，锌对植物生长的有效性降低。

(二)耕层土壤有效锌分级和分布

从化验分析结果中选出耕层土样有效锌 1452 个，其平均含量为 1.9mg/kg，变幅为 0.3～7.6mg/kg，标准差为 1.18，变异系数为 61.66%。具体数据及分级如表 4-43 所示。

表 4-43　　耕层土壤有效锌分级和分布

| 有效锌级别 | 1 | 2 | 3 | 4 | 5 | 合　计 |
| --- | --- | --- | --- | --- | --- | --- |
| 分级标准(mg/kg) | ＞3 | 1～3 | 0.5～1 | 0.3～0.5 | ＜0.3 | |
| 样品个数(个) | 216 | 897 | 289 | 46 | 4 | 1452 |
| 耕地面积($hm^2$) | 6729.19 | 117563.44 | 5564.37 | | | 129857 |
| 占总耕地(%) | 5.18 | 90.53 | 4.29 | | | 100 |

（三）不同利用类型有效锌状况

本区典型的种植制度是小麦—玉米，其次是蔬菜、果树、设施种植。不同利用类型土壤有效锌如表 4-44 所示。

表 4-44　　不同利用类型土壤有效锌状况

| 利用类型 | 平均值(mg/kg) | 最大值(mg/kg) | 最小值(mg/kg) | 标准差 | 变异系数(%) |
| --- | --- | --- | --- | --- | --- |
| 小麦—玉米 | 1.9 | 7 | 0.3 | 1.17 | 62.95 |
| 蔬菜 | 2.2 | 5.9 | 0.5 | 1.22 | 55.61 |
| 果树 | 2.1 | 7.6 | 0.3 | 1.2 | 58.69 |
| 设施种植 | 1.6 | 3.6 | 0.4 | 0.76 | 46.33 |

（四）不同土壤类型有效锌状况

本区土壤主要分为棕壤、褐土、潮土、砂姜黑土、水稻土五种类型，不同土壤类型有效锌如表 4-45 所示。

表 4-45　　不同土壤类型有效锌状况

| 土壤类型 | 平均值(mg/kg) | 最大值(mg/kg) | 最小值(mg/kg) | 标准差 | 变异系数(%) |
| --- | --- | --- | --- | --- | --- |
| 棕壤 | 1.5 | 5.4 | 0.3 | 0.92 | 59.52 |
| 褐土 | 1.9 | 7.6 | 0.3 | 1.18 | 61.53 |
| 潮土 | 2 | 7 | 0.4 | 1.22 | 61.9 |
| 砂姜黑土 | 1.5 | 2.1 | 0.8 | 0.46 | 31.41 |
| 水稻土 | 2.2 | 4 | 1.3 | 0.99 | 45.61 |

（五）各镇土壤有效锌含量状况

土壤有效锌含量最高的镇是王舍人镇，平均含量为 2.8mg/kg；土壤有效锌含量最低的镇是唐王镇，平均含量为 1.3mg/kg，具体如表 4-46 所示。

表 4-46　　各镇土壤有效锌含量状况

| 镇 | 彩石镇 | 董家镇 | 港沟镇 | 郭店镇 | 华山镇 | 柳埠镇 | 唐王镇 | 王舍人镇 | 西营镇 | 遥墙镇 | 仲宫镇 |
| --- | --- | --- | --- | --- | --- | --- | --- | --- | --- | --- | --- |
| 含量(mg/kg) | 2.3 | 1.8 | 1.6 | 2.2 | 1.8 | 1.4 | 1.3 | 2.8 | 2.1 | 1.9 | 1.8 |

## 二、土壤有效硼

（一）硼对植物生长的作用及作物缺硼的症状

1. 硼对植物生长的作用

土壤中的硼主要以硼酸的形式被植物吸收。它不是植物体内的结构成分，但对植物的某些重要生理过程有着特殊的影响：硼能参与叶片光合作用中碳水化合物的合成，有利于其向根部输送；还有利于蛋白质的合成，提高豆科作物根瘤菌的固氮活性，增加固氮量；还能促进生长素的运转，提高植物的抗逆性。它比较集中于植物的茎尖、根尖、叶片和花等器官中，能促进花粉萌发和花粉管的伸长，故而对作物受精有着重要的影响。

2. 作物缺硼的症状

作物缺硼时，一个重要的症状是子叶不能正常发育，叶内有大量碳水化合物积累，影响新生组织的形成、生长和发育，并使叶片变厚，叶柄变租、裂化。植物生长点和幼嫩植物缺硼可造成多种病症，因植物不同而异。但最早的病症之一是根尖不能正常延长，同时受到抑制。在植物体内含硼量最高的部位是花，因此，缺硼常表现为甘蓝型油菜“花而不实”，花期延长，结实很差。棉花出现“蕾而无花”，只现蕾不开花。小麦出现“穗而不实”，结实少，籽粒不饱满。花生出现“存壳无仁”。果树缺硼时，结果率低，果实畸形，果肉有木栓化或干枯现象。

（二）耕层土壤有效硼分级和分布

从化验分析结果中选出耕层土样有效硼 1478 个，其平均含量为 0.62mg/kg，变幅为 0.06～2.81mg/kg，标准差为 0.34，变异系数为 54.91%。具体数据及分级如表 4-47 所示。

表 4-47　耕层土壤有效硼分级和分布

| 有效硼级别 | 1 | 2 | 3 | 4 | 5 | 合　计 |
|---|---|---|---|---|---|---|
| 分级标准(mg/kg) | >2 | 1～2 | 0.5～1 | 0.2～0.5 | <0.2 | |
| 样品个数(个) | 18 | 120 | 710 | 587 | 43 | 1478 |
| 耕地面积($hm^2$) | 28.58 | 6634.39 | 83186.39 | 40007.64 | | 129857 |
| 占总耕地(%) | 0.02 | 5.11 | 64.06 | 30.81 | | 100 |

（三）不同利用类型有效硼状况

本区典型的种植制度是小麦—玉米，其次是蔬菜、果树、设施种植。不同利用类型土壤有效硼如表 4-48 所示。

表 4-48　不同利用类型土壤有效硼状况

| 利用类型 | 平均值(mg/kg) | 最大值(mg/kg) | 最小值(mg/kg) | 标准差 | 变异系数(%) |
|---|---|---|---|---|---|
| 小麦—玉米 | 0.62 | 2.81 | 0.06 | 0.37 | 58.66 |
| 蔬菜 | 0.63 | 2.06 | 0.16 | 0.26 | 40.49 |
| 果树 | 0.63 | 1.79 | 0.06 | 0.28 | 44.45 |
| 设施种植 | 0.61 | 0.93 | 0.36 | 0.16 | 25.5 |

（四）不同土壤类型有效硼状况

本区土壤主要分为棕壤、褐土、潮土、砂姜黑土、水稻土五种类型，不同土壤类型有效硼如表 4-49 所示。

**表 4-49　　不同土壤类型有效硼状况**

| 土壤类型 | 平均值(mg/kg) | 最大值(mg/kg) | 最小值(mg/kg) | 标准差 | 变异系数(%) |
|---|---|---|---|---|---|
| 棕壤 | 0.54 | 2.08 | 0.06 | 0.34 | 62.9 |
| 褐土 | 0.59 | 2.79 | 0.06 | 0.28 | 48.13 |
| 潮土 | 0.74 | 2.81 | 0.16 | 0.44 | 59.76 |
| 砂姜黑土 | 1.13 | 2.61 | 0.57 | 0.7 | 61.88 |
| 水稻土 | 0.44 | 0.49 | 0.39 | 0.03 | 7.61 |

（五）各镇土壤有效硼含量状况

土壤有效硼含量最高的镇是华山镇，平均含量为 1.04mg/kg；土壤有效硼含量最低的镇是柳埠镇，平均含量为 0.41mg/kg。具体如表 4-50 所示。

**表 4-50　　各镇土壤有效硼含量状况**

| 镇 | 彩石镇 | 董家镇 | 港沟镇 | 郭店镇 | 华山镇 | 柳埠镇 | 唐王镇 | 王舍人镇 | 西营镇 | 遥墙镇 | 仲宫镇 |
|---|---|---|---|---|---|---|---|---|---|---|---|
| 含量(mg/kg) | 0.6 | 0.58 | 0.53 | 0.53 | 1.04 | 0.41 | 0.7 | 0.47 | 0.86 | 0.55 | 0.6 |

## 三、土壤有效锰

（一）锰对植物生长的作用及作物缺锰的症状

1. 锰对植物生长的作用

土壤中的锰以三种氧化态存在（$Mn^{2+}$、$Mn^{3+}$、$Mn^{4+}$），此外还以螯合状态存在，但主要以 $Mn^{2+}$ 的状态被植物吸收。锰对植物的生理作用是多方面的：参与光分解，可提高植物的呼吸强度，促进碳水化合物的水解；调节体内氧化还原过程；是许多酶的活化剂，促进氨基酸合成肽键，有利于蛋白质的合成；促进种子萌发和幼苗的早期生长，还能加速萌发和成熟，增加磷和钙的有效性。

2. 作物缺锰的症状

缺锰症状首先出现在幼叶上，缺乏时叶肉失绿，严重时失绿小片扩大，表现为叶脉间黄化，有时出现一系列的黑褐色斑点并停止生长，在高有机质土壤和锰含量较低的中性或碱性土壤中最常发生。缺锰的水稻叶片（水培）叶脉间断失绿，出现棕褐色小斑点，严重时斑点连成条状，扩大成斑块。

（二）耕层土壤有效锰分级和分布

从化验分析结果中选出耕层土样有效锰 1478 个，其平均含量为 15.9mg/kg，变幅为 3.1～74.9mg/kg，标准差为 5.94，变异系数为 37.46%。具体数据及分级如表 4-51 所示。

表 4-51　　耕层土壤有效锰分级和分布

| 有效锰级别 | 1 | 2 | 3 | 4 | 5 | 合　计 |
|---|---|---|---|---|---|---|
| 分级标准(mg/kg) | ＞30 | 15～30 | 5～15 | 1～5 | ＜1 | |
| 样品个数(个) | 19 | 763 | 690 | 6 | 0 | 1478 |
| 耕地面积($hm^2$) | 519.43 | 76797.43 | 52540.14 | | | 129857 |
| 占总耕地(%) | 0.4 | 59.14 | 40.46 | | | 100 |

(三)不同利用类型有效锰状况

本区典型的种植制度是小麦—玉米，其次是蔬菜、果树、设施种植。不同利用类型土壤有效锰如表 4-52 所示。

表 4-52　　不同利用类型土壤有效锰状况

| 利用类型 | 平均值(mg/kg) | 最大值(mg/kg) | 最小值(mg/kg) | 标准差 | 变异系数(%) |
|---|---|---|---|---|---|
| 小麦—玉米 | 15.2 | 74.9 | 3.1 | 5.49 | 36.11 |
| 蔬菜 | 14.4 | 26.7 | 6.5 | 3.81 | 26.46 |
| 果树 | 18.9 | 57.4 | 6 | 7.14 | 37.85 |
| 设施种植 | 16 | 23.2 | 7.1 | 5.69 | 35.51 |

(四)不同土壤类型有效锰状况

本区土壤主要分为棕壤、褐土、潮土、砂姜黑土、水稻土五种类型，不同土壤类型有效锰如表 4-53 所示。

表 4-53　　不同土壤类型有效锰状况

| 土壤类型 | 平均值(mg/kg) | 最大值(mg/kg) | 最小值(mg/kg) | 标准差 | 变异系数(%) |
|---|---|---|---|---|---|
| 棕壤 | 19.4 | 74.9 | 9.9 | 8.8 | 45.39 |
| 褐土 | 16.1 | 69.1 | 3.1 | 5.73 | 35.66 |
| 潮土 | 14.4 | 24.2 | 3.5 | 4.97 | 34.51 |
| 砂姜黑土 | 14.4 | 18.8 | 10.6 | 2.73 | 18.96 |
| 水稻土 | 9.7 | 13 | 5.9 | 2.3 | 23.8 |

(五)各镇土壤有效锰含量状况

土壤有效锰含量最高的镇是西营镇，平均含量为 23mg/kg；土壤有效锰含量最低的镇是港沟镇，平均含量为 10.5mg/kg。具体如表 4-54 所示。

表 4-54　　各镇土壤有效锰含量状况

| 镇 | 彩石镇 | 董家镇 | 港沟镇 | 郭店镇 | 华山镇 | 柳埠镇 | 唐王镇 | 王舍人镇 | 西营镇 | 遥墙镇 | 仲宫镇 |
|---|---|---|---|---|---|---|---|---|---|---|---|
| 含量(mg/kg) | 15.6 | 14.7 | 10.5 | 16.8 | 14.9 | 16.5 | 14.5 | 13.4 | 23 | 15.4 | 16.9 |

## 四、土壤有效铜

### (一)铜对植物生长的作用及作物缺铜的症状

#### 1. 铜对植物生长的作用

铜参与植物的光合作用,以 $Cu^{2+}$ 和 $Cu^{+}$ 的形式被植物吸收,它可以畅通无阻地催化植物的氧化还原反应,从而促进碳水化合物和蛋白质的代谢与合成,使植物抗寒、抗旱能力大为增强。铜还参与植物的呼吸作用,影响作物对铁的利用。在叶绿体中含有较多的铜,因此,铜与叶绿素形成有关。铜具有提高叶绿素稳定性的能力,可避免叶绿素过早遭受破坏,这有利于叶片更好地进行光合作用。

#### 2. 作物缺铜的症状

缺铜时,叶绿素减少,叶片出现失绿现象,幼叶的叶尖因缺绿而黄化并干枯,最后叶片脱落;还会使繁殖器官的发育受到破坏。植物需铜量很小,一般不会缺铜。

### (二)耕层土壤有效铜分级和分布

从化验分析结果中选出耕层土样有效铜 1465 个,其平均含量为 2mg/kg,变幅为 0.3～9.8mg/kg,标准差为 1.26,变异系数为 62.39%。具体数据及分级如表 4-55 所示。

**表 4-55　耕层土壤有效铜分级和分布**

| 有效铜级别 | 1 | 2 | 3 | 4 | 5 | 合　计 |
|---|---|---|---|---|---|---|
| 分级标准(mg/kg) | ＞1.8 | 1～1.8 | 0.2～1 | 0.1～0.22 | ＜0.1 | |
| 样品个数(个) | 605 | 672 | 188 | | | 1465 |
| 耕地面积($hm^2$) | 71849.88 | 56526.75 | 1480.37 | | | 129857 |
| 占总耕地(%) | 55.33 | 43.53 | 1.14 | | | 100 |

### (三)不同利用类型有效铜状况

本区典型的种植制度是小麦—玉米,其次是蔬菜、果树、设施种植。不同利用类型土壤有效铜如表 4-56 所示。

**表 4-56　不同利用类型土壤有效铜状况**

| 利用类型 | 平均值(mg/kg) | 最大值(mg/kg) | 最小值(mg/kg) | 标准差 | 变异系数(%) |
|---|---|---|---|---|---|
| 小麦—玉米 | 1.9 | 9.1 | 0.3 | 1.07 | 56.28 |
| 蔬菜 | 1.8 | 6.6 | 0.9 | 0.98 | 53.51 |
| 果树 | 2.6 | 9.8 | 0.8 | 1.81 | 70.84 |
| 设施种植 | 1.7 | 4.9 | 0.9 | 0.8 | 47.74 |

### (四)不同土壤类型有效铜状况

本区土壤主要分为棕壤、褐土、潮土、砂姜黑土、水稻土五种类型,不同土壤类型有效铜如表 4-57 所示。

表 4-57　不同土壤类型有效铜状况

| 土壤类型 | 平均值(mg/kg) | 最大值(mg/kg) | 最小值(mg/kg) | 标准差 | 变异系数(%) |
| --- | --- | --- | --- | --- | --- |
| 棕壤 | 2 | 8.9 | 0.3 | 1.39 | 67.92 |
| 褐土 | 2 | 9.8 | 0.5 | 1.29 | 65.84 |
| 潮土 | 2.1 | 7 | 1.8 | 1.12 | 52.15 |
| 砂姜黑土 | 1.6 | 2 | 1.3 | 0.23 | 14.43 |
| 水稻土 | 2.7 | 4 | 1.5 | 0.88 | 33.12 |

(五)各镇土壤有效铜含量状况

土壤有效铜含量最高的镇是西营镇、王舍人镇、遥墙镇,平均含量为 2.5mg/kg;土壤有效铜含量最低的镇是郭店镇,平均含量为 1.2mg/kg。具体如表 4-58 所示。

表 4-58　各镇土壤有效铜含量状况

| 镇 | 彩石镇 | 董家镇 | 港沟镇 | 郭店镇 | 华山镇 | 柳埠镇 | 唐王镇 | 王舍人镇 | 西营镇 | 遥墙镇 | 仲宫镇 |
| --- | --- | --- | --- | --- | --- | --- | --- | --- | --- | --- | --- |
| 含量(mg/kg) | 1.9 | 1.8 | 1.5 | 1.2 | 2 | 1.9 | 1.4 | 2.5 | 2.5 | 2.5 | 2.1 |

## 五、土壤有效铁

(一)铁对植物生长的作用及作物缺铁的症状

1. 铁对植物生长的作用

植物从土壤中主要吸收氧化态的铁。土壤中有三价铁,也有二价铁,但一般认为二价铁是植物吸收的主要形式。铁在植物中的含量虽然不多,通常为干物重的千分之几,但铁有两个重要功能:一是某些酶和许多传递电子蛋白的重要组成,二是调节叶绿体蛋白和叶绿素的合成。另外,铁是氧化还原体系中的血红蛋白(细胞色素和细胞色素氧化酶)和铁硫蛋白的组分,还是许多重要氧化酶如过氧化物酶和过氧化氢酶的组分。铁是固氮酶中铁蛋白和钼铁蛋白的金属成分,在生物固氮中起作用。铁对植物的光合作用、呼吸作用都有影响。铁虽然不是叶绿素的组成成分,但叶绿素生物合成中的一些酶需要 $Fe^{2+}$ 的参与。铁对叶绿体蛋白如基粒中的结构蛋白的合成有重要作用。

2. 作物缺铁的症状

铁进入植物体后即处于固定状态,不易被转移,老叶中的铁不能向新生组织转移,因而它不能被再度利用,因此缺铁时,下部叶片常能保持绿色,而嫩叶上呈现失绿症。一般认为植物内金属间(如 Mo、Cu、Mn)的不平衡容易引起缺铁。其他引起缺铁的原因还有土壤磷过多。一般是土壤 pH 高、石灰多、冷凉和重碳酸盐含量高的综合结果。

(二)耕层土壤有效铁分级和分布

从化验分析结果中选出耕层土样有效铁 1478 个,其平均含量为 12.8mg/kg,变幅为2～100.3mg/kg,标准差为 8.41,变异系数为 65.79%。具体数据及分级如表 4-59 所示。

表 4-59 耕层土壤有效铁分级和分布

| 有效铁级别 | 1 | 2 | 3 | 4 | 5 | 合 计 |
|---|---|---|---|---|---|---|
| 分级标准(mg/kg) | >2 | 10～2 | 4.5～1 | 2.5～4.5 | <2.5 | |
| 样品个数(个) | 168 | 640 | 660 | 8 | 2 | 1478 |
| 耕地面积($hm^2$) | 15071.2 | 59323.87 | 55422.97 | 38.96 | | 129857 |
| 占总耕地(%) | 11.61 | 45.68 | 42.68 | 0.03 | | 100 |

(三)不同利用类型有效铁状况

本区典型的种植制度是小麦—玉米,其次是蔬菜、果树、设施种植。不同利用类型土壤有效铁如表 4-60 所示。

表 4-60 不同利用类型土壤有效铁状况

| 利用类型 | 平均值(mg/kg) | 最大值(mg/kg) | 最小值(mg/kg) | 标准差 | 变异系数(%) |
|---|---|---|---|---|---|
| 小麦—玉米 | 13.2 | 100.3 | 2 | 9.27 | 70.35 |
| 蔬菜 | 11.4 | 32.2 | 3 | 4.64 | 40.7 |
| 果树 | 11.7 | 35.3 | 4.5 | 5.34 | 45.57 |
| 设施种植 | 11.3 | 15.4 | 6.9 | 2.48 | 21.99 |

(四)不同土壤类型有效铁状况

本区土壤主要分为棕壤、褐土、潮土、砂姜黑土、水稻土五种类型,不同土壤类型有效铁如表 4-61 所示。

表 4-61 不同土壤类型有效铁状况

| 土壤类型 | 平均值(mg/kg) | 最大值(mg/kg) | 最小值(mg/kg) | 标准差 | 变异系数(%) |
|---|---|---|---|---|---|
| 棕壤 | 18.7 | 35.3 | 4.5 | 8.38 | 44.92 |
| 褐土 | 11.6 | 53.4 | 2 | 6.32 | 54.52 |
| 潮土 | 14.4 | 100.3 | 2 | 11.96 | 83.01 |
| 砂姜黑土 | 8.1 | 9.5 | 6.8 | 0.92 | 11.27 |
| 水稻土 | 18.3 | 32.1 | 9.3 | 8.27 | 45.14 |

(五)各镇土壤有效铁含量状况

土壤有效铁含量最高的镇是柳埠镇,平均含量为 23.9mg/kg;土壤有效铁含量最低的镇是港沟镇,平均含量为 6.9mg/kg。具体如表 4-62 所示。

表 4-62 各镇土壤有效铁含量状况

| 镇 | 彩石镇 | 董家镇 | 港沟镇 | 郭店镇 | 华山镇 | 柳埠镇 | 唐王镇 | 王舍人镇 | 西营镇 | 遥墙镇 | 仲宫镇 |
|---|---|---|---|---|---|---|---|---|---|---|---|
| 含量(mg/kg) | 10.2 | 12.4 | 6.9 | 10.4 | 11.7 | 23.9 | 9.2 | 18.4 | 12.4 | 13.2 | 9.9 |

## 六、土壤有效钼

### (一)钼对植物生长的作用及作物缺钼的症状

1. 钼对植物生长的作用

土壤中钼以钼酸盐($MoO_4^{2-}$)和硫化钼($MoS_2$)的形式存在。植物对钼的需要量低于其他任何矿质元素,至今仍未探明植物吸收钼的形式以及钼在植物细胞内的变化方式。高等植物的硝酸还原酶和起生物固氮作用的固氮酶都是含钼的蛋白,钼肥充足能大大提高固氮能力,提高蛋白质含量。可见,钼的生理功能突出表现在氮代谢方面。钼还能促进光合作用的强度以及消除酸性土壤中活性铝在植物体内累积而产生的毒害作用。

2. 作物缺钼的症状

作物缺钼的共同表现是植株矮小,生长受抑制,叶片失绿,枯萎以致坏死。豆科作物缺钼,根瘤发育不良,瘤小而少,固氮能力弱或不能固氮,由于豆科作物对钼有特殊的需要,故易发生缺钼现象,为此,钼肥应首先集中施用在豆科作物上。缺钼在酸性土壤的可能性最大,砂质土壤缺钼要比黏质土壤常见。随着土壤 pH 升高,钼的有效性增大。

### (二)耕层土壤有效钼分级和分布

从化验分析结果中选出耕层土样有效钼 1475 个,其平均含量为 0.21mg/kg,变幅为 0.01~0.53mg/kg,标准差为 0.06,变异系数为 43.75%。具体数据及分级如表 4-63 所示。

表 4-63 耕层土壤有效钼分级和分布

| 有效钼级别 | 1 | 2 | 3 | 4 | 5 | 合 计 |
|---|---|---|---|---|---|---|
| 分级标准(mg/kg) | >0.3 | 0.2~0.3 | 0.15~0.2 | 0.1~0.15 | <0.1 | |
| 样品个数(个) | 231 | 501 | 320 | 311 | 112 | 1475 |
| 耕地面积($hm^2$) | 13883.01 | 47930.22 | 47573.11 | 19760.34 | 710.32 | 129857 |
| 占总耕地(%) | 10.69 | 36.91 | 36.63 | 15.22 | 0.55 | 100 |

### (三)不同利用类型有效钼状况

本区典型的种植制度是小麦—玉米,其次是蔬菜、果树、设施种植。不同利用类型土壤有效钼如表 4-64 所示。

表 4-64 不同利用类型土壤有效钼状况

| 利用类型 | 平均值(mg/kg) | 最大值(mg/kg) | 最小值(mg/kg) | 标准差 | 变异系数(%) |
|---|---|---|---|---|---|
| 小麦—玉米 | 0.21 | 0.53 | 0.01 | 0.09 | 44.18 |
| 蔬菜 | 0.22 | 0.49 | 0.09 | 0.09 | 39.48 |
| 果树 | 0.21 | 0.46 | 0.05 | 0.09 | 41.98 |
| 设施种植 | 0.24 | 0.49 | 0.08 | 0.13 | 52.65 |

### (四)不同土壤类型有效钼状况

本区土壤主要分为棕壤、褐土、潮土、砂姜黑土、水稻土五种类型,不同土壤类型有效钼如表 4-65 所示。

表 4-65 不同土壤类型有效钼状况

| 土壤类型 | 平均值(mg/kg) | 最大值(mg/kg) | 最小值(mg/kg) | 标准差 | 变异系数(%) |
|---|---|---|---|---|---|
| 棕壤 | 0.2 | 0.53 | 0.07 | 0.08 | 42.55 |
| 褐土 | 0.22 | 0.49 | 0.02 | 0.1 | 44.53 |
| 潮土 | 0.19 | 0.42 | 0.01 | 0.08 | 39.01 |
| 砂姜黑土 | 0.22 | 0.34 | 0.1 | 0.11 | 49.31 |
| 水稻土 | 0.25 | 0.3 | 0.05 | 0.07 | 29.23 |

(五)各镇土壤有效钼含量状况

土壤有效钼含量最高的镇是郭店镇,平均含量为 0.28mg/kg;土壤有效钼含量最低的镇是遥墙镇、柳埠镇,平均含量为 0.18mg/kg。具体如表 4-66 所示。

表 4-66 各镇土壤有效钼含量状况

| 镇 | 彩石镇 | 董家镇 | 港沟镇 | 郭店镇 | 华山镇 | 柳埠镇 | 唐王镇 | 王舍人镇 | 西营镇 | 遥墙镇 | 仲宫镇 |
|---|---|---|---|---|---|---|---|---|---|---|---|
| 含量(mg/kg) | 0.2 | 0.26 | 0.2 | 0.28 | 0.19 | 0.18 | 0.22 | 0.25 | 0.24 | 0.18 | 0.22 |

## 七、土壤有效硅

(一)耕层土壤有效硅分级和分布

从化验分析结果中选出耕层土样有效硅 1478 个,其平均含量为 223.96mg/kg,变幅为 80.12～398.61mg/kg,标准差为 82.92,变异系数为 37.02%。具体数据及分级如表 4-67所示。

表 4-67 耕层土壤有效硅分级和分布

| 有效硅级别 | 1 | 2 | 3 | 4 | 5 | 6 | 合计 |
|---|---|---|---|---|---|---|---|
| 分级标准(mg/kg) | >300 | 200～300 | 150～200 | 100～150 | 50～100 | <50 | |
| 样品个数(个) | 321 | 530 | 254 | 280 | 93 | 0 | 1478 |
| 耕地面积($hm^2$) | 13261 | 74062.64 | 29082.77 | 13450.59 | | | 129857 |
| 占总耕地(%) | 10.21 | 57.03 | 22.40 | 10.36 | | | 100 |

(二)不同利用类型有效硅状况

本区典型的种植制度是小麦—玉米,其次是蔬菜、果树、设施种植。不同利用类型土壤有效硅如表 4-68 所示。

表 4-68　不同利用类型土壤有效硅状况

| 利用类型 | 平均值(mg/kg) | 最大值(mg/kg) | 最小值(mg/kg) | 标准差 | 变异系数(%) |
|---|---|---|---|---|---|
| 小麦—玉米 | 224.21 | 391.09 | 80.44 | 79.66 | 35.53 |
| 蔬菜 | 197.75 | 383.14 | 80.91 | 83.88 | 42.42 |
| 果树 | 235.3 | 398.61 | 80.12 | 92.16 | 39.17 |
| 设施种植 | 158.19 | 382 | 81.57 | 70.98 | 44.87 |

(三)不同土壤类型有效硅状况

本区土壤主要分为棕壤、褐土、潮土、砂姜黑土、水稻土五种类型,不同土壤类型有效硅如表 4-69 所示。

表 4-69　不同土壤类型有效硅状况

| 土壤类型 | 平均值(mg/kg) | 最大值(mg/kg) | 最小值(mg/kg) | 标准差 | 变异系数(%) |
|---|---|---|---|---|---|
| 棕壤 | 262.02 | 383.19 | 86.67 | 86.34 | 32.95 |
| 褐土 | 224.11 | 398.61 | 80.12 | 84.65 | 37.77 |
| 潮土 | 215.02 | 385.67 | 80.44 | 73.85 | 34.35 |
| 砂姜黑土 | 216.73 | 311.35 | 144.15 | 54.1 | 24.96 |
| 水稻土 | 140.6 | 209.98 | 91.76 | 42.06 | 29.91 |

(五)各镇土壤有效硅含量状况

土壤有效硅含量最高的镇是西营镇,平均含量为 304.07mg/kg;土壤有效硅含量最低的镇是董家镇,平均含量为 175.88mg/kg。具体如表 4-70 所示。

表 4-70　各镇土壤有效硅含量状况

| 镇 | 彩石镇 | 董家镇 | 港沟镇 | 郭店镇 | 华山镇 | 柳埠镇 | 唐王镇 | 王舍人镇 | 西营镇 | 遥墙镇 | 仲宫镇 |
|---|---|---|---|---|---|---|---|---|---|---|---|
| 含量(mg/kg) | 260.24 | 175.88 | 226.94 | 202.04 | 242.69 | 243.01 | 200.06 | 182.78 | 304.07 | 245.68 | 206.57 |

## 第五节　土壤主要物理性状

### 一、表层质地

(一)表层质地的划分

按照评价结果,历城区土壤表层质地划分为重壤土、中壤土、轻壤土、沙壤土、沙土五种类型。从生产性能看,大致可分为好的、一般的和差的三种。轻壤和中壤是耕性较好的质地,全区共有可利用面积 27161.33hm$^2$,占全区总可利用面积的 84.75%。其特点是砂黏比例适宜,中壤土砂粒和黏粒的比例基本相等,轻壤土砂粒所占比例稍大,前者地有后劲,后者耕性好,保供性能稍差,该区的高产地块都是这两种质地类型,适宜作物的生长发育。属于一般质地类型的是重壤土和沙壤土。最差的质地类型是沙土，它们的共同特点是沙子多，土体松，粒间孔隙大，对肥水的保蓄能力差，生产力很低，占总可利用面积的15.25%。

（二）不同质地土壤物理性状及其农业生产特征、肥力特征的综合评述

1. 重壤土

面积为49.84$hm^2$，占可利用面积的0.16%。该质地土壤有机质中等，有效磷较缺，速效钾丰富，全氮含量较低，代换量较大，物理性状较差。所以该土黏重，不易耕作，通气、透水不良，易旱、易涝，有机质分解慢，保水、保肥力强。改良措施为：多施有机肥料，秸秆还田，深耕、深翻，加强风化，改善土壤理化性状，发展粮食、棉花和绿肥作物。

2. 中壤土

面积为12946.59$hm^2$，占可利用面积的40.4%。该质地土壤有机质、全氮、有效磷皆为中等，速效钾较丰富，代换量为中等，但土壤容重偏高，孔隙度较低，通气孔隙也较低。因此，该土砂黏相比，黏粒比重稍大，质地偏黏重，如耕种不当易起坷垃，保水、保肥性较强，肥力平稳，即发小苗，又发老苗，是农业生产上较好的土壤。

对该土壤的改良应采取增施肥料，有水浇条件的要合理灌溉，防止土壤板结，合理耕作，以免破坏团粒结构，可以发展粮食棉花作物。

3. 轻壤土

面积为14214.74$hm^2$，占可利用面积的44.35%。该土壤按养分含量分析，有机质、有效磷、全氮、速效钾属中等水平，碳氮比较适宜，土壤容重和孔隙度也较好。因此，该土砂黏适中，既具有适当的保水、保肥性，又有良好的耕性，水气比分协调，土壤发暖，肥力平稳，耕作容易，是农业生产上比较理想的土壤。在今后的改良利用上还应合理施肥，培肥地力，精耕细作，保持良好的理化性状。

4. 沙壤土

面积为4129.94$hm^2$，占可利用面积的12.89%。该质地土壤保肥性较差，通透性良好，容重也较适宜。因此，该质地土壤疏松，有利于作物的保苗，耕性也较好，但漏水、漏肥，易旱和风蚀，有机质分解快，养分很易流失。在改良利用上主要是增施肥料，特别是有机肥，提倡秸秆还田和种植绿肥，提高土壤有机质含量，改善土壤结构，增加保肥性能。同时要注意水肥的供应，解决水气矛盾，施肥方法上要掌握少施勤施，减少流失。种植作物以花生、红薯为好。

综上所述，沙壤土、轻壤土、重壤土、中壤土4个表层质地，在养分含量上从重壤—中壤—轻壤—沙壤依次降低，但从物理性状和耕性看是从重壤—中壤—轻壤—沙壤依次变好。

5. 沙　土

面积为705.89$hm^2$，占可利用面积的2.2%。该质地土壤主要位于荒山及黄河沿岸，水土流失严重，肥力低，易干旱，适宜植树造林和种草。

## 二、土体构型

土体构型是指土壤质地在1.3m深度内的排列层次。由于砂、壤、黏的上下排列和厚度的不一致，形成不同的土体构型。全区土体构型分为五大类型：薄中层硬石底型、均质

型、夹黏型、夹壤型、夹砂型。不同的土体构型其保水、保肥性能不同，同时对农业生产的影响也不同。

（一）薄中层硬石底型

薄中层硬石底型指母岩以上土体厚度小于 60cm 的，面积为 4545.85$hm^2$，占可利用面积的 14.18%。其中薄层硬石底指土体厚在 15～30cm 就出现母岩的，面积为 2153.6$hm^2$，占可利用面积的 6.7%。中层硬石底指土体厚在 30～60cm 就出现母岩的，面积为 2392.25$hm^2$，占可利用面积的 7.48%。这两种构型主要处于荒岭坡及山坡梯田上。这类构型土层浅薄，不利于植物根系生长，所处地势高，坡度大，干旱多风，水土流失严重，养分含量低，适宜植树造林及部分退耕还林，发展林牧业。

（二）均质型

均质型即 1.5m 土体内质地单一，面积为 17735.47$hm^2$，占可利用面积的 55.34%。沙壤均质面积为 2146.38$hm^2$，占可利用面积的 6.7%，主要分布遥墙镇、唐王镇等镇。这种构型通气性良好，质地疏松，有利于根系生长，但易漏肥、漏水，养分含量低，干旱风蚀，适种旱作作物。壤均质包括轻壤和中壤，面积为 15589.09$hm^2$，占可利用面积的 48.64%，这种构型各镇均有分布。土体深厚质地适中，无不良层次，保肥、保水，有利于作物根系伸展，部分属于历城区高产、稳产田。

（三）夹砂型

夹砂型即 1.5m 土体内有夹砂层次，面积为 1091.56$hm^2$，占可利用面积的 3.4%。轻壤薄砂腰指在 60～100cm 土体内出现 10～30cm 厚的砂土层，面积为 259.83$hm^2$，占可利用面积的 0.81%。轻壤厚砂心指在 20～60cm 土体内出现大于 30cm 的砂土层，面积为 831.73$hm^2$，占可利用面积的 2.6%。这两种构型主要分布在北部平原各镇的局部地区，都易漏肥、漏水，毛管作用差，供肥供水不良，发小苗，不发老苗，从而影响产量。

（四）夹黏型

夹黏型即 1.5m 土体内有黏土层，面积为 8592.91$hm^2$，占可利用面积的 26.8%，分为轻壤薄黏腰、轻壤厚黏心、轻壤厚黏腰、中壤薄黏心、中壤厚黏心、轻壤厚黏底、中壤厚黏腰、重壤厚黏心 8 种。轻壤厚黏心：即在 20～60cm 土体内出现大于 30cm 的黏土层，面积为 655.8$hm^2$，占可利用面积的 2.05%。中壤薄黏心：即在 20～60cm 土体内出现 10～30cm的黏土层，面积为 228.25$hm^2$，占可利用面积的 0.7%。中壤厚黏心：即在 20～60cm土体内出现大于 30cm 的黏土层，面积为 2577.7$hm^2$，占可利用面积的 8.04%。重壤厚黏心：即在 20～60cm 土体内出现大于 30cm 的黏土层，面积为 49.84$hm^2$，占可利用面积的 0.16%。轻壤薄黏腰：即在 60～100cm 土体内出现 10～30cm 厚的黏土层，面积为 417.64$hm^2$，占可利用面积的 1.3%。轻壤厚黏腰：即在 60～100cm 土体内出现大于 30cm 厚的黏土层，面积为 3185.32$hm^2$，占可利用面积的 9.9%。中壤厚黏腰：即在 60～100cm土体内出现大于 30cm 厚的黏土层，面积为 1159.13$hm^2$，占可利用面积的 3.6%。轻壤厚黏底：即在大于 100cm 土体内出现大于 30cm 厚的黏土层，面积为 319.23$hm^2$，占可利用面积的 1%。薄黏腰、厚黏腰及厚黏底三种构型虽都能起到保肥、保水的作用，但同样的构型所处的地势不一定相同，加上干旱和雨季的变化，有好的一面也有矛盾的一面，如位于低洼处的厚黏腰构型，干旱时就起到保肥水的作用，可防止干旱，雨季时就起相反作用，不透水、不透气，易造成内涝，影响作物生长。如处于地势较平坦阶地上，三种构型就是比较理想的土体构型。

（五）夹壤型

夹壤型即 1.5m 土体内出现两种不同或相同间隔的夹层，面积为 81.21hm$^2$，占可利用面积的 0.25%，分为轻壤厚壤心、沙壤厚壤腰两种。轻壤厚壤心：即 20～60cm 土体内出现大于 30cm 的壤土层，面积为 53.79hm$^2$，占可利用面积的 0.17%。沙壤厚壤腰：即 60～100cm 土体内出现大于 30cm 厚的壤土层，面积为 27.42hm$^2$，占可利用面积的 0.09%.

总之，从以上 5 种类型、17 种构型来看，除处于地势较高的构型，其余均不同程度的影响着农业生产的发展。

## 三、土壤容重

土壤容重是田间自然状况下单位容积的风干土重。它是衡量土壤质地、松弛度、耕性、通透性的指标之一。土壤容重的大小与土壤的质地、孔隙度及有机质含量多少有密切的关系。通常认为土壤容重在 1.1～1.3g/cm$^3$ 较为适宜。为摸清历城区耕地土壤容重的现状，分土壤类型在全区采集了 200 个耕层土壤样品，测定分析了土壤容重。

历城区 0～20cm 耕层土壤容重多在 1.25～1.44g/cm$^3$ 之间，全区土壤容重平均为 1.31g/cm$^3$，与第二次土壤普查（1.34g/cm$^3$）相比有所降低。按土壤类型排序，土壤容重顺序为：棕壤＝褐土＞潮土。作物根系和人类耕作活动主要作用于耕层，使得耕层土壤容重低于心土层和底土层。土壤容重与土壤质地、结构、有机质含量等因素有关。有机质含量高，土壤结构好，土壤容重就低，而偏黏重的土壤容重就高。

## 四、土壤孔隙度

土壤的通透性主要通过土壤孔隙状况来衡量，即土壤孔隙占土壤总体积的百分比。对作物生长来讲，较适宜的土壤总孔隙度一般为 50%～55%，通气孔隙为 10%～20%，非毛管孔隙和毛管孔隙比为 1∶(2～4)。

历城区 0～20cm 耕层土壤总孔隙度多在 45%～57%之间，全区土壤总孔隙度平均为 53%，与第二次土壤普查（49.43%）相比有所变化，总孔隙度接近于适宜范围。

土壤孔隙度的大小受土壤结构、质地、腐殖质及紧实度等因素的影响。轻壤土土壤容重小，通气状况最好，总孔隙度和通气孔隙度较大。重壤土土壤容重较大，土质黏重，通气状况不良，总孔隙度和通气孔隙度较小。中壤土土壤容重中等，孔隙度介于轻壤土与重壤土之间。

总体来看，全区土壤的大多数土层深厚，土体构型良好，保水、保肥性较强，土壤表层多为中壤和轻壤，物理性状较好，熟化度较高，耕作性较好。为农作物生长发育提供了良好的条件。但对于土体有障碍层次而表层质地不良、物理性状较差、耕作管理不便的土壤，应有计划地、因地制宜地进行改良。

# 第五章　耕地地力评价

耕地是土地的精华，是农业生产不可替代的重要生产资料，是保持社会和国民经济可持续发展的重要资源。保护耕地是我们的基本国策之一，因此，及时掌握耕地资源的数量、质量及其变化，对于合理规划和利用耕地、切实保护耕地有十分重要的意义。在全面的野外调查和室内化验分析，获取大量耕地地力相关信息的基础上，进行了历城区耕地地力的综合评价，评价结果有利于摸清全区耕地地力的现状及问题，还为耕地资源的高效和可持续利用提供了重要的科学依据。

## 第一节　评价的原则、依据及流程

### 一、评价的原则、依据

（一）评价的原则

耕地地力就是耕地的生产能力，是在一定区域内、一定的土壤类型上，耕地的土壤理化性状、所处自然环境条件、农田基础设施及耕作施肥管理水平等因素的总和。根据评价的目的要求，在历城区耕地地力评价中，遵循的基本原则是有 4 条。

1. 综合因素研究与主导因素分析相结合原则

土地是一个自然经济综合体，是人们利用的对象，对土地质量的鉴定涉及自然和社会经济多个方面，耕地地力也是各类要素的综合体现。所谓综合因素研究是指对地形地貌、土壤理化性状、相关社会经济因素之总体进行全面的研究、分析与评价，以全面了解耕地地力状况。主导因素是指对耕地地力起决定作用的、相对稳定的因子，在评价中要着重对其进行研究分析。因此，把综合因素与主导因素结合起来进行评价则可以对耕地地力作出科学准确的评定。

2. 共性评价与专题研究相结合原则

历城区耕地利用存在菜地、农田等多种类型，且土壤理化性状、环境条件、管理水平等不一，因此，耕地地力水平有较大的差异。考虑区域内耕地地力的系统性、可比性，针对不同的耕地利用等状况，应选用统一的共同的评价指标和标准，即耕地地力的评价不针对某一特定的利用类型。另外，为了了解不同利用类型的耕地地力状况及其内部的差异情况，对有代表性的主要类型如蔬菜地等进行专题的深入研究。这样，共性的评价与专题的研究相结合，使整个的评价和研究具有更大的应用价值。

3. 定量和定性相结合原则

土地系统是一个复杂的灰色系统，定量和定性要素共存，相互作用，相互影响。因此，为了保证评价结果的客观合理，宜采用定量和定性评价相结合的方法。在总体上，为了保证评价结果的客观合理，尽量采用定量评价方法，对可定量化的评价因子如有机质等养分含量、土层厚度等按其数值参与计算，对非数量化的定性因子如土壤表层质地、土体构型等则进行量化处理，确定其相应的指数，并建立评价数据库，以计算机进行运算和处理，尽量避免人为随意性因素影响。在评价因素筛选、权重确定、评价标准、等级确定等评价过程中，尽量采用定量化的数学模型，在此基础上则充分运用人工智能和专家知识，对评价的中间过程和评价结果进行必要的定性调整，定量与定性相结合，从而保证了评价结果的准确合理。

4. 采用卫星遥感和GIS支持的自动化评价方法原则

自动化、定量化的土地评价技术方法是当前土地评价的重要方向之一。近年来，随着计算机技术，特别是GIS技术在土地评价中的不断应用和发展，基于GIS技术进行自动定量化评价的方法已不断成熟，使土地评价的精度和效率大大提高。本次的耕地地力评价工作将采用最新SPOT5卫星遥感数据提取和更新耕地资源现状信息，通过数据库建立、评价模型及其与GIS空间叠加等分析模型的结合，实现了全数字化、自动化的评价流程，在一定的程度上代表了当前土地评价的最新技术方法。

（二）评价的依据

耕地地力是耕地本身的生产能力，因此，耕地地力的评价依据与此相关的各类自然和社会经济要素，具体包括三个方面。

1. 耕地地力的自然环境要素

耕地地力的自然环境要素包括耕地所处的地形地貌条件、水文地质条件、成土母质条件以及土地利用状况等。

2. 耕地地力的土壤理化要素

耕地地力的土壤理化要素包括土壤剖面与土体构型、耕层厚度、质地、容重等物理性状，有机质、N、P、K、微量元素、pH、交换量等化学性状等。

3. 耕地地力的农田基础设施条件

耕地地力的农田基础设施条件包括耕地的灌排条件、水土保持工程建设、培肥管理条件等。

## 二、评价的流程

整个评价可分为三个方面的主要内容，按先后的次序分别为：

(1)资料工具准备及数据库建立：即根据评价的目的、任务、范围、方法，收集准备与评价有关的各类自然及社会经济资料，进行资料的分析处理。选择适宜的计算机硬件和GIS等分析软件，建立耕地地力评价基础数据库。

(2)耕地地力评价：划分评价单元，提取影响地力的关键因素并确定权重，选择相应评价方法，制定评价标准，确定耕地地力等级。

(3)评价结果分析：依据评价结果，量算各等级耕地面积，编制耕地地力分布图，分析耕地地力问题，提出耕地资源可持续利用的措施建议。评价的工作流程如图 5-1 所示。

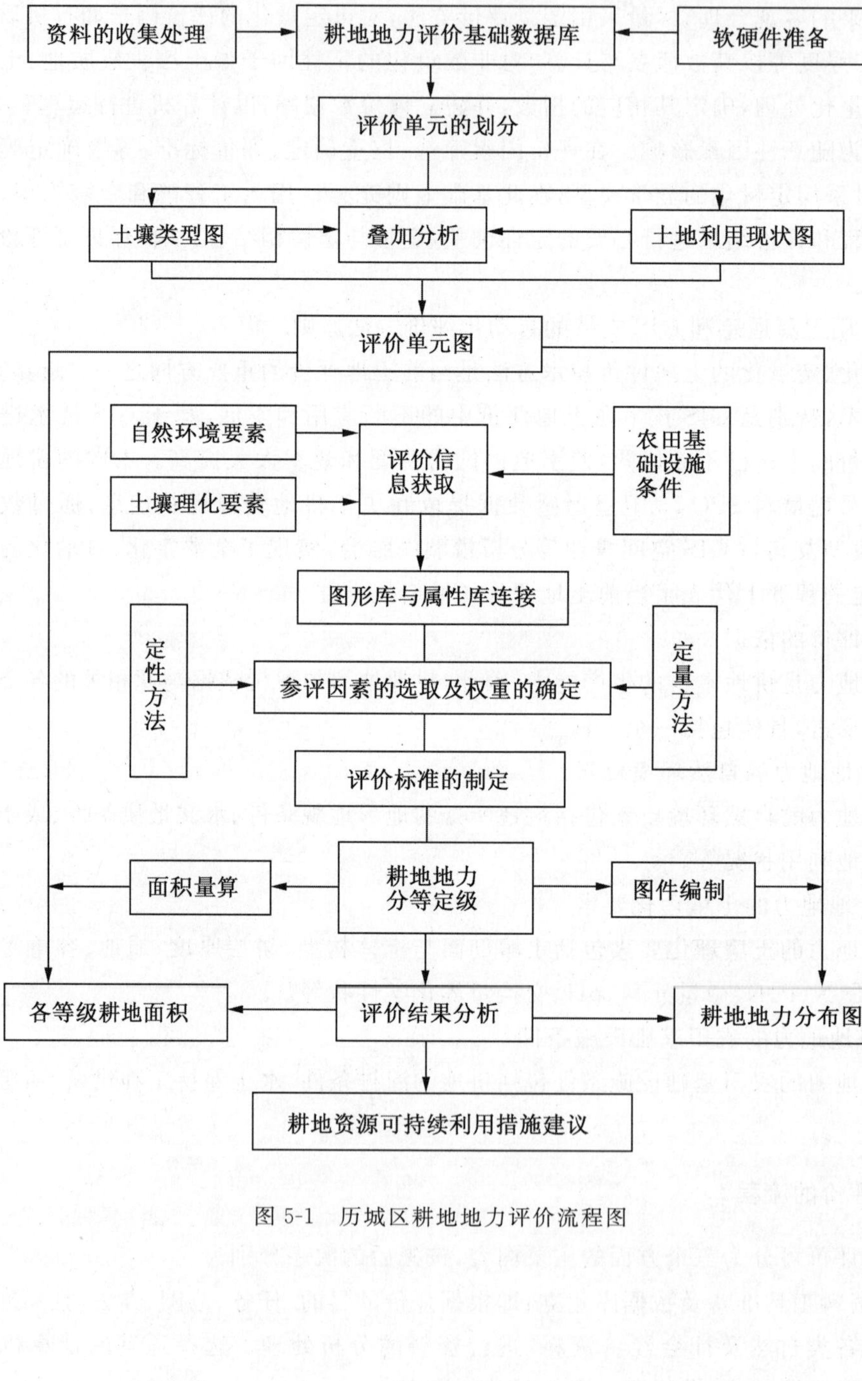


图 5-1 历城区耕地地力评价流程图

# 第二节　软硬件准备、资料的收集处理及基础数据库建立

## 一、软硬件准备

(一)硬件准备

硬件主要包括高档计算机、A0 幅面数字化仪、A0 幅面扫描仪、喷墨绘图仪等。计算机主要用于数据和图件的处理分析,数字化仪、扫描仪用于图件的输入,喷墨绘图仪用于成果图的输出。

(二)软件准备

一是 Windows 操作系统软件,二是 FOXPRO 数据库管理、SPSS 数据统计分析/ACCESS 数据管理系统等应用软件,三是 MAPGIS、ARCVIEW、ARCMAP 等 GIS 软件。

## 二、资料的收集、处理

(一)资料的收集

耕地地力评价以耕地的各性状要素为基础,因此,必须广泛地收集与评价有关的各类自然和社会经济因素资料,为评价工作做好数据的准备。本次耕地地力评价收集获取的资料主要包括四个方面。

1. 野外调查资料

按野外调查点获取,主要包括地形地貌、土壤母质、水文、土层厚度、表层质地、耕地利用现状、灌排条件、作物长势产量、管理措施水平等。

2. 室内化验分析资料

室内化验分析资料包括有机质、全氮、速效氮、全磷、速效磷、速效钾等大量养分含量,交换性钙、交换性镁等中量养分含量,有效锌、有效硼、有效钼等微量养分含量,以及 pH、土壤污染元素含量等。

3. 社会经济统计资料

以行政区划为基本单位的人口、土地面积、作物及蔬菜瓜果面积,以及各类投入产出等社会经济指标数据。

4. 基础及专题图件资料

1∶50000 比例尺地形图、行政区划图、土地利用现状图、地貌图、土壤图等。

(二)资料的处理

获取的评价资料可以分为定量和定性资料两大部分,为了采用定量化的评价方法和自动化的评价手段,减少人为因素的影响,需要对其中的定性因素进行定量化处理,根据因素的级别状况赋予其相应的分值或数值。除此,对于各类养分等按调查点获取的数据,则需要进行插值处理,生成各类养分图。

1. 定性因素的量化处理

土壤表层质地:考虑不同质地类型的土壤肥力特征,以及与植物生长发育的关系,赋

予不同质地类别以相应的分值(见表 5-1)。

表 5-1　土壤表层质地的量化处理

| 质地类别 | 中壤 | 轻壤 | 重壤 | 沙壤 | 沙土 |
|---|---|---|---|---|---|
| 分值 | 100 | 95 | 80 | 70 | 55 |

土体构型:首先以土层质地类别和其在土体中的部位对各类土体构型进行归纳,根据不同的土体构型对植物生长发育的影响,赋予不同土体构型以相应的分值(见表 5-2)。

表 5-2　土体构型的量化处理

| 土体构型 | 中壤均质 | 中壤黏腰 | 轻壤黏腰 | 轻壤均质 | 中壤黏心 | 中壤砂姜腰 | 中壤沙腰 | 重壤均质 | 轻壤沙心 | 沙壤沙心 | 中层 | 薄层 |
|---|---|---|---|---|---|---|---|---|---|---|---|---|
| 分值 | 100 | 95 | 95 | 90 | 85 | 85 | 80 | 60 | 60 | 50 | 30 | 10 |

地貌类型:根据不同的地貌类型对耕地地力及作物生长的影响,赋予其相应的分值(见表 5-3)。

表 5-3　地貌类型的量化处理

| 地貌类型 | 缓平坡地 | 山前倾斜平地 | 山前缓平地 | 缓岗 | 浅平洼地 | 槽状洼地 | 河谷高地 | 河漫滩 | 河谷梯田 | 近山阶地 | 坡麓梯田 | 荒坡岭 |
|---|---|---|---|---|---|---|---|---|---|---|---|---|
| 分值 | 100 | 97 | 95 | 93 | 90 | 87 | 84 | 80 | 60 | 40 | 20 | 10 |

障碍状况:考虑影响历城区耕地地力的主要障碍状况,将其障碍状况归纳为不同的类型,并根据其对耕地地力的影响程度进行量化处理(见表 5-4)。

表 5-4　障碍状况的量化处理

| 障碍状况 | 无障碍 | 浅黏 | 夹砂或砂姜 | 砾质 | 石渣土 |
|---|---|---|---|---|---|
| 分值 | 100 | 90 | 80 | 60 | 40 |

2. 各类养分专题图层的生成

对于土壤有机质、氮、磷、钾、锌、硼、钼等养分数据,首先按照野外实际调查点进行整理,建立了以各养分为字段、以调查点为记录的数据库。之后,进行了土壤采样样点图与分析数据库的连接,在此基础上对各养分数据进行自动的插值处理。

对比了分别在 MAPGIS 和 ARCVIEW 环境中的插值结果,发现 ARCVIEW 环境中的插值结果线条更为自然圆滑,符合实际。因此,本研究中所有养分采样点数据均在 ARCVIEW 环境下操作,利用其空间分析模块功能对各养分数据进行自动的插值处理,经编辑处理,自动生成各土壤养分专题栅格图层。后续的耕地地力评价也以栅格形式进行,与矢量形式相比,能够将各评价要素信息精确到栅格(像元)水平,保证了评价结果的准确。图 5-2 和图 5-3 为在 ARCVIEW 下插值生成的历城土壤有机质、全氮含量分布栅格图。

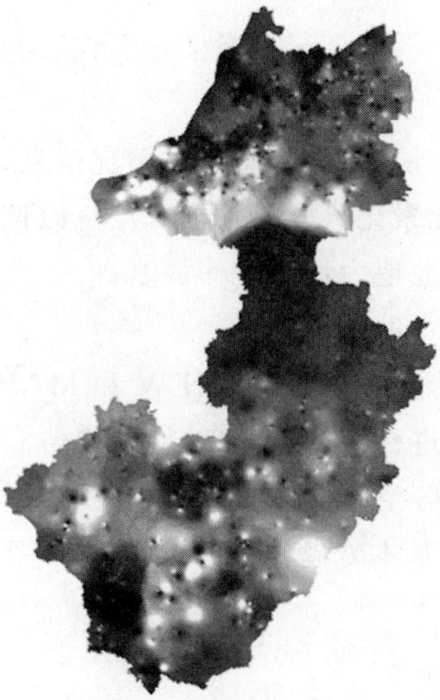

图 5-2　历城区土壤有机质含量栅格图

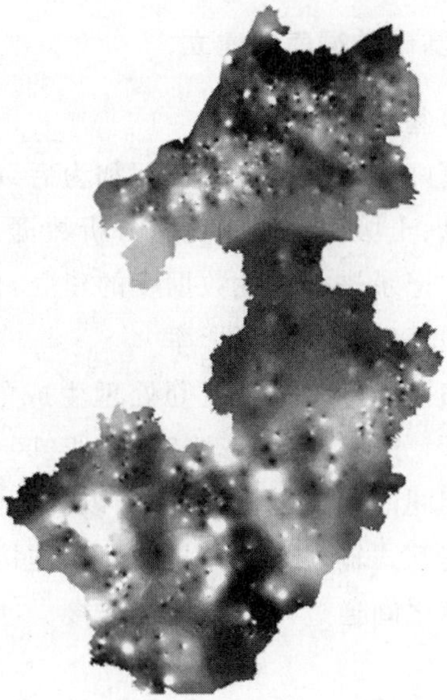

图 5-3　历城区土壤全氮含量栅格图

3. 历城区数字高程模型和坡度图的生成

利用历城区 1∶50000 地形图，扫描输入后进行矢量化，获得等高线及高程信息，自动插值生成历城区数字高程模型(DEM)，在此基础上生成历城区地形坡度，经编辑处理后形成坡度图和三维地势图，如图 5-4 所示。

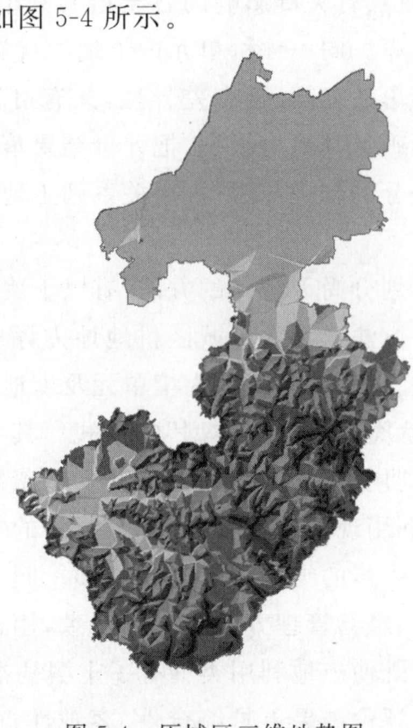

图 5-4　历城区三维地势图

### 三、基础数据库的建立

（一）基础属性数据库

为更好地对数据进行管理和为后续工作提供方便，将采样点基本情况信息、农业生产情况信息、土壤理化性状化验分析数据、土壤污染元素化验分析数据等信息以调查点为基本数据库记录进行属性数据库的建立，作为后续耕地地力评价工作的基础。

（二）基础专题图图形库

将扫描矢量化及插值等处理生成的各类专题图件，在 ARCVIEW 和 MAPGIS 软件的支持下，分别以栅格形式和点、线、区文件的形式进行存储和管理，同时将所有图件统一转换到相同的地理坐标系统下，以进行图件的叠加等空间操作，各专题图图斑属性信息通过键盘交互式输入或通过与属性库挂接读取，构成基本专题图图形数据库。图形库与基础属性库之间通过调查点相互连接。

## 第三节　评价单元的划分及评价信息的提取

### 一、评价单元的划分

评价单元是由对土地质量具有关键影响的各土地要素组成的空间实体，是土地评价的最基本单位、对象和基础图斑。同一评价单元内土地的自然基本条件、个体属性和经济属性基本一致，不同土地评价单元之间，既有差异性，又有可比性。耕地地力评价就是要通过对每个评价单元的评价，确定其地力级别，把评价结果落实到实地和编绘的土地资源图上。因此，土地评价单元划分的合理与否，直接关系到土地评价结果的好坏以及工作量的大小。

目前，对土地评价单元的划分尚无统一的方法，有以土壤类型、以土地利用类型、以行政区划单位、以方里网等多种方法。本次历城区耕地地力评价土地评价单元的划分采用土壤图、土地利用现状图的叠置划分法，相同土壤单元及土地利用现状类型的地块组成一个评价单元，即“土地利用现状类型—土壤类型”的格式。其中，土壤类型划分到土种，土地利用现状类型划分到二级利用类型，制图区界以基于遥感影像的历城区最新土地利用现状图为准。为了保证土地利用现状的现实性，基于野外的实地调查对耕地利用现状进行了修正，其中菜地进行了进一步的细分(到三级类型)。同一评价单元内的土壤类型相同，利用方式相同，交通、水利、经营管理方式等基本一致，用这种方法划分评价单元可以反映单元之间的空间差异性，既使土地利用类型有了土壤基本性质的均一性，又使土壤类型有了确定的地域边界线，使评价结果更具综合性、客观性，可以较容易地将评价结果落实到实地。

通过图件的叠置和检索，将历城区耕地地力划分为 3473 个评价单元。

### 二、评价信息的提取

影响耕地地力的因子非常多，并且它们在计算机中的存储方式也不相同，因此，如何准确地获取各评价单元评价信息是评价中的重要一环。鉴于此，舍弃直接从键盘输入参评因子值的传统方式，采取将评价单元与各专题图件叠加采集各参评因素信息的方法。具体的做法是：按唯一标识原则为评价单元编号；在 ARCVIEW 环境下生成评价信息空间库和属性数据库；在 ARCMAP 环境下从图形库中调出各化学性状评价因子的专题图，与评价单元图进行叠加计算出各因子的均值；保持评价单元几何形状不变，在耕地资源管理信息系统中直接对叠加后形成的图形的属性库进行“属性提取”操作，以评价单元为基本统计单位，按面积加权平均汇总评价单元立地条件评价因子的分值。

由此，得到图形与属性相连的、以评价单元为基本单位的评价信息，为后续耕地地力的评价奠定了基础。

## 第四节 参评因素的选取及其权重确定

正确地进行参评因素的选取并确定其权重，是科学地评价耕地地力的前提，直接关系到评价结果的正确性、科学性和社会可接受性。

### 一、参评因素的选取

参评因素是指参与评定耕地地力等级的耕地的诸属性。影响耕地地力的因素很多，在本次历城区耕地地力评价中，根据历城区的区域特点，遵循主导因素原则、差异性原则、稳定性原则、敏感性原则，采用定量和定性方法结合，进行了参评因素的选取。

（一）系统聚类方法

系统聚类方法用于筛选影响耕地地力的理化性状等定量指标，通过聚类将类似的指标进行归并，辅助选取相对独立的主导因子。利用 SPSS 统计软件进行了土壤养分等化学性状的系统聚类。

从图 5-5 中可以看出，氯离子、全盐、硝态氮、全氮、交换性钙、有效硅、交换性镁、有效硼、有效钼、有效铁、有效锰、有效锌、有效铜、有效硫聚为一组，有效磷、速效钾、碱解氮、缓效钾聚为一组，有机质为一组，pH 为一组。

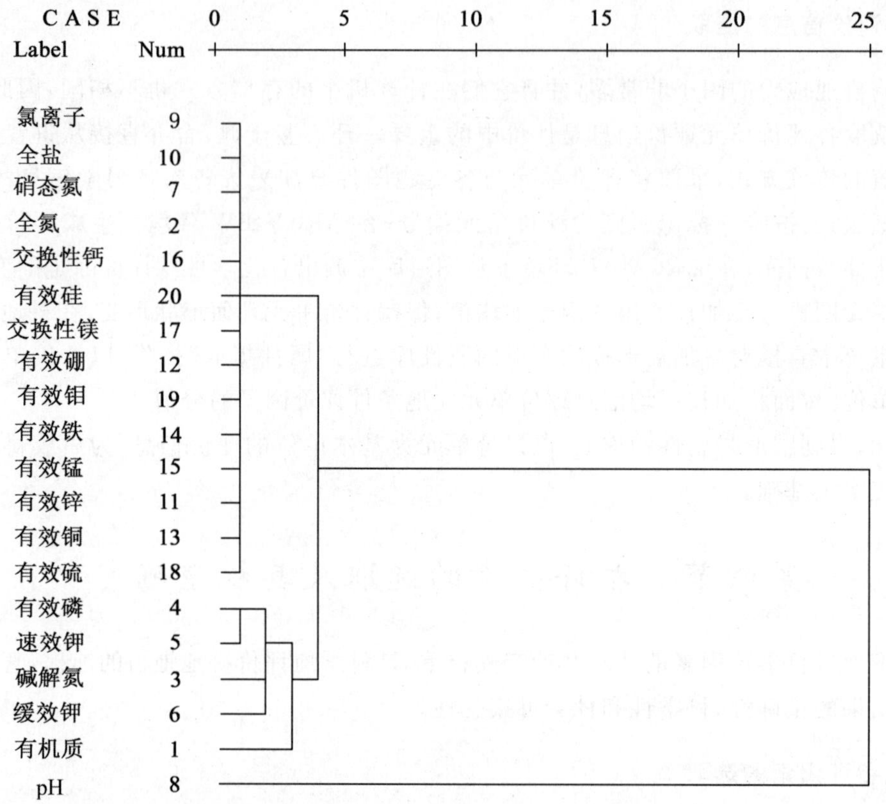


图 5-5 土壤养分等化学性状的聚类分析

(二)DELPHI 法

用 DELPHI 法进行了影响耕地地力的立地条件、物理性状等定性指标的筛选。由土壤农业化学学者、专家及历城区土肥站业务人员组成的专家组,首先对指标进行分类,在此基础上进行指标的选取,并讨论确定最终的选择方案。

综合以上两种方法,在定量因素中根据各因素对耕地地力影响的稳定性,以及营养元素的全面性,在聚类分析第一组中选取有效锌、有效硼为参评因素,第二组中选取有效磷、速效钾为参评因素,第三组选取有机质为参评因素。结合专家组选择结果,最后确定灌溉保证率、坡度、地形地貌、耕层质地、剖面构型、障碍层状况、土层厚度、有机质、大量元素(速效钾、有效磷)、微量元素(有效锌、有效硼)等 12 项因素作为耕地地力评价的参评指标。

## 二、权重的确定

在耕地地力评价中,需要根据各参评因素对耕地地力的贡献确定权重,确定权重的方法很多,本评价中采用层次分析法(AHP)来确定各参评因素的权重。

层次分析法是在定性方法基础上发展起来的定量确定参评因素权重的一种系统分析方法,这种方法可将人们的经验思维数量化,用以检验决策者判断的一致性,有利于实现定量化评价。

(一)建立层次结构

耕地地力为目标层(G层),影响耕地地力的立地条件、物理性状、化学性状为准则层(C层),再把影响准则层中各元素的项目作为指标层(A层),其结构关系如图5-6所示。

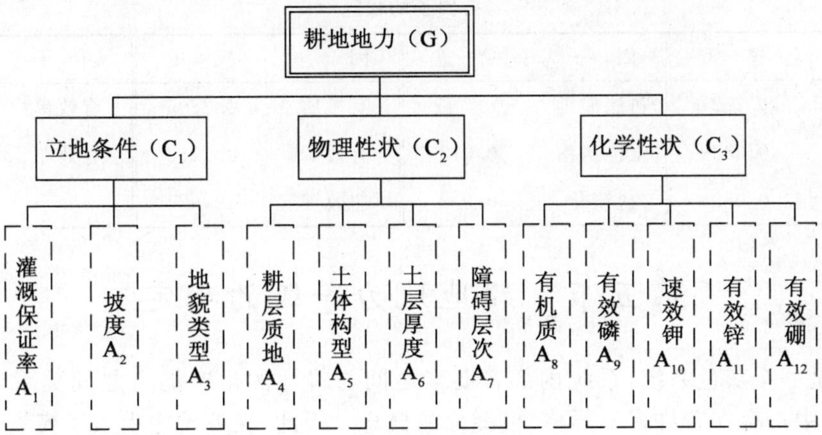


图5-6 耕地地力影响因素层次结构

(二)构造判断矩阵

根据专家经验,确定C层对G层以及A层对C层的相对重要程度,构成$A$、$C_1$、$C_2$、$C_3$共4个判断矩阵。如耕层质地、土体构型、有效土层厚度、障碍层次状况对耕地物理性状的判断矩阵表示为:

$$C_2=\begin{pmatrix} a_{11} & a_{12} & a_{13} & a_{14} \\ a_{21} & a_{22} & a_{23} & a_{24} \\ a_{31} & a_{32} & a_{33} & a_{34} \\ a_{41} & a_{42} & a_{43} & a_{44} \end{pmatrix}=\begin{pmatrix} 1 & 1.25 & 0.7143 & 1.6667 \\ 0.8 & 1 & 0.5714 & 1.3333 \\ 1.4 & 1.75 & 1 & 2.3333 \\ 0.6 & 0.75 & 0.4286 & 1 \end{pmatrix}$$

其中,$a_{ij}$($i$为矩阵的行号,$j$为矩阵的列号)表示对$C_2$而言,$a_i$对$a_j$的相对重要性的数值。

(三)层次单排序及一致性检验

即求取A层对C层的权数值,可归结为计算判断矩阵的最大特征根对应的特征向量。利用SPSS等统计软件,得到的各权数值及一致性检验的结果如表5-5所示。

表5-5 权数值及一致性检验结果

| 矩 阵 | 特 征 向 量 | | | | | $C_I$ | $C_R$ |
|---|---|---|---|---|---|---|---|
| 矩阵$A$ | | 0.4186 | 0.3488 | 0.2326 | | −0.00000537 | 0.00000926<0.1 |
| 矩阵$C_1$ | | 0.198 | 0.3564 | 0.4455 | | −0.00000369 | 0.00000575<0.1 |
| 矩阵$C_2$ | 0.2159 | 0.2699 | 0.1542 | 0.3599 | | 0.00000621 | 0.0000069<0.1 |
| 矩阵$C_3$ | 0.0787 | 0.0945 | 0.1181 | 0.2362 | 0.4724 | 0.00000549 | 0.00000491<0.1 |

可以看出,$C_R<0.1$,具有很好的一致性。

(四)层次总排序及一致性检验

经层次总排序并进行一致性检验,结果为 $C_I=0.00000369$,$C_R=0.00000402$,具有满意的一致性,最后计算 A 层对 G 层的组合权数值,得到各因子的权重,最终结果如表 5-6 所示。

表 5-6 各因子的权重

| 因　子 | 权　重 | 因　子 | 权　重 | 因　子 | 权　重 | 因　子 | 权　重 |
|---|---|---|---|---|---|---|---|
| 灌溉保证率 | 0.2027 | 耕层质地 | 0.0777 | 有机质 | 0.2806 | 有效锌 | 0.0355 |
| 矿化度 | 0.0339 | 土体构型 | 0.013 | 有效磷 | 0.1286 | 有效硼 | 0.0274 |
| 地貌类型 | 0.0836 | 盐渍化 | 0.032 | 速效钾 | 0.085 | | |

# 第五节　耕地地力等级的确定

土地是一个灰色系统,系统内部各要素之间与耕地的生产能力之间关系十分复杂。此外,评价中也存在着许多不严格、模糊性的概念。因此,在评价中引入了模糊数学方法,采用模糊评价方法来进行耕地地力等级的确定。

## 一、参评因素隶属函数的建立

用 DELPHI 法根据一组分布均匀的实测值评估出对应的一组隶属度,然后在计算机中绘制这两组数值的散点图,再根据散点图进行曲线模拟,寻求参评因素实际值与隶属度关系方程,从而建立起隶属函数。各参评因素的分级及其相应的专家赋值和隶属度如表 5-7 所示。

表 5-7 参评因素的分级及其分值

| 参评因素 | 分级及分值 | | | | | | | |
|---|---|---|---|---|---|---|---|---|
| 地貌类型 | 分级 | 缓平坡地 | 湖沼平原 | 岗地 | 洼地 | 滨海平地 | | |
| | 分值 | 100 | 89 | 80 | 78 | 70 | | |
| | 隶属度 | 1 | 0.89 | 0.8 | 0.78 | 0.7 | | |
| 灌溉保证率 | 分级 | 80 | 70 | 60 | 50 | 30 | 10 | 0 |
| | 分值 | 100 | 90 | 80 | 65 | 40 | 10 | 0 |
| | 隶属度 | 1.00 | 0.90 | 0.80 | 0.65 | 0.40 | 0.10 | 0.00 |
| 矿化度 | 分级 | <0.5 | 0.5～2 | 2～5 | >5 | | | |
| | 分值 | 100 | 90 | 65 | 40 | | | |
| | 隶属度 | 1.00 | 0.90 | 0.65 | 0.40 | | | |

续表

| 参评因素 | | 分级及分值 | | | | | | | | | | | |
|---|---|---|---|---|---|---|---|---|---|---|---|---|---|
| 有机质 | 分级 | 2.0 | 1.8 | 1.6 | 1.4 | 1.2 | 1.0 | 0.8 | 0.6 | | | | |
| | 分值 | 100 | 98 | 95 | 90 | 84 | 78 | 65 | 50 | | | | |
| | 隶属度 | 1.00 | 0.98 | 0.95 | 0.90 | 0.84 | 0.78 | 0.65 | 0.50 | | | | |
| 有效磷 | 分级 | 400 | 300 | 200 | 110 | 80 | 60 | 40 | 30 | 20 | 15 | 10 | 5 |
| | 分值 | 70 | 80 | 90 | 100 | 98 | 96 | 92 | 90 | 85 | 80 | 60 | 40 |
| | 隶属度 | 0.70 | 0.80 | 0.90 | 1.00 | 0.98 | 0.96 | 0.92 | 0.90 | 0.85 | 0.80 | 0.60 | 0.40 |
| 速效钾 | 分级 | 400 | 320 | 240 | 160 | 120 | 100 | 80 | 60 | | | | |
| | 分值 | 100 | 98 | 93 | 85 | 82 | 78 | 70 | 50 | | | | |
| | 隶属度 | 1.00 | 0.98 | 0.93 | 0.85 | 0.82 | 0.78 | 0.70 | 0.50 | | | | |
| 有效锌 | 分级 | 2.0 | 1.5 | 1.2 | 1.0 | 0.8 | 0.5 | 0.3 | | | | | |
| | 分值 | 100 | 92 | 87 | 85 | 80 | 70 | 55 | | | | | |
| | 隶属度 | 1.00 | 0.92 | 0.87 | 0.85 | 0.80 | 0.70 | 0.55 | | | | | |
| 有效硼 | 分级 | 1.8 | 1.5 | 1.2 | 1.0 | 0.8 | 0.5 | 0.2 | | | | | |
| | 分值 | 100 | 95 | 87 | 85 | 80 | 70 | 55 | | | | | |
| | 隶属度 | 1.00 | 0.95 | 0.87 | 0.85 | 0.80 | 0.70 | 0.55 | | | | | |
| 耕层质地 | 分级 | 中壤 | 轻壤 | 重壤 | 沙壤 | 沙土 | | | | | | | |
| | 分值 | 100 | 95 | 80 | 70 | 55 | | | | | | | |
| | 隶属度 | 1.00 | 0.95 | 0.80 | 0.70 | 0.55 | | | | | | | |
| 土体构型 | 分级 | 壤均质 | 壤质黏心 | 黏质壤心 | 沙质壤心 | 黏均质 | 沙质黏心 | 壤质沙心 | 黏质沙心 | 沙均质 | | | |
| | 分值 | 100 | 90 | 87 | 80 | 77 | 70 | 65 | 63 | 58 | | | |
| | 隶属度 | 1.00 | 0.90 | 0.87 | 0.80 | 0.77 | 0.70 | 0.65 | 0.63 | 0.58 | | | |
| 盐渍化 | 分级 | 无 | 轻度 | 中度 | 重度 | 盐土 | | | | | | | |
| | 分值 | 100 | 85 | 70 | 50 | 30 | | | | | | | |
| | 隶属度 | 1.00 | 0.85 | 0.70 | 0.50 | 0.30 | | | | | | | |

通过模拟共得到正直线型、戒上型、戒下型三种类型的隶属函数，其中有效磷属于以上两种或两种以上的复合型隶属函数，地貌类型、质地等描述性的因素属于直线型隶属函数，然后根据隶属函数计算各参评因素的单因素评价评语。以有机质为例绘制的散点图和模拟曲线如图 5-7 和 5-8 所示。

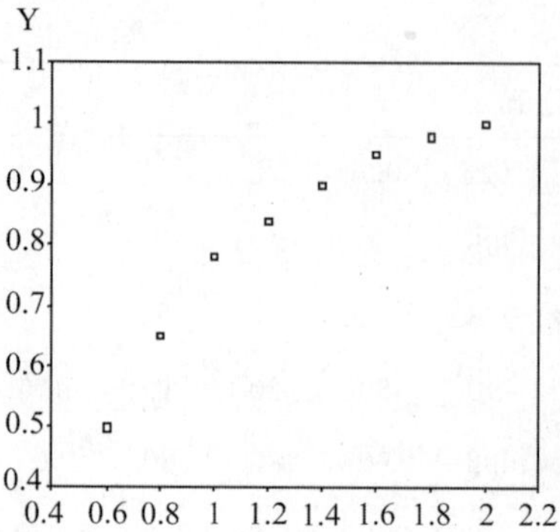


图 5-7 有机质与隶属度关系散点图

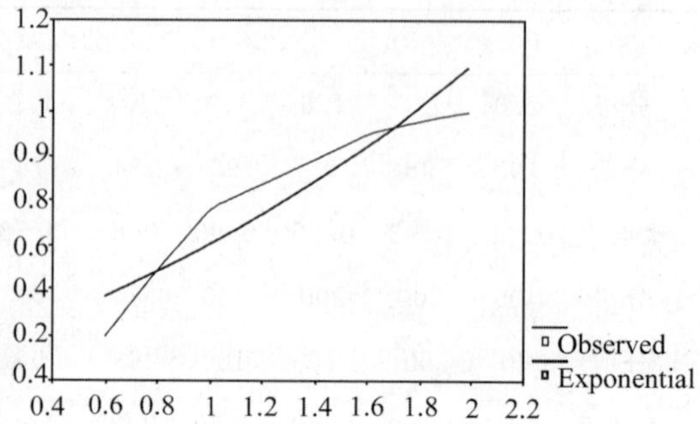


图 5-8 有机质与隶属度关系曲线

其隶属函数为戒上型，形式为：

$$y=\begin{cases}0 & (x\leqslant x_t)\\ 1/[1+A(x-C)^2] & (x_t<x<C)\\ 1 & (C\leqslant x)\end{cases}$$

各参评因素类型及其隶属函数如表 5-8 所示。

表 5-8 参评因素类型及其隶属函数

| 函数类型 | 参评因素 | 隶属函数 | $A$ | $C$ | $U_t$ |
|---|---|---|---|---|---|
| 戒上型 | 有机质(g/kg) | $y=1/[1+A(x-C)^2]$ | 0.543 | 1.822 | 0.35 |
| 戒上型 | 速效钾(mg/kg) | $y=1/[1+A(x-C)^2]$ | 0.00000760 | 327.836 | 15 |
| 戒上型 $<110$ | 有效磷(mg/kg) | $y=1/[1+A(x-C)^2]$ | 0.0000992 | 80.159 | 3 |
| 戒下型 $>110$ | | | 0.00000742 | 111.967 | 450 |
| 戒上型 | 有效锌(mg/kg) | $y=1/[1+A(x-C)^2]$ | 0.245 | 1.924 | 0.1 |
| 戒上型 | 有效硼(mg/kg) | $y=1/[1+A(x-C)^2]$ | 0.251 | 1.879 | 0.1 |
| 正直线型 | 地貌类型(分值) | $y=Ax$ | 0.01 | 100 | 0 |
| 正直线型 | 剖面构型(分值) | $y=Ax$ | 0.01 | 100 | 0 |
| 正直线型 | 障碍层状况(分值) | $y=Ax$ | 0.01 | 100 | 0 |
| 正直线型 | 耕层质地(分值) | $y=Ax$ | 0.01 | 100 | 0 |
| 正直线型 | 坡度(分值) | $y=Ax$ | 0.01 | 100 | 0 |
| 正直线型 | 灌溉保证率(分值) | $y=Ax$ | 0.01 | 100 | 0 |
| 正直线型 | 有效土层(分值) | $y=Ax$ | 0.01 | 100 | 0 |

## 二、耕地地力等级的确定

### (一)计算耕地地力综合指数

用指数和法来确定耕地的综合指数，公式为：

$$\mathrm{IFI}=\sum F_i\times C_i$$

其中，IFI(Integrated Fertility Index)代表耕地地力综合指数，$F_i$ 代表第 $i$ 个因素评语，$C_i$ 代表第 $i$ 个因素的组合权重。

具体操作过程：在区域耕地资源管理信息系统中，在“专题评价”模块中编辑立地条件、物理性状和化学性状的层次分析模型以及各评价因子的隶属函数模型，然后选择“耕地生产潜力评价”功能进行耕地地力综合指数的计算。

(二)确定最佳的耕地地力等级数目

计算耕地地力综合指数之后，在耕地资源信息管理系统中选择累积曲线分级法进行评价，根据曲线斜率的突变点(拐点)来确定等级的数目和划分综合指数的临界点，将历城区耕地地力共划分为 6 个等级，各等级耕地地力综合指数如表 5-9 所示，综合指数分布如图 5-9 所示。

**表 5-9　　历城区耕地地力等级综合指数**

| IFI | ＞0.95 | 0.91～0.95 | 0.79～0.91 | 0.62～0.79 | 0.47～0.62 | ＜0.47 |
|---|---|---|---|---|---|---|
| 耕地地力等级 | 一级地 | 二级地 | 三级地 | 四级地 | 五级地 | 六级地 |

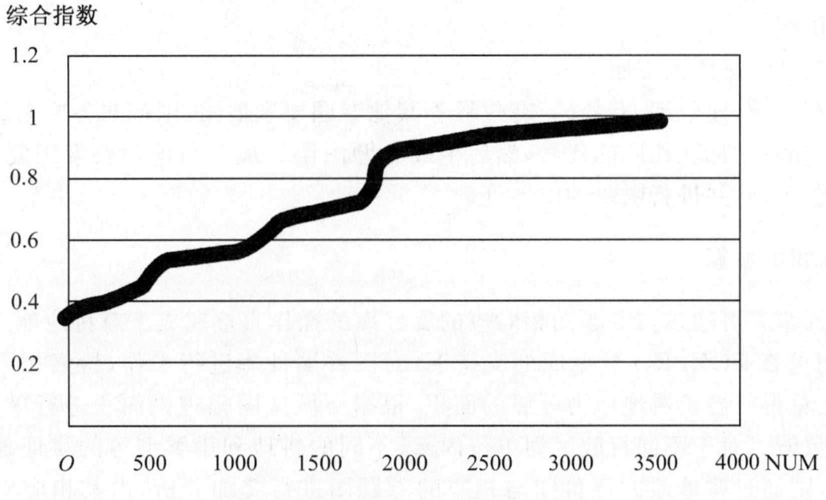


图 5-9　历城区综合指数分布图

## 第六节　成果图编制及面积量算

### 一、图件的编制

为了提高制图的效率和准确性，在地理信息系统软件 MAPGIS 的支持下，进行历城区耕地地力评价图及相关图件的自动编绘处理，其步骤大致分以下几步：扫描矢量化各基础图件→编辑点、线→点、线校正处理→统一坐标系→区编辑并对其赋属性→根据属性赋颜色→根据属性加注记→图幅整饰输出。另外还充分发挥 MAPGIS 强大的空间分析功能，用评价图与其他图件进行叠加，从而生成其他专题图件。如评价图与行政区划图叠加，可计算各行政区划单位内的耕地地力等级面积等。

（一）专题图地理要素底图的编制

专题地图的地理要素内容是专题图的重要组成部分，用于反映专题内容的地理分布，并作为图幅叠加处理等的分析依据。地理要素的选择应与专题内容相协调，考虑图面的负载量和清晰度，应选择基本的、主要的地理要素。

以历城区最新的土地利用现状图为基础，对此图进行了制图综合处理，选取主要的居民点、交通道路、水系、境界线等及其相应的注记，进而编辑生成1∶50000各专题图地理要素底图。

（二）耕地地力评价图的编制

以耕地地力评价单元为基础，根据各单元的耕地地力评价等级结果，对相同等级的相邻评价单元进行归并处理，得到各耕地地力等级图斑。在此基础上，分两个层次进行图面耕地地力等级的表示：一是颜色表示，即赋予不同耕地地力等级以相应的颜色。二是代号表示，用罗马数字Ⅰ、Ⅱ、Ⅲ、Ⅳ、Ⅴ、Ⅵ表示不同的耕地地力等级，并在评价图相应的耕地地力图斑上注明。将评价专题图与以上的地理要素图复合，整饰得出历城区1∶50000耕地地力评价图。

（三）其他专题图的编制

对于有机质、速效钾、有效磷、有效锌等其他专题要素地图，则按照各要素的分级分别赋予相应的颜色、标注相应的代号，然后生成专题图层。最后与地理要素图复合，编辑处理生成专题图件，并进行图幅的整饰处理。

## 二、面积的量算

面积的量算可通过与专题图相对应的属性库的操作直接完成。对耕地地力等级面积的量算，则可在FOXPRO数据库的支持下，对图件属性库进行操作，检索相同等级的面积，然后汇总得出各类耕地地力等级的面积，根据历城区图幅理论面积进行平差，得到准确的面积数值。对于不同行政区划单位内部、不同的耕地利用类型等的耕地地力等级面积的统计，则通过耕地地力评价图与相应的专题图进行叠加分析，由其相应属性库统计获得。

# 第六章　耕地地力分析

本次耕地地力分析，按照农业部耕地质量调查和评价的规程及相关标准，结合当地实际情况，选取了对耕地地力影响较大、区域内变异明显、在时间序列上具有相对稳定性、与农业生产有密切关系的12个因素建立评价指标体系。利用土壤图与土地利用现状图叠加形成评价单元，应用模糊综合评判方法，通过综合分析，将全区耕地共划分为6个等级，根据评价结果进行耕地地力的系统分析。

## 第一节　耕地地力等级及空间分布

### 一、耕地地力等级面积

利用MAPGIS软件，对评价图属性库进行操作，检索统计耕地各等级的面积和图幅总面积。以2008年历城区耕地总面积为基准，按面积比例平差，计算出各耕地地力等级面积。

历城区耕地总面积为32047$hm^2$，其中一级地和二级地占耕地总面积的40.04%；三级地和四级地占耕地总面积的28.38%；五级地和六级地占耕地总面积的31.58%。一级地分布面积最大，占耕地总面积的22.31%。三级地分布面积最小，约占耕地总面积的9.72%(见表6-1)。

表6-1　　历城区耕地地力评价结果面积统计

| 等　级 | 一级地 | 二级地 | 三级地 | 四级地 | 五级地 | 六级地 | 总　计 |
|---|---|---|---|---|---|---|---|
| 面积($hm^2$) | 7149.32 | 5681.74 | 3116.42 | 5980.27 | 5922.35 | 4196.89 | 32047 |
| 百分比(%) | 22.31 | 17.73 | 9.72 | 18.66 | 18.48 | 13.1 | 100 |

### 二、耕地地力空间分布分析

(一)耕地地力等级分布

一级地和二级地主要分布于历城区北部地区，微地貌类型为山前缓平地、黄泛平原、山前倾斜平地、交接洼地。这一区域耕地地力情况较好，农业基础设施均配套成型，测土配方施肥工程也首先在这一区域展开。三级地、四级地分布比较分散，主要集中在历城区北部、中部、西南部一些地区，属于只要加大资金投入，完善基础设施，改善生产条件，产量就能大幅提高的中产田类型，有一定的开发潜力。五级地和六级地主要分布在中部地区和南部山区，这部分耕地有效耕层薄，肥力低，基本无灌溉条件，还有部分未利用土地，属于低产田类型。

从等级的分布地域特征可以看出，等级的高低与地貌类型、土壤类型及海拔高度之间存在着密切的关系，呈现明显的地域分布规律：随着耕地地力等级的提高，地貌类型沿着平原一山前倾斜平地一近山阶地一水平梯田一中低山岭坡方向变化。土壤类型由潮土、潮褐土、淋溶褐土、褐土到褐土性土、棕壤性土向着石渣土、砾质土转化。

（二）耕地地力等级的行政区域划分

将全区耕地地力等级分布图与历城区行政区划图进行叠置分析，从耕地地力等级行政区域分布数据库中，按权属字段检索出各等级的记录，统计出各级地在各镇的分布状况（见表 6-2）。

表 6-2　历城区耕地地力等级行政区域分布

| 镇 | | 一级地 | 二级地 | 三级地 | 四级地 | 五级地 | 六级地 | 合　计 |
|---|---|---|---|---|---|---|---|---|
| 遥墙镇 | 面积（$hm^2$） | 1131.27 | 2109.07 | 988.24 | 0 | 0 | 0 | 4228.57 |
| | 百分比（%） | 26.75 | 49.88 | 23.37 | 0 | 0 | 0 | 100 |
| 唐王镇 | 面积（$hm^2$） | 1544.72 | 1563.04 | 1120.95 | 0 | 0 | 0 | 4228.71 |
| | 百分比（%） | 36.53 | 36.96 | 26.51 | 0 | 0 | 0 | 100 |
| 华山镇 | 面积（$hm^2$） | 1115.92 | 505.24 | 117.62 | 55.19 | 0 | 0 | 1793.97 |
| | 百分比（%） | 62.2 | 28.16 | 6.56 | 3.08 | 0 | 0 | 100 |
| 董家镇 | 面积（$hm^2$） | 2261.13 | 609.74 | 5.66 | 0 | 0 | 0 | 2876.53 |
| | 百分比（%） | 78.61 | 21.2 | 0.2 | 0 | 0 | 0 | 100 |
| 王舍人镇 | 面积（$hm^2$） | 611.92 | 756.61 | 54.02 | 284.73 | 0 | 0 | 1707.29 |
| | 百分比（%） | 35.84 | 44.32 | 3.16 | 16.68 | 0 | 0 | 100 |
| 郭店镇 | 面积（$hm^2$） | 452.77 | 127.51 | 690.44 | 291.21 | 17.89 | 2.84 | 1582.65 |
| | 百分比（%） | 28.61 | 8.06 | 43.63 | 18.4 | 1.13 | 0.18 | 100 |
| 港沟镇 | 面积（$hm^2$） | 0 | 0 | 0 | 2075.17 | 960.72 | 290.14 | 3326.03 |
| | 百分比（%） | 0 | 0 | 0 | 62.39 | 28.88 | 8.72 | 100 |
| 彩石镇 | 面积（$hm^2$） | 0 | 0 | 134.22 | 1245.01 | 899.06 | 301.54 | 2579.82 |
| | 百分比（%） | 0 | 0 | 5.2 | 48.26 | 34.85 | 11.69 | 100 |
| 西营镇 | 面积（$hm^2$） | 0 | 0 | 0 | 36.97 | 553.23 | 293.08 | 883.28 |
| | 百分比（%） | 0 | 0 | 0 | 4.19 | 62.63 | 33.18 | 100 |
| 仲宫镇 | 面积（$hm^2$） | 0 | 10.53 | 5.27 | 1882.53 | 1708.34 | 1380.02 | 4986.68 |
| | 百分比（%） | 0 | 0.21 | 0.11 | 37.75 | 34.26 | 27.67 | 100 |
| 柳埠镇 | 面积（$hm^2$） | 0 | 0 | 0 | 64.15 | 1783.12 | 1929.26 | 3776.53 |
| | 百分比（%） | 0 | 0 | 0 | 1.7 | 47.22 | 51.09 | 100 |

一级地、二级地所占比例较高的镇为遥墙镇、唐王镇、董家镇、华山镇、王舍人镇，三级地、四级地所占比例较高的镇主要为港沟镇、仲宫镇、彩石镇、唐王镇，五级地、六级地所占比例较高的镇有柳埠镇、仲宫镇、港沟镇、彩石镇。

## 第二节　耕地地力等级分述

### 一、一级地

(一)面积与分布

一级地综合评价指数高于 0.95，耕地面积为 7149.32hm$^2$，占全区耕地总面积的 22.31%，为历城区分布最大的一个等级。其中灌溉水田 1132.88hm$^2$，占一级地面积 15.85%；水浇地 4660.97hm$^2$，占一级地面积的 65.19%；旱地 631.21hm$^2$，占一级地面积的 8.83%，菜地 724.25hm$^2$，占一级地面积的 10.13%(见表 6-3)。

一级地主要分布于董家镇、唐王镇、遥墙镇、华山镇、王舍人镇、郭店镇等镇，港沟镇、彩石镇、西营镇、仲宫镇、柳埠镇境内没有一级地分布。

**表 6-3　　一级地各利用类型面积**

| 利用类型 | 评价单元(个) | 面积(hm$^2$) | 占耕地总面积(%) | 占一级地面积(%) |
|---|---|---|---|---|
| 灌溉水田 | 116 | 1132.88 | 3.54 | 15.85 |
| 水浇地 | 570 | 4660.97 | 14.54 | 65.19 |
| 旱地 | 110 | 631.21 | 1.97 | 8.83 |
| 菜地 | 132 | 724.25 | 2.26 | 10.13 |
| 合计 | 928 | 7149.32 | 22.31 | 100 |

(二)主要属性分析

一级地土壤类型以潮土、褐土为主。土壤表层质地为轻壤和中壤，土体构型以轻壤均质、中壤均质、轻壤黏腰为主，无明显障碍层次。微地貌类型以山前缓平地、黄泛平原为主，坡度为 0°～3°，土壤理化性状良好，可耕性强。农田水利设施较为完善，灌排条件好，灌溉保证率均达到 100%。土壤养分含量较高(见表 6-4)。小麦单产为 6750kg/hm$^2$，玉米单产为 7875kg/hm$^2$。

(三)存在问题

一是农业投入增加不明显。二是施肥、用药种类与比例不合理，缺乏针对性，盲目性较大。三是有机质含量的提升不够明显，主要是在有机肥的积造和施用上出现了问题：①有机肥施用面积越来越小。根据全区农户调查得知，全区农田施用有机肥面积仅为 31.2%。②施用量逐年下降。调查发现，过去每个农户每年积攒三圈农家肥料，现在每户三年积攒不到一圈肥。因而施肥量较过去下降了 60%以上，有机肥用量平均只有 850kg/667m$^2$。

表 6-4　　一级地主要养分含量

| 项　目 | 有机质(g/kg) | 速效钾(mg/kg) | 有效硼(mg/kg) | 有效锌(mg/kg) | 有效磷(mg/kg) | 缓效钾(mg/kg) |
|---|---|---|---|---|---|---|
| 平均值 | 18.8 | 197 | 0.67 | 2 | 52.3 | 730 |
| 范围值 | 12～34 | 86～355 | 0.2～2.2 | 0.69～5.95 | 12.4～135.1 | 512～1213 |
| 含量水平 | 中偏上 | 中偏上 | 中偏上 | 中偏上 | 中偏上 | 中偏上 |

| 项　目 | 碱解氮(mg/kg) | 有效锰(mg/kg) | 有效铜(mg/kg) | pH | 有效钼(mg/kg) | 有效硫(mg/kg) |
|---|---|---|---|---|---|---|
| 平均值 | 95 | 15.55 | 1.84 | 7.8(众数) | 0.22 | 56.6 |
| 范围值 | 53～134 | 7.92～22.69 | 0.93～7.08 | 7.5～8.2 | 0.08～0.47 | 28.4～103.4 |
| 含量水平 | 中偏上 | 中等 | 偏上 | | 中偏上 | 中偏上 |

| 项　目 | 有效硅(mg/kg) | 全氮(g/kg) | 交换性镁(mg/kg) | 交换性钙(mg/kg) | 有效铁(mg/kg) |
|---|---|---|---|---|---|
| 平均值 | 207.87 | 1.23 | 289 | 3613 | 12.35 |
| 范围值 | 96.46～320.14 | 0.83～1.77 | 111～865 | 1259～5884 | 6.24～36 |
| 含量水平 | 中偏上 | 中偏上 | 中等 | 中等 | 中偏上 |

(四)合理利用

一级地是全区综合性能最好的耕地，各项评价指标均属良好型。土层厚，排灌性好，易于耕作，养分含量高，保肥、保水，适于各种作物生长，是历城区的丰产耕地。利用方向是发展高产、优质、高效农业，如无公害蔬菜基地、日光温室、反季节瓜果栽培等。为此，应搞好以下工作：

(1)农业部门应结合科技入户、配方施肥等工程，加大宣传力度，转变观念，提高认识，加大农业投入，提升农业综合生产能力。

(2)增施有机肥，实施秸秆还田，增加土壤有机质含量；继续实施测土配方施肥项目，防止土壤污染，适量补施微肥，提高耕地质量。

(3)加大检测力度，确保农业灌溉、施肥、用药安全，搞好无公害生产。

根据历城区都市农业建设、结构调整等规划，找准利用方向，严格控制建设用地，加强保护，做到用地养地、可持续利用。

## 二、二级地

(一)面积与分布

二级地综合评价指数为 0.91～0.95，耕地面积为 5681.74hm$^2$，占全区耕地总面积的

17.73%。其中灌溉水田 1630.49hm²，占二级地面积的 28.7%；水浇地 3527.44hm²，占二级地面积的 62.08%；旱地 246.53hm²，占二级地面积的 4.34%；菜地 277.24hm²，仅占二级地面积的 4.88%(见表 6-5)。

表 6-5　　二级地各利用类型面积

| 利用类型 | 评价单元(个) | 面积(hm²) | 占耕地总面积(%) | 占二级地面积(%) |
|---|---|---|---|---|
| 灌溉水田 | 160 | 1630.49 | 5.09 | 28.7 |
| 水浇地 | 392 | 3527.44 | 11.01 | 62.08 |
| 旱地 | 41 | 246.53 | 0.77 | 4.34 |
| 菜地 | 55 | 277.27 | 0.87 | 4.88 |
| 合计 | 648 | 5681.74 | 17.74 | 100 |

二级耕地主要分布在遥墙镇、唐王镇、王舍人镇，其中以遥墙镇分布面积最大，为 2109.45hm²，占该镇耕地面积的 49.88%，占二级地的 64.23%，董家镇、华山镇、郭店镇、仲宫镇有少量或零星分布，港沟镇、彩石镇、西营镇、柳埠镇境内没有二级地分布。

(二)主要属性分析

二级地土壤类型以潮褐土、潮土为主，兼有少量水稻土和砂姜黑土。土壤表层质地主要是轻壤和中壤，土体构型以轻壤均质、轻壤质黏心为主，有少量轻壤质黏腰。微地貌类型以交接洼地、山前缓平地、黄泛平原为主。坡度为 0.2°～3°，土壤理化性状良好，可耕性较强。农田水利设施较为完善，灌排条件良好，灌溉保证率达到 100%。部分土壤养分含量比较低(见表 6-6)。小麦单产为 6000kg/hm²，玉米单产为 7125kg/hm²。

表 6-6　　二级地主要养分含量

| 项　目 | 有机质(g/kg) | 速效钾(mg/kg) | 有效硼(mg/kg) | 有效锌(mg/kg) | 有效磷(mg/kg) | 缓效钾(mg/kg) |
|---|---|---|---|---|---|---|
| 平均值 | 17.6 | 165 | 0.62 | 1.98 | 38 | 723 |
| 范围值 | 8～31.1 | 80～333 | 0.32～1.95 | 0.67～5.88 | 7.4～179.3 | 508～1066 |
| 含量水平 | 中偏上 | 中偏上 | 中等 | 中偏上 | 中等 | 中等 |

| 项　目 | 碱解氮(mg/kg) | 有效锰(mg/kg) | 有效铜(mg/kg) | pH | 有效钼(mg/kg) | 有效硫(mg/kg) |
|---|---|---|---|---|---|---|
| 平均值 | 92 | 15.03 | 2.06 | 7.79(众数) | 0.21 | 53.8 |
| 范围值 | 61～146 | 8.2～23.36 | 0.85～5.3 | 7.3～8.2 | 0.05～0.43 | 12.4～98.5 |
| 含量水平 | 中偏上 | 中等 | 偏上 | | 中偏上 | 中等 |

| 项　目 | 有效硅(mg/kg) | 全氮(g/kg) | 交换性镁(mg/kg) | 交换性钙(mg/kg) | 有效铁(mg/kg) |
|---|---|---|---|---|---|
| 平均值 | 210.79 | 1.23 | 243 | 3657 | 13.59 |
| 范围值 | 90.1～342.76 | 0.7～1.83 | 115～916 | 1110～6260 | 5.55～50.97 |
| 含量水平 | 中等 | 中偏上 | 中等 | 中等 | 中偏上 |

(三)存在问题

一是该类型有些地区属全区经济较发达地区，人们历来较注重二、三产业，农业投入比例明显低于二、三产业投入；二是建设用地数量逐渐增多，耕地面积有所缩小；三是由于经济发达，工矿企业较多，点源污染程度有所加重；四是部分地块属于沿黄地块，改造难度较大。

(四)合理利用

增施有机肥料，实行秸秆直接还田或过腹还田，不断培肥地力。采取深耕等措施，破除犁底层，改良土壤质地和构型，以利于作物根系伸展。同时与农田基础建设相结合，大力推广节水灌溉技术，扩大灌溉面积。在坚持因地制宜的基础上，着重补施微肥。

## 三、三级地

(一)面积与分布

三级地综合评价指数为 0.79～0.91，耕地面积为 3116.42hm²，占全区耕地总面积的 9.72%，为历城区分布最小的一个等级。其中灌溉水田 99.53hm²，占三级地面积的 3.19%；水浇地 2413.49hm²，占三级地面积的 77.44%；旱地 331.57hm²，占三级地面积的 10.64%；菜地 271.83hm²，占三级地面积的 8.73%(见表 6-7)。

表 6-7　　三级地各利用类型面积

| 利用类型 | 评价单元(个) | 面积(hm²) | 占耕地总面积(%) | 占三级地面积(%) |
|---|---|---|---|---|
| 灌溉水田 | 9 | 99.53 | 0.31 | 3.19 |
| 水浇地 | 244 | 2413.49 | 7.53 | 77.44 |
| 旱地 | 77 | 331.57 | 1.03 | 10.64 |
| 菜地 | 35 | 271.83 | 0.85 | 8.73 |
| 合计 | 365 | 3116.42 | 9.72 | 100 |

三级地主要分布在唐王镇、遥墙镇、郭店镇，其中以唐王镇分布面积最大，为 1120.95hm²，占该镇耕地面积的 26.51%，占三级地的 40.4%。彩石镇、华山镇、王舍人镇、董家镇、仲宫镇等有少量或零星分布，港沟镇、西营镇、柳埠镇境内没有三级地分布。

(二)主要属性分析

三级地土壤类型以潮土为主，兼有少量褐土。土壤表层质地主要是轻壤和中壤，土体构型以轻壤均质、中壤均质、中壤黏心、中壤黏腰为主。微地貌类型主要是黄泛平原、山前倾斜平地、交接洼地，坡度为 0.2°～7°。灌溉保证率在 50%以上。土壤养分除有效磷含量偏低外，相对比较理想(见表 6-8)。小麦单产为 5250kg/hm²，玉米单产为 6000kg/hm²。

(三)存在问题

一是三级地土壤属性大部分是盐化潮土。二是部分属于平原向山区过渡的等级类型，各种属性介于两者之间，部分耕地灌溉条件受一定限制；耕地大平小不平，地块微有倾斜；耕地养分普遍低于平均水平，灌溉水平参差不平。

表 6-8　　三级地主要养分含量

| 项　目 | 有机质 (g/kg) | 速效钾 (mg/kg) | 有效硼 (mg/kg) | 有效锌 (mg/kg) | 有效磷 (mg/kg) | 缓效钾 (mg/kg) |
|---|---|---|---|---|---|---|
| 平均值 | 16.6 | 160 | 0.58 | 1.69 | 34.3 | 790 |
| 范围值 | 9.4～25.8 | 53～360 | 0.35～1.12 | 0.7～3.01 | 5.7～165.2 | 518～1279 |
| 含量水平 | 中偏上 | 中偏上 | 中等 | 中偏上 | 中等 | 中等 |
| 项　目 | 碱解氮 (mg/kg) | 有效锰 (mg/kg) | 有效铜 (mg/kg) | pH | 有效钼 (mg/kg) | 有效硫 (mg/kg) |
| 平均值 | 86 | 13.64 | 1.53 | 7.8(众数) | 0.22 | 51.3 |
| 范围值 | 53～143 | 6.82～21.76 | 0.86～3.52 | 7.4～8 | 0.12～0.4 | 13.4～102.8 |
| 含量水平 | 中等 | 中偏上 | 中偏上 |  | 中偏上 | 中等 |
| 项　目 | 有效硅 (mg/kg) | 全氮 (g/kg) | 交换性镁 (mg/kg) | 交换性钙 (mg/kg) | 有效铁 (mg/kg) |  |
| 平均值 | 199.13 | 1.08 | 304 | 3554 | 9.73 |  |
| 范围值 | 112.38～324.87 | 0.57～1.75 | 112～718 | 458～6300 | 5.09～30.19 |  |
| 含量水平 | 中等 | 中等 | 中等 | 中等 | 中等 |  |

(四)合理利用

一是大力搞好农田基本建设,维护和建设水利设施,大力推广节水灌溉,提高灌溉保证率;二是平田整地,深翻改土,加深耕层厚度,改善土壤物理性状;三是加大增施有机肥和微肥;四是合理灌溉,井灌与河灌并举,保持合理的地下水位。

### 四、四级地

(一)面积与分布

四级地综合评价指数为 0.62～0.79,耕地面积为 5980.27hm$^2$,占全区耕地总面积的 18.66%。其中灌溉水田 18.93hm$^2$,占四级地面积的 0.32%;水浇地 723.67hm$^2$,占四级地面积的 12.1%;旱地 4950.14hm$^2$,占四级地面积的 82.77%;菜地 287.54hm$^2$,占四级地面积的 4.81%(见表 6-9)。

表 6-9　　四级地各利用类型面积

| 利用类型 | 评价单元(个) | 面积($hm^2$) | 占耕地总面积(%) | 占四级地面积(%) |
|---|---|---|---|---|
| 灌溉水田 | 3 | 18.93 | 0.06 | 0.32 |
| 水浇地 | 119 | 723.67 | 2.26 | 12.1 |
| 旱地 | 472 | 4950.14 | 15.45 | 82.77 |
| 菜地 | 59 | 287.54 | 0.9 | 4.81 |
| 合计 | 653 | 5980.27 | 18.67 | 100 |

四级地主要分布在港沟镇、仲宫镇、彩石镇，其中以港沟镇分布面积最大，为2075.17$hm^2$，占该镇耕地面积的62.39%，占四级地面积的31.35%。郭店镇、王舍人镇、柳埠镇、华山镇、西营镇有少量或零星分布，遥墙镇、唐王镇、董家镇境内没有四级地分布。

(二)主要属性分析

四级地土壤类型以褐土、褐土性土为主。土壤表层质地主要是轻壤和中壤，土体构型为轻壤均质、中壤均质、中壤黏心、中壤黏腰，耕层中含有砾石等明显障碍性层次。微地貌类型以青石丘陵、山前缓平地、山前倾斜平地为主，有少量倾斜平地。地形坡度为0.2°～10°。少部分地区灌溉保证率能达到50%。土壤养分含量普遍偏低(见表6-10)。小麦单产为4500kg/$hm^2$，玉米单产为5250kg/$hm^2$。

表 6-10　　四级地主要养分含量

| 项　目 | 有机质(g/kg) | 速效钾(mg/kg) | 有效硼(mg/kg) | 有效锌(mg/kg) | 有效磷(mg/kg) | 缓效钾(mg/kg) |
|---|---|---|---|---|---|---|
| 平均值 | 17.5 | 188 | 0.6 | 1.88 | 42.1 | 895 |
| 范围值 | 11.1～34.8 | 64～328 | 0.27～1.36 | 0.66～5.87 | 11.4～192.3 | 534～1307 |
| 含量水平 | 中偏上 | 中偏上 | 中等 | 中等 | 中等 | 中偏上 |

| 项　目 | 碱解氮(mg/kg) | 有效锰(mg/kg) | 有效铜(mg/kg) | pH | 有效钼(mg/kg) | 有效硫(mg/kg) |
|---|---|---|---|---|---|---|
| 平均值 | 98 | 13.3 | 1.75 | 7.8(众数) | 0.19 | 27.3 |
| 范围值 | 56～157 | 7.48～30.38 | 0.8～7.64 | 6.2～8.1 | 0.08～0.43 | 8.9～83.7 |
| 含量水平 | 中等 | 中等 | 中偏上 |  | 中等 | 偏下 |

| 项　目 | 有效硅(mg/kg) | 全氮(g/kg) | 交换性镁(mg/kg) | 交换性钙(mg/kg) | 有效铁(mg/kg) |
|---|---|---|---|---|---|
| 平均值 | 213.22 | 1.22 | 316 | 3758 | 9.21 |
| 范围值 | 103.09～347.5 | 0.72～2.37 | 88～823 | 448～7959 | 4.56～31.72 |
| 含量水平 | 中等 | 中偏上 | 中等 | 中等 | 中等 |

(三)存在问题

该级地耕层中部分存在障碍性层次，砾石较多，阻碍作物的正常发育；地形坡度较大，不宜种植作物，容易引起水土流失等地质灾害；农田水利设施不完善，灌溉条件较差；养分含量偏低，对作物生长不利。

（四）改良利用

修筑梯田，平整土地，增施有机肥，改善土壤环境；调整种植业结构，大力发展旱作农业，利用山区环境好、无污染的特点，引导鼓励农民发展果品生产；进一步兴修农田水利，提高雨水利用率；增施磷肥、钾肥和微肥，改善土壤养分状况。向生产专用优质商品粮油方向发展，生产绿色无公害农产品。

## 五、五级地

（一）面积与分布

五级地综合评价指数为0.47～0.62，耕地面积为5922.35hm$^2$，占全区耕地总面积的18.48%。其中水浇地244.28hm$^2$，占五级地面积的4.12%；旱地5674.02hm$^2$，占五级地面积的95.81%；菜地4.06hm$^2$，仅占五级地面积的0.07%（见表6-11）。

**表6-11　五级地各利用类型面积**

| 利用类型 | 评价单元（个） | 面积（hm$^2$） | 占耕地总面积（%） | 占五级地面积（%） |
|---|---|---|---|---|
| 水浇地 | 54 | 244.28 | 0.76 | 4.12 |
| 旱地 | 656 | 5674.02 | 17.71 | 95.81 |
| 菜地 | 1 | 4.06 | 0.01 | 0.07 |
| 合计 | 711 | 5922.35 | 18.48 | 100 |

五级地主要分布在柳埠镇、仲宫镇、港沟镇、彩石镇、西营镇，其中以柳埠镇分布面积最大，为1783.12hm$^2$，占该镇耕地面积的47.22%，占五级地的19.8%。郭店镇有少量或零星分布，遥墙镇、唐王镇、华山镇、董家镇、王舍人镇境内没有五级地分布。

（二）主要属性分析

五级地土壤类型以褐土为主，包含少量的棕壤土。土壤表层质地以轻壤、中壤和沙壤为主。土体构型以中壤均质、薄层为主，有少量中壤黏心。耕层中含有砾石、石渣土等明显障碍性层次。微地貌类型以青石山、砂石山、青山丘陵为主，有少量山前倾斜平地。地形坡度为3°～25°。全部地区为无灌溉区。土壤养分含量偏低（见表6-12）。小麦单产为3750kg/hm$^2$，玉米单产为5250kg/hm$^2$。

（三）改良利用

近年来，这部分耕地一直是历城区中低产田改造的重点。该级地主要分布在山丘地区的荒山岭和坡麓梯田上，耕层中存在障碍性层次，地形坡度较大，不宜大面积开发整理成耕地，应根据实际情况发展林果业，种植葡萄、苹果、板栗等果品。同时加大荒山治理力度，综合整治山水林田路。

利用方向是整修梯田，营造水土保持林，提高综合控制水土的能力；因土制宜地调整农业种植结构，发展耐旱耐土壤贫瘠作物；发展经济林，实行多种经营，增加收入。

表 6-12　　五级地主要养分含量

| 项　目 | 有机质(g/kg) | 速效钾(mg/kg) | 有效硼(mg/kg) | 有效锌(mg/kg) | 有效磷(mg/kg) | 缓效钾(mg/kg) |
|---|---|---|---|---|---|---|
| 平均值 | 17.7 | 176 | 0.6 | 1.74 | 35.8 | 817 |
| 范围值 | 9.1～33.4 | 58～374 | 0.2～1.87 | 0.68～5.23 | 5.2～163.1 | 424～1228 |
| 含量水平 | 中偏上 | 中等 | 中等 | 中等 | 中等 | 中等 |

| 项　目 | 碱解氮(mg/kg) | 有效锰(mg/kg) | 有效铜(mg/kg) | pH | 有效钼(mg/kg) | 有效硫(mg/kg) |
|---|---|---|---|---|---|---|
| 平均值 | 99 | 16.61 | 2.01 | 7.7(众数) | 0.21 | 25.9 |
| 范围值 | 54～151 | 7.68～34.29 | 0.78～8.46 | 5.4～8.2 | 0.07～0.44 | 5.6～80.9 |
| 含量水平 | 中等 | 中等 | 偏上 | | 中等 | 偏下 |

| 项　目 | 有效硅(mg/kg) | 全氮(g/kg) | 交换性镁(mg/kg) | 交换性钙(mg/kg) | 有效铁(mg/kg) | |
|---|---|---|---|---|---|---|
| 平均值 | 246.68 | 1.25 | 273 | 2933 | 13.8 | |
| 范围值 | 97.03～370.56 | 0.65～1.94 | 91～986 | 375～8372 | 3.13～33.79 | |
| 含量水平 | 中等 | 中等 | 中等 | 中等 | 中等 | |

## 六、六级地

### (一)面积与分布

六级地综合评价指数低于0.47，耕地面积为4196.89hm²，占全区耕地总面积的13.1%。其中旱地4153.01hm²，占六级地面积的98.95%；水浇地43.89hm²，仅占六级地面积的1.05%(见表6-13)。

表 6-13　　六级地各利用类型面积

| 利用类型 | 评价单元(个) | 面积(hm²) | 占耕地总面积(%) | 占六级地面积(%) |
|---|---|---|---|---|
| 水浇地 | 8 | 43.89 | 0.14 | 1.05 |
| 旱地 | 519 | 4153.01 | 12.96 | 98.95 |
| 合计 | 527 | 4196.89 | 13.1 | 100 |

六级地主要分布在柳埠镇、仲宫镇，其中以柳埠镇分布面积最大，为1929.26hm²，占该镇耕地面积的51.09%，占六级地的24.08%。彩石镇、西营镇、港沟镇、郭店镇有少量或零星分布，遥墙镇、唐王镇、华山镇、董家镇、王舍人镇境内没有六级地分布。

(二)主要属性分析

六级地土壤类型大部分为褐土性土和棕壤土。土壤表层质地以轻壤、沙壤、中壤为主,有少量沙土。土体构型为薄层或中层。耕层中含有砾石、石渣土等明显障碍性层次。微地貌类型以青石山、沙石山为主,有少量青石丘陵。地形坡度大于10°。灌溉保证水平低,全部为无灌溉区。土壤养分含量较低(见表6-14)。小麦单产为2250kg/hm²,玉米单产为3000kg/hm²。

表6-14 六级地主要养分含量

| 项目 | 有机质(g/kg) | 速效钾(mg/kg) | 有效硼(mg/kg) | 有效锌(mg/kg) | 有效磷(mg/kg) | 缓效钾(mg/kg) |
|---|---|---|---|---|---|---|
| 平均值 | 17.6 | 158 | 0.56 | 1.7 | 29.5 | 778 |
| 范围值 | 9.5～28.5 | 54～315 | 0.16～1.77 | 0.67～4.89 | 7.6～160.7 | 432～1224 |
| 含量水平 | 中偏上 | 中等 | 中等 | 中等 | 中等 | 中等 |
| 项目 | 碱解氮(mg/kg) | 有效锰(mg/kg) | 有效铜(mg/kg) | pH | 有效钼(mg/kg) | 有效硫(mg/kg) |
| 平均值 | 96 | 16.91 | 2.09 | 7.6(众数) | 0.21 | 26.3 |
| 范围值 | 57～140 | 8.21～33.58 | 0.78～7.42 | 6～8.1 | 0.08～0.44 | 5.5～70 |
| 含量水平 | 中等 | 中等 | 偏上 |  | 中等 | 偏下 |
| 项目 | 有效硅(mg/kg) | 全氮(g/kg) | 交换性镁(mg/kg) | 交换性钙(mg/kg) | 有效铁(mg/kg) |  |
| 平均值 | 241.14 | 1.23 | 262 | 2603 | 15.36 |  |
| 范围值 | 121.62～362.45 | 0.72～1.99 | 97～926 | 460～8105 | 6～35.77 |  |
| 含量水平 | 中等 | 中等 | 中偏下 | 中偏下 | 中偏上 |  |

(三)改良利用

六级地土壤物理条件较差,大部分存在石渣土、马牙砂等障碍性层次,较大的地形坡度使得灌溉水平较低,大部分只能靠天吃饭,不宜种植大田作物。改良利用上应重点因地制宜地充分利用山沟自然条件,修筑塘坝,大力开辟水源,克服干旱威胁,增施有机肥和微肥。

利用方向是调整种植业结构,适当发展经济林、用材林,实行多种经营,同时可起到改善土壤环境条件、防止水土流失、保护自然植被的作用。

## 第三节 耕地地力等级的符合性验证

### 一、耕地地力等级的符合验证方法

在每个地力等级的范围内选取 2 个镇，每个镇选 2 个村各 10 户种植户进行实地调查，通过不同等级耕地的环境条件、理化属性、管理水平、产量差来验证评价的准确性。

### 二、耕地地力等级符合验证实施

评价结束后，历城区派出 3 个小组在 6 个土壤地力等级范围内共选取 24 个村进行了为期一周的实地调查。一级地选取唐王镇颜家村、唐西村，董家镇东杨村、季家寨村。二级地选取唐王镇大徐村、小徐村，遥墙镇大辛村、鸭旺口村。三级地选取唐王镇娄家村、韩官村，遥墙镇幸福村、范家村。四级地选取港沟镇章锦村、色峪村，彩石镇杏峪村、西丝峪村。五级地选取仲宫镇东泉泸村、北井村，西营镇黄鹿泉村、大南营村。六级地选取仲宫镇北邱村、高家庄村，柳埠镇金牛村、川道村。通过对农户进行详细的了解调查，基本摸清了 6 个等级的环境条件、理化属性、管理水平和产量水平。在与评价内容进行认真核对的同时，主要以产量水平结果进行验证。

### 三、耕地地力等级的符合验证结果

由表 6-15 的结果可知，耕地地力评价结果基本符合历城区实际的土壤地力状况。

表 6-15 符合验证结果汇总表

| 地力等级 | | | 调查结果 | | | | 验证结果 |
|---|---|---|---|---|---|---|---|
| | | | 唐王镇 | | 董家镇 | | |
| | | | 颜家村 | 唐西村 | 东杨村 | 季家寨村 | |
| 一 | 调查产量 | 小麦 | 6900 | 6900 | 6750 | 6825 | 基本符合 |
| | (kg/ hm$^2$) | 玉米 | 8250 | 8250 | 8250 | 7875 | |
| | 常年产量 | 小麦 | 6750 | | | | |
| | (kg/ hm$^2$) | 玉米 | 7875 | | | | |
| | | | 唐王镇 | | 遥墙镇 | | |
| | | | 大徐村 | 小徐村 | 大辛村 | 鸭旺口村 | |
| 二 | 调查产量 | 小麦 | 6750 | 6375 | 6000 | 6225 | 基本符合 |
| | (kg/ hm$^2$) | 玉米 | 7500 | 7500 | 6750 | 7125 | |
| | 常年产量 | 小麦 | 6000 | | | | |
| | (kg/ hm$^2$) | 玉米 | 7125 | | | | |

续表

<table>
<tr><th>地力等级</th><th colspan="2"></th><th colspan="4">调查结果</th><th>验证结果</th></tr>
<tr><td rowspan="6">三</td><td colspan="2"></td><td colspan="2">唐王镇</td><td colspan="2">遥墙镇</td><td rowspan="6">基本符合</td></tr>
<tr><td colspan="2"></td><td>娄家村</td><td>韩官村</td><td>幸福村</td><td>范家村</td></tr>
<tr><td>调查产量</td><td>小麦</td><td>5625</td><td>5250</td><td>4875</td><td>5250</td></tr>
<tr><td>(kg/ hm$^2$)</td><td>玉米</td><td>6375</td><td>6000</td><td>5625</td><td>6000</td></tr>
<tr><td>常年产量</td><td>小麦</td><td colspan="4">5250</td></tr>
<tr><td>(kg/ hm$^2$)</td><td>玉米</td><td colspan="4">6000</td></tr>
<tr><td rowspan="6">四</td><td colspan="2"></td><td colspan="2">港沟镇</td><td colspan="2">彩石镇</td><td rowspan="6">基本符合</td></tr>
<tr><td colspan="2"></td><td>章锦村</td><td>色峪村</td><td>杏峪村</td><td>西丝峪村</td></tr>
<tr><td>调查产量</td><td>小麦</td><td>4500</td><td>3750</td><td>4125</td><td>3750</td></tr>
<tr><td>(kg/ hm$^2$)</td><td>玉米</td><td>4875</td><td>4500</td><td>4500</td><td>4500</td></tr>
<tr><td>常年产量</td><td>小麦</td><td colspan="4">4500</td></tr>
<tr><td>(kg/ hm$^2$)</td><td>玉米</td><td colspan="4">5250</td></tr>
<tr><td rowspan="6">五</td><td colspan="2"></td><td colspan="2">仲宫镇</td><td colspan="2">西营镇</td><td rowspan="6">基本符合</td></tr>
<tr><td colspan="2"></td><td>东泉泸村</td><td>北井村</td><td>黄鹿泉村</td><td>大南营村</td></tr>
<tr><td>调查产量</td><td>小麦</td><td>3750</td><td>3375</td><td>4125</td><td>4125</td></tr>
<tr><td>(kg/ hm$^2$)</td><td>玉米</td><td>4875</td><td>4500</td><td>4500</td><td>4875</td></tr>
<tr><td>常年产量</td><td>小麦</td><td colspan="4">3750</td></tr>
<tr><td>(kg/ hm$^2$)</td><td>玉米</td><td colspan="4">5250</td></tr>
<tr><td rowspan="6">六</td><td colspan="2"></td><td colspan="2">仲宫镇</td><td colspan="2">柳埠镇</td><td rowspan="6">基本符合</td></tr>
<tr><td colspan="2"></td><td>北邱村</td><td>高家庄村</td><td>金牛村</td><td>川道村</td></tr>
<tr><td>调查产量</td><td>小麦</td><td>2250</td><td>2625</td><td>1875</td><td>2250</td></tr>
<tr><td>(kg/ hm$^2$)</td><td>玉米</td><td>3225</td><td>3000</td><td>2812.5</td><td>3000</td></tr>
<tr><td>常年产量</td><td>小麦</td><td colspan="4">2250</td></tr>
<tr><td>(kg/ hm$^2$)</td><td>玉米</td><td colspan="4">3000</td></tr>
</table>

# 第七章 历城区耕地资源管理信息系统建设

## 第一节 基本内容

### 一、项目来源及目的意义

历城区耕地资源管理信息系统数据库建设工作，是农业部沃土工程“科学施用化肥”即测土配方施肥工作的重要组成部分，是国家实现农业科学种田，促进粮食稳定生产，实现农业科学施肥经常化、普及化的重要工作，是实现农业耕地地力评价成果资料统一化、标准化的重要计划，是实现综合农业信息资料共享的技术手段。历城区耕地资源信息系统数据库建设工作是对最新的土地利用现状调查成果，第二次土壤普查的土壤、地貌等，以及本次耕地地力评价工作中采集的土壤化学分析成果进行汇总，建立一个集空间数据库和属性数据库的存储、管理、查询、分析、显示为一体的数据库，为科学种田及施肥、农业的可持续发展、深化农业科学管理工作服务。

### 二、建库单位组成

为加快历城区耕地地力评价及耕地资源管理信息系统数据库建设，依据农业部县域耕地资源管理信息系统数据库建设要求，由多年来一直从事农业测土施肥管理与研究、耕地地力评价、数据库建设等有一定经验的单位组成联合工作组。

山东省土壤肥料总站：负责耕地地力评价及建库工作组织、协调、标准制定、土壤图成果资料的归属核查处理等。

山东农业大学资源与环境学院：负责耕地地力评价图、土壤化学微量元素系列图及研究报告编制等。

山东天地亚太国土遥感有限公司：负责土地、土壤、坡度、地貌、灌溉分区等图件扫描矢量化及几何校正处理等编图工作，耕地地力评价所有建库资料统一化、标准化处理，空间数据库和属性数据库建设，耕地地力评价成果图件修改编辑及图件输出，数据库建设报告编制等工作。

### 三、建库工作的软硬件环境

(一)主要硬件

计算机 10 台，HP5000 和 HP3500 绘图仪各一台。

(二)软　件

MAPGIS 6.7 软件 10 套,ARCGIS 9.2 软件 2 套,县域耕地资源管理信息系统软件 2 套,ENVI 4.5 遥感图像处理与分析软件 1 套。

## 第二节　建库内容及建库工作中主要问题的处理

### 一、建库内容

依据农业部耕地地力评价数据库建设的要求,历城区耕地资源管理信息系统数据库包括空间数据库和属性数据库两部分内容。属性数据库依据县域耕地资源管理信息系统数据字典、建库县提供的有关资料、山东省第二次土壤普查土种归属表及土壤分类代码编制。空间数据库包括土地利用现状图、土壤图、坡度图、灌溉分区图、地貌图、耕地地力调查点点位图、耕地地力评价等级图、土壤化学微量元素系列图等。

### 二、建库工作中的主要问题

历城区耕地资源管理信息系统数据库建设工作由于涉及的内容多,加之部分资料为第二次土壤普查的资料,与县域耕地资源管理信息系统数据字典的要求对比存在以下问题:

(1)第二次土壤普查的土壤、地貌等成果均为纸介质图,因图纸折叠和自然伸缩的影响,图件变形大,形成较大的误差。

(2)土地利用现状图为 2008 年以前的现状,近年来交通用地和蔬菜地出现较大的变化。

(3)历城区土壤图中的土种名称与山东省土种归属要求不一致。

(4)历城区的地貌图为微地貌图,与县域耕地资源管理信息系统数据字典中地貌划分的名称不能一一对应。

(5)已有资料坐标系不统一问题,如第二次土壤普查图件为 1954 年北京坐标系,土地利用现状图或行政区划图为 1980 年西安坐标系。

(6)已有成果资料专业内容和地名注释错漏。

(7)没有统一的土壤分类与代码。

### 三、建库工作中有关问题的处理

(1)依据 1∶50000 标准分幅地形图,对所有建库的纸介质成果图全部进行几何校正处理,以消除纸介质成果图的误差。

(2)依据较新的航天卫星资料,对近年来变化的公路、铁路等进行修改补充。

(3)为使历城区土种的名称与省归属要求相对应,在耕地资源管理信息系统数据库建设前,首先对土壤图中所有图斑内容进行了检查统计,对错漏注释及边界问题交项目区进行修改补充及编制土种归属表,最后由省土肥站进行土种归属复查处理。为方便县域土壤图的利用和对比,建库后的图中仍保留了原县域土壤图的土种代号,编制了省标、县土壤名称及代码对比表。属性挂接为县域土种代码。

(4)由于县域耕地资源管理信息系统数据字典中划分的地貌名称少，其地貌名称不能一一对应，在建库时尽量选择与数据字典中相近的地貌名称进行编码。为方便地貌图的利用和对比，在地貌图中保留了原地貌图的名称和代码，图例中增加了建库数据字典中规定的地貌名称、代码与县原地貌名称、代码的对比表，属性挂接为数据字典中规定的地貌名称和代码。

(5)对已有资料坐标系不统一问题，依据数据库建设要求，所有成果全部统一到高斯一克吕格投影，6 度分带，1954 年北京坐标系中。

(6)对已有成果资料专业内容和地名注释错漏问题，全部打印成图件和文字交项目县进行全面检查和补充，依据项目县的检查稿逐条进行修改。

(7)对没有统一的土壤分类与代码问题，编制了全省统一的土类、亚类、土属代码及县域土种代码。

由于 20 世纪 80 年代山东省第二次土壤普查汇总时没有制定全省统一的县域土壤代码，无法满足目前全国开展的耕地地力评价及县域耕地资源管理信息系统建库工作统一化、标准化和科学实施测土施肥的需要。为了满足其建库和科学施肥工作的需要，依据县域耕地资源管理信息系统数据字典中土壤类型代码要求及山东省第二次土壤普查土种归属的要求，以满足本次建库工作的需要为基础，编制了山东省第二次土壤普查分类的土类、亚类、土属、土种的代码。其中土类、亚类、土属的代码以山东省第二次土壤普查土种归属表为准，土种代码以每个县级为单元，按土种的顺序编制。

分类原则与方法：本次编码工作以山东省第二次土壤普查土种归属的要求为基础，以科学性、完整性、统一化、标准化、可扩展性等为原则，在山东省第二次土壤普查土种归属分类单元中仅对土类、亚类 、土属的三个层级进行编码。土种编码在每个县域为独立的单元编码。

代码结构与编码方法：代码结构，采用四个层次的编码方法对山东省第二次土壤普查县域成果进行编码，其代码结构为土类、亚类、土属、土种四个层次。编码方法，土类代码用第一层两位，用阿拉伯数字表示(每一个土类用两位阿拉伯数字表示，从“01”开始)。亚类代码用第二层两位阿拉伯数字表示，从“01”开始。土属代码用第三层两位阿拉伯数字表示，从“01”开始。土种代码用第四层两位阿拉伯数字表示，按每个县域的土种顺序从“01”开始。

山东省第二次土壤普查土种归属表中未列内容处理：裸岩在山东省第二次土壤普查土种归属表中未列其内容，但是山丘区的部分县土壤图中出现了裸岩图斑，由于中国土壤分类与代码国标中也没有裸岩内容，本次编码不分裸岩岩石类型，相当于增加一个土壤类型处理(土类、亚类 、土属、土种)。

# 第三节　数据库标准化

## 一、标准引用

县域耕地资源管理信息系统数据字典中规定的国标及行业有关技术标准为：

(1)GB/T　2260—2002　《中华人民共和国行政区划代码》
(2)NY/T　309—1996　《全国耕地类型区、耕地地力等级划分标准》
(3)NY/T　310—1996　《全国中低产田类型划分与改良技术规范》
(4)GB/T　17296—2000　《中国土壤分类与代码》
(5)全国农业区划委员会　《土地利用现状调查技术规程》
(6)国土资源部　《土地利用现状变更调查技术规程》
(7)GB/T　13989—1992　《国家基本比例尺地形图分幅与编号》
(8)GB/T　13923—1992　《国土基础信息数据分类与代码》
(9)GB/T　17798—1999　《地球空间数据交换格式》
(10)GB/T　3100—1993　《国际单位制及其应用》
(11)GB/T　16831—1997　《地理点位置的纬度、经度和高程的标准表示方法》
(12)GB/T　10113—2003　《分类与编码通用术语》
(13)GB/T　10114—2003　《县级以下行政区划代码编制规则》
(14)GB/T　9648—1988　《国际单位制代码》
(15)农业部　《全国耕地地力调查与评价技术规程》
(16)农业部　《测土配方施肥技术规范(试行)》(2008 年)
(17)农业部　《测土配方施肥专家咨询系统编制规范(试行)》
(18)山东省县域土种归属标准
(19)山东省县域耕地地力评价标准
(20)山东省第二次土壤普查土种归属及代码等

## 二、空间坐标系及建库平台

(一)空间数据坐标系

投影：高斯—克吕格，6 度分带。1954 年北京坐标系，1956 年黄海高程系。比例尺：1∶50000。

(二)数据库采集模板和数据库文件格式

为使所有建库资料达到统一化和标准化，以及满足所有成果图件的输出和耕地资源地力评价工作的需要，对建库资料的扫描矢量化和几何校正处理工作均采用 MAPGIS 平台，数据库的文件格式为 MAPGIS 的点、线、面文件。待数据库成果评审验收和修改后，将 MAPGIS 的点、线、面格式转换为 shape 格式，由 ARCGIS 平台进行数据库规范化处理，最后将数据库资料导入县域耕地资源管理信息系统。

# 第四节　数据库结构

## 一、空间数据库图层划分

空间数据库图层划分是严格按照县域耕地资源管理信息系统数据字典要求分层的，每层只反映属性相同的内容。历城区耕地资源信息系统数据库建设包括土地利用现状图、第二次土壤普查成果和耕地地力评价等三部分内容，其全省空间数据库图层划分情况如表 7-1 所示。

表 7-1　耕地资源管理信息系统空间数据库分层表

| 序号 | 图层代码 | 图层名称 | 序号 | 图层代码 | 图层名称 |
|---|---|---|---|---|---|
| 1 | AD101 | 行政区划图 | 18 | SP103 | 耕层土壤有效磷等值线图 |
| 2 | AD102 | 县乡村位置图 | 19 | SP104 | 耕层土壤速效钾等值线图 |
| 3 | AD103 | 行政界线图 | 20 | SP105 | 耕层土壤缓效钾等值线图 |
| 4 | AD201 | 辖区边界图 | 21 | SP106 | 耕层土壤有效锌等值线图 |
| 5 | AD202 | 装饰边界图 | 22 | SP108 | 耕层土壤有效钼等值线图 |
| 6 | GE103 | 面状水系图 | 23 | SP109 | 耕层土壤有效铜等值线图 |
| 7 | GE104 | 线状水系图 | 24 | SP110 | 耕层土壤有效硅等值线图 |
| 8 | GE105 | 道路图 | 25 | SP111 | 耕层土壤有效锰等值线图 |
| 9 | GE201 | 坡度图 | 26 | SP112 | 耕层土壤有效铁等值线图 |
| 10 | GE203 | 地貌类型分区图 | 27 | SP201 | 耕层土壤 pH 等值线图 |
| 11 | LM102 | 灌溉分区图 | 28 | SP113 | 耕层土壤交换性钙等值线图 |
| 12 | LU101 | 土地利用现状图 | 29 | SP114 | 耕层土壤交换性镁等值线图 |
| 13 | SB101 | 土壤图 | 30 |  | 耕层土壤有效硫等值线图 |
| 14 | SB203 | 地下水矿化度等值线图 | 31 |  | 耕层土壤水解性氮等值线图 |
| 15 | SB302 | 耕地地力调查点点位图 | 32 |  | 耕地地力评价等级图 |
| 16 | SP101 | 耕层土壤有机质等值线图 | 33 |  | 耕层土壤有效硼等值线图 |
| 17 | SP102 | 耕层土壤全氮等值线图 |  |  |  |

注：本表为山东省统一的分层情况，历城区为部分图件。

## 二、属性数据库结构

属性数据结构内容严格按县域耕地资源管理信息系统数据字典及建库县提供的资料编制。属性数据库结构如表 7-2 所示。

表 7-2　　耕地资源管理信息系统属性数据库结构表

| 图　名 | 属　性　数　据　结　构 | 字段类型 |
|---|---|---|
| 行政区划图 | 内部标识码:系统内部 ID 号 | 长整型,9 |
| | 实体类型:point,polyline,polygon | 文本型,8 |
| | 实体面积:系统内部自带 | 双精度,19,2 |
| | 实体长度:系统内部自带 | 长整型,10 |
| | 县内行政码:根据国家统计局"统计上使用的县以下行政区划代码编制规则"编制 | 长整型,6 |
| 县乡村位置图 | 内部标识码:系统内部 ID 号 | 长整型,9 |
| | 实体类型:point,polyline,polygon | 文本型,8 |
| | $X$ 坐标:无,$Y$ 坐标:无 | 双精度,19,2 |
| | 县内行政码:根据国家统计局"统计上使用的县以下行政区划代码编制规则"编制 | 长整型,6 |
| | 标注类型:村标注,乡标注,县标注 | 字符串,6 |
| 行政界线图 | 内部标识码:系统内部 ID 号 | 长整型,9 |
| | 实体类型:point,polyline,polygon | 文本型,8 |
| | 实体长度:系统内部自带 | 长整型,10 |
| | 界线类型:根据国家基础信息标准填写 | 文本型,40 |
| 辖区边界图 | 内部标识码:系统内部 ID 号 | 长整型,9 |
| | 实体类型:point,polyline,polygon | 文本型,8 |
| | 实体面积:系统内部自带 | 双精度,19,2 |
| | 实体长度:系统内部自带 | 长整型,10 |
| | 要素代码:依据《国家基础地理信息数据分类与代码》编制要素代码 | 长整型,5 |
| | 要素名称:依据《国家基础地理信息数据分类与代码》编制要素名称 | 文本型,40 |
| | 行政单位名称:单位的实际名称填写 | 文本型,20 |
| 装饰边界图 | 内部标识码:系统内部 ID 号 | 长整型,9 |
| 面状水系图 | 内部标识码:系统内部 ID 号 | 长整型,9 |
| | 实体类型:point,polyline,polygon | 文本型,8 |
| | 实体面积:系统内部自带 | 双精度,19,2 |
| | 实体长度:系统内部自带 | 长整型,10 |
| | 要素代码:依据《国家基础地理信息数据分类与代码》编制要素代码 | 长整型,5 |
| | 要素名称:依据《国家基础地理信息数据分类与代码》编制要素名称 | 文本型,40 |
| | 面状水系码:自定义编码 | 字符串,5 |
| | 面状水系名称:依据 2006 年 10 月版山东省地图册编制 | 字符串,20 |
| | 湖泊储水量:依据 1∶50000 地形图 | 字符串,8 |

续表

| 图　名 | 属 性 数 据 结 构 | 字段类型 |
| --- | --- | --- |
| 线状水系图 | 内部标识码:系统内部 ID 号 | 文本型,8 |
| | 实体类型:point,polyline,polygon | 长整型,10 |
| | 实体长度:系统内部自带 | 长整型,5 |
| | 要素代码:依据《国家基础地理信息数据分类与代码》编制要素代码 | 文本型,40 |
| | 要素名称:依据《国家基础地理信息数据分类与代码》编制要素名称 | 长整型,9 |
| | 线状水系码:自定义编码 | 长整型,4 |
| | 线状水系名称:依据 2006 年 10 月版山东省地图册编制 | 文本型,20 |
| | 河流流量:无 | 长整型,6 |
| 道路图 | 内部标识码:系统内部 ID 号 | 长整型,9 |
| | 实体类型:point,polyline,polygon | 文本型,8 |
| | 实体长度:系统内部自带 | 长整型,10 |
| | 要素代码:依据《国家基础地理信息数据分类与代码》编制要素代码 | 长整型,5 |
| | 要素名称:依据《国家基础地理信息数据分类与代码》编制要素名称 | 文本型,40 |
| | 公路代码:根据国家标准《公路路线命名编号和编码规则命名和编号规则》编制 | 文本型,11 |
| | 公路名称:根据国家标准《公路路线命名编号和编码规则命名和编号规则》编制 | 文本型 20 |
| 地貌类型分区图 | 内部标识码:系统内部 ID 号 | 长整型,9 |
| | 实体类型:point,polyline,polygon | 文本型,8 |
| | 实体面积:系统内部自带 | 双精度,19,2 |
| | 实体长度:系统内部自带 | 长整型,10 |
| | 地貌类型:数据引用自"中国科学院生物多样性委员会地貌类型代码库"(四类码) | 文本型,18 |
| 灌溉分区图 | 内部标识码:系统内部 ID 号 | 长整型,9 |
| | 实体类型:point,polyline,polygon | 文本型,8 |
| | 实体面积:系统内部自带 | 双精度,19,2 |
| | 实体长度:系统内部自带 | 长整型,10 |
| | 灌溉水源:县局提供数据 | 文本型,10 |
| | 灌溉水质:无 | 文本型,4 |
| | 灌溉方法:县局提供数据 | 文本型,18 |
| | 年灌溉次数:县局提供数据 | 文本型,2 |
| | 灌溉条件:无 | 文本型,4 |
| | 灌溉保证率:无 | 长整型,3 |
| | 灌溉模数:无 | 双精度,5,2 |
| | 抗旱能力:无 | 长整型,3 |

续表

| 图　名 | 属　性　数　据　结　构 | 字段类型 |
|---|---|---|
| 土地利用现状图 | 内部标识码:系统内部 ID 号 | 长整型,9 |
| | 实体类型:point,polyline,polygon | 文本型,8 |
| | 实体面积:系统内部自带 | 双精度,19,2 |
| | 实体长度:系统内部自带 | 长整型,10 |
| | 地类号:国土资源部发布的《全国土地分类》三级类编码 | 长整型,3 |
| | 平差面积:无 | 双精度,7,2 |
| 土壤图 | 内部标识码:系统内部 ID 号 | 长整型,9 |
| | 实体类型:point,polyline,polygon | 文本型,8 |
| | 实体面积:系统内部自带 | 双精度,19,2 |
| | 实体长度:系统内部自带 | 长整型,10 |
| | 土壤省标码:土壤类型省及县分类系统编码 | 长整型,8 |
| 地下水矿化度等值线图 | 内部标识码:系统内部 ID 号 | 长整型,9 |
| | 实体类型:point,polyline,polygon | 文本型,8 |
| | 实体长度:系统内部自带 | 长整型,10 |
| | 地下水矿化度:依据县级矿化度图实际数据填写 | 双精度,5,1 |
| 耕地地力调查点点位图 | 内部标识码:系统内部 ID 号 | 长整型,9 |
| | 实体类型:point,polyline,polygon | 文本型,8 |
| | X 坐标:北京 54 坐标系 | 双精度,19,2 |
| | Y 坐标:北京 54 坐标系 | 双精度,19,2 |
| | 点县内编号 AP310102:自定义编号 | 长整型,8 |
| 行政区基本情况数据表 | 县内行政码 SH110102:根据国家统计局"统计上使用的县以下行政区划代码编制规则"编制 | 长整型,6 |
| | 省名称:山东省 | 字符串,6 |
| | 县名称:××市,××区,××县 | 字符串,8 |
| | 乡名称:××乡,××镇,××街道 | 字符串,18 |
| | 村名称:××村,××委员会 | 字符串,18 |
| | 行政单位名称:××市,××区,××县,××乡,××镇,××街道, | 字符串 20 |
| | ××村,××委员会 | 字符串 7 |
| | 总人口:无 | 字符串 7 |
| | 农业人口:无 | 字符串 7 |
| | 非农业人口:无 | 双精度,11,2 |
| | 国民生产总值 GNP:无 | 字符串,20 |
| 县级行政区划代码表 | 行政单位名称:××市,××区,××县,××乡××镇××街道××村××委员会 | 长整型,6 |
| | 县内行政码 SH110102:根据国家统计局"统计上使用的县以下行政区划代码编制规则"编制 | 长整型 9 |

续表

| 图　名 | 属 性 数 据 结 构 | 字段类型 |
| --- | --- | --- |
| 土地利用现状地块数据表 | 内部标识码:系统内部 ID 号 | 长整型 9 |
| | 地类号:国土资源部发布的《全国土地分类》三级类编码 | 字符串,3 |
| | 地类名称:国土资源部发布的《全国土地分类》三级类名称 | 字符串,20 |
| | 计算面积:无 | 双精度,7,2 |
| | 地类面积:无 | 双精度,7,2 |
| | 平差面积:无 | 双精度,7,2 |
| | 报告日期:无 | 日期型,10 |
| 土壤类型代码表 | 土壤省标码:土壤类型省标分类系统编码 | 字符串,8 |
| | 土壤省标名:土壤类型省标分类系统名称 | 字符串,20 |
| 耕地地力调查点基本情况及化验结果数据表 | 灌溉水源:县提供数据 | 字符串,10 |
| | 灌溉方法:县提供数据 | 字符串,18 |
| | 调查点国内统一编号:自定义编号 | 字符串,14 |
| | 调查点县内编号:自定义编号 | 字符串,8 |
| | 调查点自定义编号 AP310103:自定义编号 | 字符串,40 |
| | 调查点类型:耕地地力调查点 | 字符串,20 |
| | 户主联系电话:区号一本地电话号码 | 字符串,13 |
| | 调查人联系电话:区号一本地电话号码 | 字符串,13 |
| 耕地地力调查点基本情况及化验结果数据表 | 调查人姓名:×××× | 字符串,8 |
| | 调查日期:采集当天日期 | 日期型,10 |
| | ≥0℃积温:无 | 字符串,5 |
| | ≥10℃积温:无 | 字符串,5 |
| | 年降水量:县提供数据 | 字符串,4 |
| | 全年日照时数:无 | 字符串,4 |
| | 光能辐射总量:无 | 字符串,4 |
| | 无霜期:县提供数据 | 字符串,3 |
| | 干燥度 CW210107:无 | 双精度,4,2 |
| | 东经:县提供数据 | 双精度,9,5 |
| | 北纬:县提供数据 | 双精度,8,5 |
| | 坡度:地形坡度海拔:海拔高度 | 双精度,6,1 |
| | 坡向:缺少数据 | 双精度,4,1 |
| | 地形部位:数据引用自《全国耕地类型区、耕地地力等级划分》和《全国中低产田类型划分与改良技术规范》 | 字符串,4 |
| | 田面坡度:依据田面实际坡度 | 字符串,50 |
| | 灌溉保证率:无 | 双精度,4,1 |
| | 排涝能力:无 | 字符串,3 |
| | 梯田类型:无 | 字符串,2 |
| | 梯田熟化年限:无 | 字符串,10 |
| | 保护块面积:无 | 字符串,3 |

续表

| 图　名 | 属性数据结构 | 字段类型 |
|---|---|---|
| 耕地地力调查点基本情况及化验结果数据表 | 土壤侵蚀类型:无 | 双精度,7,2 |
| | 土壤侵蚀程度:无明显侵蚀,轻度侵蚀 | 字符串,8 |
| | 污染源企业名称:无 | 字符串,20 |
| | 污染源企业地址:无 | 字符串,50 |
| | 液体污染物排放量:无 | 字符串,50 |
| | 粉尘污染物排放量:无 | 双精度,6,1 |
| | 污染面积 LE220105:无 | 双精度,6,1 |
| | 污染物类型:无 | 双精度,9,2 |
| | 污染范围:无 | 字符串,20 |
| | 污染造成的损害:无 | 字符串,40 |
| | 距污染源距离:无 | 字符串,30 |
| | 污染物形态:无 | 字符串,5 |
| | 污染造成的经济损失:无 | 字符串,4 |
| | 省名称:山东省 | 字符串,9 |
| | 县名称:××市,××区,××县 | 字符串,8 |
| | 乡名称:××乡,××镇,××街道 | 字符串,18 |
| | 村名称:××村,××委员会 | 字符串,18 |
| | 户主姓名 | 字符串,8 |
| | 土壤类型代码(国标):根据县提供数据填写 | 字符串,8 |
| | 土类名称(县级):县提供数据 | 字符串,20 |
| | 亚类名称(县级):县提供数据 | 字符串,20 |
| | 土属名称(县级):县提供数据 | 字符串,20 |
| | 土种名称(县级):县提供数据 | 字符串,20 |
| | 剖面构型:土层符号代码表、土层后缀符号代码表、剖面构型数据编码表是根据《中国土种志》整理 | 字符串,8 |
| | 质地构型:无 | 字符串,2 |
| | 耕层厚度:县提供数据 | 字符串,10 |
| | 障碍层类型:无 | 字符串,3 |
| | 障碍层出现位置:无 | 字符串,3 |
| | 障碍层厚度:无 | 字符串,30 |
| | 成土母质:数据引用于《土壤调查与制图》(第二版),农业出版社 | 字符串,6 |
| | 质地:中壤土,重壤土,沙壤土 | 双精度,4,2 |
| | 容重:县提供数据 | 字符串,2 |
| | 田间持水量:县提供数据 | 双精度,4,1 |
| | pH:依据土壤化学分析 pH 耕地地力等级评价成果填写 | 双精度,4,1 |
| | CEC:依据土壤化学分析 CEC 值耕地地力等级评价成果填写 | 双精度,5,1 |
| | 有机质:依据土壤化学分析有机质值耕地地力等级评价成果填写 | 双精度,6,3 |
| | 全氮:依据土壤化学分析全氮值耕地地力等级评价成果填写 | 字符串,5 |
| | 全磷:依据土壤化学分析全磷值耕地地力等级评价成果填写 | 双精度,5,1 |

续表

| 图 名 | 属 性 数 据 结 构 | 字段类型 |
| --- | --- | --- |
| 耕地地力调查点基本情况及化验结果数据表 | 有效磷:依据土壤化学分析有效磷值耕地地力等级评价成果填写 | 字符串,4 |
| | 缓效钾:依据土壤化学分析缓效钾值耕地地力等级评价成果填写 | 字符串,3 |
| | 速效钾:依据土壤化学分析速效钾值耕地地力等级评价成果填写 | 双精度,5,2 |
| | 有效锌:依据土壤化学分析有效锌值耕地地力等级评价成果填写 | 双精度,4,2 |
| | 水溶态硼:依据土壤化学分析水溶态硼值耕地地力等级评价成果填写 | 双精度,6,2 |
| | 有效硅:依据土壤化学分析有效硅值耕地地力等级评价成果填写 | 双精度,4,2 |
| | 有效钼:依据土壤化学分析有效钼值耕地地力等级评价成果填写 | 双精度,5,2 |
| | 有效铜:依据土壤化学分析有效铜值耕地地力等级评价成果填写 | 双精度,5,1 |
| | 有效锰:依据土壤化学分析有效锰值耕地地力等级评价成果填写 | 双精度,6,1 |
| | 有效铁:依据土壤化学分析有效铁值耕地地力等级评价成果填写 | 双精度,6,1 |
| | 交换性钙:依据土壤化学分析交换性钙值耕地地力等级评价成果填写 | 双精度,5,1 |
| | 交换性镁:依据土壤化学分析交换性镁值耕地地力等级评价成果填写 | 双精度,5,1 |
| | 有效硫:依据土壤化学分析有效硫值耕地地力等级评价成果填写 | 双精度,5,1 |
| | 盐化类型:无 | 字符串,20 |
| | 1m 土层含盐量:无 | 双精度,5,1 |
| | 耕层土壤含盐量:无 | 双精度,5,1 |
| | 水解性氮:依据土壤化学分析水解性氮值耕地地力等级评价成果填写 | 双精度,5,3 |
| | 旱季地下水位:无 | 字符串,3 |
| | 采样深度:县提供数据 | 字符串,7 |
| 耕层土壤有机质等值线图 | 内部标识码:系统内部 ID 号 | 长整型,9 |
| | 实体类型:point,polyline,polygon | 文本型,10 |
| | 实体长度:系统内部自带 | 长整型,10 |
| | 有机质:依据土壤化学分析有机质值耕地地力等级评价成果填写 | 双精度,5,1 |
| 耕层土壤全氮等值线图 | 内部标识码:系统内部 ID 号 | 长整型,9 |
| | 实体类型:point,polyline,polygon | 文本型,10 |
| | 实体长度:系统内部自带 | 长整型,10 |
| | 全氮:依据土壤化学分析全氮值耕地地力等级评价成果填写 | 双精度,4,2 |
| 耕层土壤有效磷等值线图 | 内部标识码:系统内部 ID 号 | 长整型,9 |
| | 实体类型:point,polyline,polygon | 文本型,10 |
| | 实体长度:系统内部自带 | 长整型,10 |
| | 有效磷:依据土壤化学分析有效磷值耕地地力等级评价成果填写 | 双精度,5,1 |
| 耕层土壤速效钾等值线图 | 内部标识码:系统内部 ID 号 | 长整型,9 |
| | 实体类型:point,polyline,polygon | 文本型,10 |
| | 实体长度:系统内部自带 | 长整型,10 |
| | 速效钾:依据土壤化学分析速效钾值耕地地力等级评价成果填写 | 长整型,3 |

续表

| 图　名 | 属性数据结构 | 字段类型 |
|---|---|---|
| 耕层土壤缓效钾等值线图 | 内部标识码:系统内部 ID 号 | 长整型,9 |
| | 实体类型:point,polyline,polygon | 文本型,10 |
| | 实体长度:系统内部自带 | 长整型,10 |
| | 缓效钾:依据土壤化学分析缓效钾值耕地地力等级评价成果填写 | 长整型,4 |
| 耕层土壤有效锌等值线图 | 内部标识码:系统内部 ID 号 | 长整型,9 |
| | 实体类型:point,polyline,polygon | 文本型,10 |
| | 实体长度:系统内部自带 | 长整型,10 |
| | 有效锌:依据土壤化学分析有效锌值耕地地力等级评价成果填写 | 双精度,5,2 |
| 耕层土壤有效钼等值线图 | 内部标识码:系统内部 ID 号 | 长整型,9 |
| | 实体类型:point,polyline,polygon | 文本型,10 |
| | 实体长度:系统内部自带 | 长整型,10 |
| | 有效钼:依据土壤化学分析有效钼值耕地地力等级评价成果填写 | 双精度,4,2 |
| 耕层土壤有效铜等值线图 | 内部标识码:系统内部 ID 号 | 长整型,9 |
| | 实体类型:point,polyline,polygon | 文本型,10 |
| | 实体长度:系统内部自带 | 长整型,10 |
| | 有效铜:依据土壤化学分析有效铜值耕地地力等级评价成果填写 | 双精度,5,2 |
| 耕层土壤有效硅等值线图 | 内部标识码:系统内部 ID 号 | 长整型,9 |
| | 实体类型:point,polyline,polygon | 文本型,10 |
| | 实体长度:系统内部自带 | 长整型,10 |
| | 有效硅:依据土壤化学分析有效硅值耕地地力等级评价成果填写 | 双精度,6,2 |
| 耕层土壤有效锰等值线图 | 内部标识码:系统内部 ID 号 | 长整型,9 |
| | 实体类型:point,polyline,polygon | 文本型,10 |
| | 实体长度:系统内部自带 | 长整型,10 |
| | 有效锰:依据土壤化学分析有效锰值耕地地力等级评价成果填写 | 双精度,5,1 |
| 耕层土壤有效铁等值线图 | 内部标识码:系统内部 ID 号 | 长整型,9 |
| | 实体类型:point,polyline,polygon | 文本型,10 |
| | 实体长度:系统内部自带 | 长整型,10 |
| | 有效铁:依据土壤化学分析有效铁值耕地地力等级评价成果填写 | 双精度,5,1 |
| 耕层土壤 pH 等值线图 | 内部标识码:系统内部 ID 号 | 长整型,9 |
| | 实体类型:point,polyline,polygon | 文本型,10 |
| | 实体长度:系统内部自带 | 长整型,10 |
| | pH:依据土壤化学分析 pH 耕地地力等级评价成果填写 | 双精度,4,1 |

续表

| 图　名 | 属　性　数　据　结　构 | 字段类型 |
| --- | --- | --- |
| 耕层土壤交换性钙等值线图 | 内部标识码:系统内部 ID 号 | 长整型,9 |
| | 实体类型:point,polyline,polygon | 文本型,10 |
| | 实体长度:系统内部自带 | 长整型,10 |
| | 交换性钙:依据土壤化学分析交换性钙值耕地地力等级评价成果填写 | 双精度,6,1 |
| 耕层土壤交换性镁等值线图 | 内部标识码:系统内部 ID 号 | 长整型,9 |
| | 实体类型:point,polyline,polygon | 文本型,10 |
| | 实体长度:系统内部自带 | 长整型,10 |
| | 交换性镁:依据土壤化学分析交换性镁值耕地地力等级评价成果填写 | 双精度,5,1 |
| 耕层土壤有效硫等值线图 | 内部标识码:系统内部 ID 号 | 长整型,9 |
| | 实体类型:point,polyline,polygon | 文本型,10 |
| | 实体长度:系统内部自带 | 长整型,10 |
| | 有效硫:依据土壤化学分析有效硫值耕地地力等级评价成果填写 | 双精度,5,1 |
| 耕层土壤水解性氮等值线图 | 内部标识码:系统内部 ID 号 | 长整型,9 |
| | 实体类型:point,polyline,polygon | 文本型,10 |
| | 实体长度:系统内部自带 | 长整型,10 |
| | 水解性氮:依据土壤化学分析水解性氮值耕地地力等级评价成果填写 | 双精度,5,3 |
| 耕地地力评价等级图 | 内部标识码:系统内部 ID 号 | 长整型,9 |
| | 实体类型:point,polyline,polygon | 文本型,10 |
| | 实体面积:系统内部自带 | 双精度,19,2 |
| | 等级(县内):'120' | 文本型,2 |
| 耕层土壤有效硼等值线图 | 内部标识码:系统内部 ID 号 | 长整型,9 |
| | 实体类型:point,polyline,polygon | 文本型,10 |
| | 实体长度:系统内部自带 | 长整型,10 |
| | 有效硼:依据土壤化学分析有效硼值耕地地力等级评价成果填写 | 双精度,4,2 |
| 土壤全盐含量分布图 | 内部标识码:系统内部 ID 号 | 长整型,9 |
| | 实体类型:point,polyline,polygon | 文本型,10 |
| | 实体长度:系统内部自带 | 长整型,10 |
| | 全盐:依据土壤化学分析全盐值耕地地力等级评价成果填写 | 双精度,4,1 |
| 耕层土壤有效镁等值线图 | 内部标识码:系统内部 ID 号 | 长整型,9 |
| | 实体类型:point,polyline,polygon | 文本型,10 |
| | 实体长度:系统内部自带 | 长整型,10 |
| | 有效镁:依据土壤化学分析有效镁值耕地地力等级评价成果填写 | 长整型,2 |
| 耕层土壤有效钙等值线图 | 内部标识码:系统内部 ID 号 | 长整型,9 |
| | 实体类型:point,polyline,polygon | 文本型,10 |
| | 实体长度:系统内部自带 | 长整型,10 |
| | 有效钙:依据土壤化学分析有效钙值耕地地力等级评价成果填写 | 长整型,2 |

## 第五节　建库工作方法

### 一、数据库质量控制

数据库质量涉及三个方面的工作：一要满足耕地地力评价工作的需要，二要满足耕地资源管理信息系统数据库建设的需要，三要满足建库所有成果图件输出的需要。为满足以上三个方面的要求，在数据库建设工作开展前，首先在有关国标、部标和行业标准的基础上，制定了统一的工作平台、工作方法和流程，成果图件图名、图例和色彩编制要求，成果质量检查工作方法。耕地地力评价基础性图件首先在建库单位初步检查后，交项目县进行全面检查和修改补充错漏内容，返回建库单位对所有成果图件安排专人进行全面检查和修改，从而保证了数据库的成果质量。

### 二、建库工作有关规定

为保证建库工作的按时及保质完成，成立了建库项目组。

建库项目组：设立技术负责一人，全面负责建库工作有关规程的学习、日常建库工作安排、工作进度、质量检查、建库数据库资料汇总、MAPGIS 格式建库成果经 ARCGIS 规范化处理、导入县域耕地资源管理信息系统等工作。

质量检查组：安排具有工作经验的人员成立检查组，负责所有建库资料的质量检查及修改工作。

制定建库工作标准：在建库工作前，首先把建库图形子图的大小、线的粗细及线型、面的色彩搭配，图件分层，工作方法和流程下发到每一个建库工作人员手中，统一了建库图形扫描矢量化的技术要求。

最终成果检查：所有成果图待评审验收后，依据专家意见，由建库组和耕地地力评价组依据专家和甲方意见进行成果图和数据库修改补充，最后输出成果图件和导入县域耕地资源管理信息系统。

### 三、建库资料精度及建库工作流程

（一）建库资料精度

为保证建库资料的数学精度，首先形成大于历城区范围的 1∶50000 标准图幅理论图框，拼接形成县域的 1∶50000 理论图框。以 1∶50000 标准分幅地形图为基础，在地形图和县域土地利用现状图上选择同名地物点（主要为农村道路交叉点等）为几何校正点。为保证县域图件的精度，历城区选不少于 30 个几何校正点，每一个几何校正点选择地形图附近的 4 个公里网交叉点，将其校正到县域的理论图框上，形成满足 1∶50000 精度要求的县域地理底图。以该图为基础，将所有建库成果图件校正到县域地理底图上。

（二）建库工作流程

第一步：首先按照建库工作的基本要求对土地利用现状、土壤、灌溉分区、地貌、采样点位等图件进行扫描矢量化和几何校正处理、建库组错漏自查和交甲方进行错漏检查、返回建库组修改及编辑、拓扑检查、属性挂接处理等。第二步：将以上成果交耕地地力评价组进行耕地地力评价工作。第三步：耕地地力评价组将其评价成果资料再返回建库组，由建库组按照县域耕地资源管理信息系统数据库建设要求，对所有建库成果资料进行全面的质量检查及编辑处理、拓扑处理、属性挂接，最后由 MAPGIS－ARCGIS—县域耕地资源管理信息系统及时输出成果图件。

（三）主要空间数据库说明

行政区划图（地理底图）：以土地利用现状图为背景，分别提取乡镇、村庄、主要工矿企业建设用地、主要道路、河流、境界、行政区划等内容。参考地图或 1∶50000 地形图，对主要道路、双线河流等地物进行连接并加注地物注记。依据卫星影像等资料，对近年来增加的主要道路进行更新。

土壤图：依据土壤调查研究报告、土壤志、山东省土壤分类归属标准，编制土种归属对比表和省标与县级对比表图例。在土壤图上保留土壤图原始代码，属性挂接为新编的县域土种代码，可满足各级政府工作的需要。

地貌图：由于地貌图为微地貌图，为满足各级政府使用及建库工作的需要，在地貌图中保留了原地貌代码，其属性尽量对应到数据字典中的名称及代码，在图例中增加了对比表，可满足各项工作的需要。

（四）属性库编制方法

严格按照建库数据字典中的要求及建库单位提供的资料编制各种成果图属性代码。

## 第六节　建库成果

历城区耕地资源管理信息系统数据库建设成果包括农业部规定格式的数据库和 MAPGIS 格式的成果共计 24 幅图，如表 7-3 所示。

表 7-3　　历城区耕地资源管理信息系统数据库建设成果表

| 序号 | 成果图名称 | 备　注 |
|---|---|---|
| 1 | 历城区土地利用现状图 | |
| 2 | 历城区地貌图 | |
| 3 | 历城区土壤图 | |
| 4 | 历城区坡度图 | |
| 5 | 历城区耕地地力调查点点位图 | |
| 6 | 历城区灌溉分区图 | |
| 7 | 历城区土壤 pH 分布图 | |
| 8 | 历城区耕地地力评价等级图 | |
| 9 | 历城区土壤缓效钾含量分布图 | |
| 10 | 历城区土壤碱解氮含量分布图 | |

续表

| 序号 | 成果图名称 | 备　注 |
|---|---|---|
| 11 | 历城区土壤全氮含量分布图 | |
| 12 | 历城区土壤速效钾含量分布图 | |
| 13 | 历城区土壤有机质含量分布图 | |
| 14 | 历城区土壤有效磷含量分布图 | |
| 15 | 历城区土壤有效硫含量分布图 | |
| 16 | 历城区土壤有效锰含量分布图 | |
| 17 | 历城区土壤有效硼含量分布图 | |
| 18 | 历城区土壤有效铁含量分布图 | |
| 19 | 历城区土壤有效铜含量分布图 | |
| 20 | 历城区土壤有效锌含量分布图 | |
| 21 | 历城区土壤有效硅含量分布图 | |
| 22 | 历城区土壤有效钼含量分布图 | |
| 23 | 历城区土壤交换性钙含量分布图 | |
| 24 | 历城区土壤交换性镁含量分布图 | |

历城区耕地资源管理信息系统数据库建设包括空间数据库和属性数据库两部分内容。空间数据库全部是按照县域耕地资源管理信息系统数据字典要求进行的。属性数据库由于部分资料难以收集到(如土地平差面积等),属性数据仅按照县域耕地资源管理信息系统数据字典要求编制了部分内容。还有,如耕地地力评价土壤采样点位图,利用GPS坐标展绘到地理底图上的点与实际点位误差较大,达不到精度要求,所以耕地地力评价土壤调查采样点位图是依据野外采样点位图经扫描矢量化后形成,属性挂接为GPS定位的坐标。

# 第三篇　耕地改良与利用对策

## 第八章　耕地改良利用分区

耕地是农业生产和农业可持续发展的重要基础。耕地维持着作物生产力、影响着环境的质量和动植物甚至人类的健康。自 1979～1985 年第二次土壤普查以来，随着农村经营体制、耕作制度、作物品种、种植结构、产量水平和肥料施用等方面的显著变化，耕地利用状况也发生了明显改变。近年来，虽然对部分耕地实施了地力监测，但至今对区域中低产耕地状况及其障碍因素等缺乏系统性、实用性的调查分析，使耕地利用与改良难以适应新形势下农业生产发展的要求。因此，开展区域耕地地力调查评价，摸清区域中低产耕地状况及其障碍因素，有的放矢地开展中低产耕地的科学改良利用，挖掘区域耕地的生产潜力，对于历城区耕地资源的可持续利用具有十分重要的意义。

### 第一节　耕地改良利用分区原则与分区系统

#### 一、耕地改良利用分区原则

耕地改良利用区划的基本原则：从耕地自然条件出发，主导性、综合性、实用性和可操作性相结合。按照因地制宜、因土适用合理利用和配置耕地资源，充分发挥各类耕地的生产潜力，坚持用地与养地相结合、近期与长远相结合的原则。以土壤组合类型、肥力水平、改良方向和主要改良措施的一致性为主要依据。同时，考虑地貌、气候、水文和生态等条件以及植被类型，参照历史与现状等因素综合考虑进行分区。

#### 二、耕地改良利用分区系统

根据耕地改良利用原则，将影响耕地利用的各类限制因素归纳为耕地自然环境要素、耕地土壤养分要素和耕地土壤物理要素，将全区耕地改良利用划分为 3 个改良利用类型区，即耕地自然环境条件改良利用区、耕地土壤培肥改良利用区、耕地土体整治改良利用区，并分别用大写字母 E、N 和 P 表示。各改良利用类型区内，再根据相应的限制性主导因子，续分为相应的具体改良利用亚类。

## 第二节　耕地改良利用分区方法

### 一、耕地改良利用分区因子

耕地改良利用分区因子是指参与评定改良利用分区类型的耕地诸属性。由于影响的因素很多，根据耕地地力评价要求，遵循主要因素原则、差异性原则、稳定性原则、敏感性原则，进行限制性主导因素的选取。考虑与耕地地力评价中评价因素的一致性、各土壤养分的丰缺状况及其相关要素的变异情况，选取耕地土壤有机质含量、耕地土壤有效磷含量、耕地土壤速效钾含量、耕地土壤有效锌含量和耕地土壤有效硼含量因素作为耕地土壤养分状况的限制性主导因子；选取灌溉保证率、坡度和有效土层厚度作为耕地自然环境状况的限制性主导因子；选取耕层质地条件和土体构型作为耕地土壤物理状况的限制性主导因子。

### 二、耕地改良利用分区标准

依据农业部《全国中低产田类型划分与改良技术规范》，并根据山东省各地区耕地地力评价资料，综合分析目前全省各耕地改良利用因素的现状水平，同时针对影响历城区耕地利用水平的主要因素，邀请具有土壤管理经验的相关专家进行分析，制定了耕地改良利用各主导因子的分区及其耕地改良利用类型的确定标准，具体分级标准如表 8-1 所示。

表 8-1　耕地改良利用主导因子分区标准

| 耕地改良利用区划 | 限制因子 | 代号 | 分区标准 |
| --- | --- | --- | --- |
| 耕地土壤培肥改良利用区(N) | 有机质(o,g/kg) | No | ＜12 |
| | 有效磷(p,mg/kg) | Np | ＜15 |
| | 速效钾(k,mg/kg) | Nk | ＜100 |
| | 有效锌(zn,mg/kg) | Nzn | ＜0.5 |
| | 有效硼(b,mg/kg) | Nb | ＜0.5 |
| 耕地自然环境条件改良利用区(E) | 灌溉保证(i,%) | Ei | 灌溉保障率低于 50% |
| | 坡度(s,度) | Es | ＞10° |
| | 有效土层(d,cm) | Ed | ＜60cm |
| 耕地土体整治改良利用区(P) | 耕层质地(t) | Pt | 沙土、沙壤、粗骨土 |
| | 土体构型(c) | Pc | 土体中有障碍层次 |

### 三、耕地改良利用分区方法

在 GIS 支持下，利用耕地地力评价单元图，根据耕地改良利用各主导因子分区标准在其相应的属性库中进行检索分析，确定各单元相应的耕地改良利用类型，通过图面编辑生成耕地改良利用分区图，并统计各类型面积比例。

# 第三节　耕地改良利用分区专题图的生成

## 一、耕地土壤培肥改良利用分区图的生成

根据耕地土壤养分限制因素分区标准，把历城区耕地有机质分为两类，即有机质改良利用区和有机质非改良利用区，有机质改良利用区用代号 No 标注；同样，有效磷改良利用区用代号 Np 标注，速效钾改良利用区用代号 Nk 标注，有效锌改良利用区用代号 Nzn 标注，有效硼改良利用区用代号 Nb 标注。编辑生成耕地土壤培肥改良利用分区图（见图 8-1）。

图 8-1　耕地土壤培肥改良利用分区图

## 二、耕地自然环境条件改良利用分区图的生成

根据耕地自然环境条件限制因素分区标准进行历城区耕地改良利用分区。灌溉保证条件分为灌溉保证条件改良利用区和灌溉保证条件非改良利用区，改良利用区用代号 Ei 标注；坡度条件分为坡度条件改良利用区和坡度条件非改良利用区，坡度条件改良利用区用代号 Es 标注；有效土层厚度分为有效土层改良利用区和有效土层非改良利用区，有效土层改良利用区用代号 Ed 标注。标注结果如图 8-2 所示。

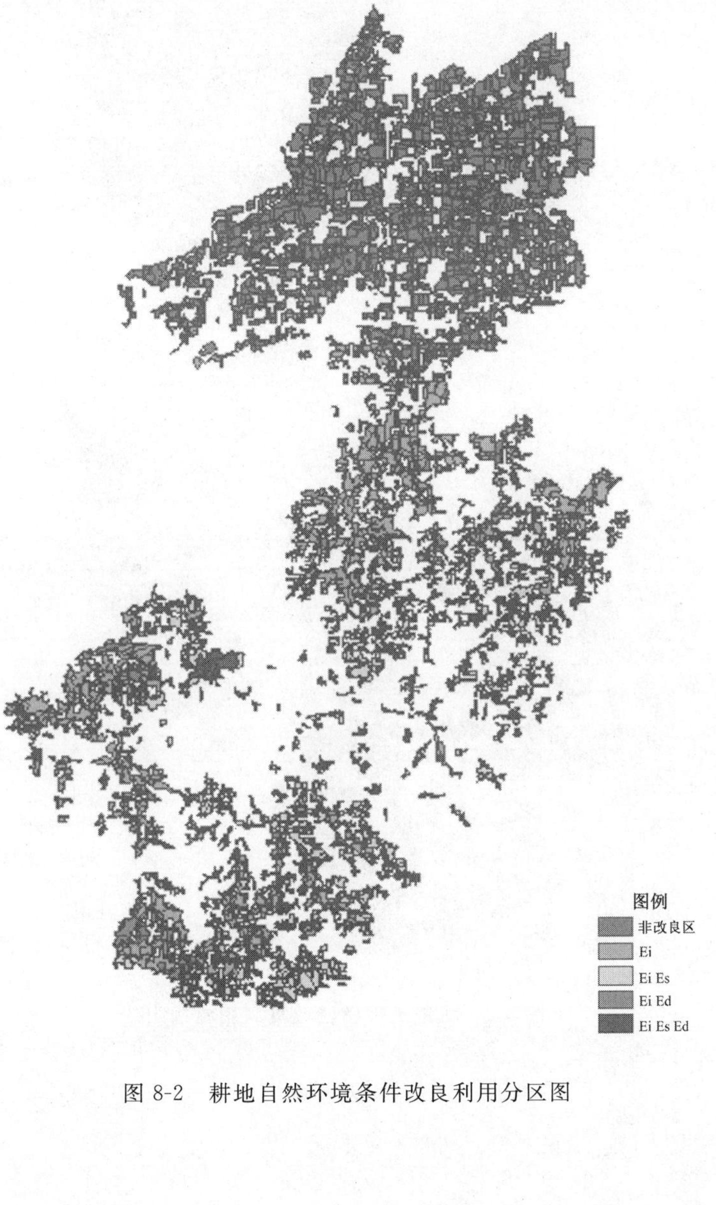


图 8-2　耕地自然环境条件改良利用分区图

### 三、耕地土体整治改良利用分区图的生成

根据耕地土地条件限制因素分区标准，耕地耕层质地条件改良利用区用代号 Pt 标注，耕地土体构型改良利用区用代号 Pc 标注。在 GIS 下检索生成耕地土体整治改良利用分区图（见图 8-3）。

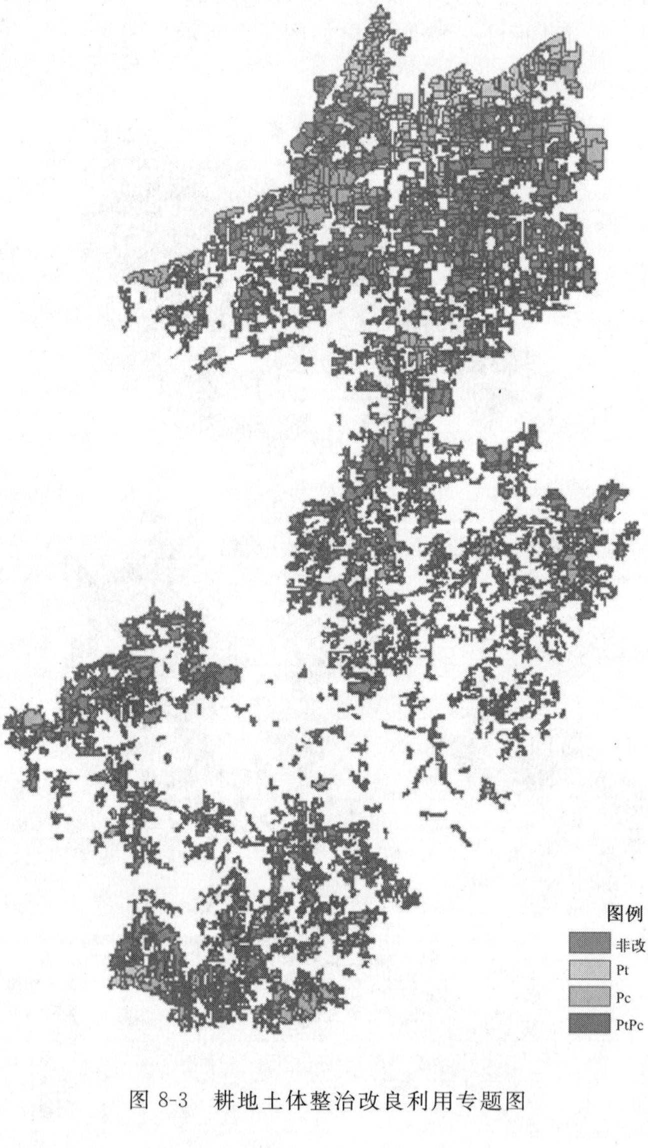


图 8-3　耕地土体整治改良利用专题图

# 第四节 耕地改良利用分区结果分析

## 一、耕地土壤培肥改良利用分区面积统计及问题分析

历城区耕地土壤培肥改良利用区各改良利用类型面积及其比例如表 8-2 所示。

表 8-2 历城区耕地土壤培肥改良利用分区面积统计表

| 改良利用分区 | Np | Nk | Nb | NpNk | NkNb | 非改良区 | 总计 |
|---|---|---|---|---|---|---|---|
| 面积($hm^2$) | 2180.07 | 536.39 | 7039.76 | 1567.25 | 844.04 | 19879.45 | 32047 |
| 百分比(%) | 6.8 | 1.67 | 21.97 | 4.89 | 2.63 | 62.03 | 100 |

由图 8-1 和表 8-2 可以看出，历城区土壤主要养分状况总体较好，非改良耕地面积为 19879.45$hm^2$，占耕地总面积的 62.03%。其中缺乏有效磷的耕地面积为 3747.32$hm^2$，占耕地总面积的 11.69%；缺乏钾素的耕地面积为 2947.68$hm^2$，占耕地总面积的 9.2%；缺乏硼素的耕地面积为 7883.8$hm^2$，占耕地总面积的 26.6%。缺乏单一养分的耕地面积为 9756.22$hm^2$，占耕地总面积的 30.44%；同时缺乏两种养分的耕地面积为 2411.29$hm^2$，占耕地总面积的 7.52%。全区碳素和锌素含量较高，不需培肥改良。历城区土壤养分的特点是耕地中单一养分缺乏较普遍，主要是速效钾、有效磷、有效硼在不同地区有不同程度的缺乏。需要培肥改良的耕地分布比较广泛，北部相对比较平坦的地区和南部丘陵区耕地均需要进行不同程度的培肥改良。

从各类型面积比例看出，历城区耕地土壤培肥改良的主要方向为增施钾肥和微肥，同时应注重有机肥料的施用，逐步提高土壤有机质和钾素含量。

## 二、耕地自然环境条件改良利用分区面积统计及问题分析

历城区耕地自然环境条件改良利用区各改良利用类型面积及其比例如表 8-3 所示。

表 8-3 历城区耕地自然环境条件改良利用分区面积统计表

| 改良利用分区 | Ei | EiEs | EiEd | EiEsEd | 非改良区 | 总计 |
|---|---|---|---|---|---|---|
| 面积($hm^2$) | 9553.28 | 4218.97 | 892.23 | 1239.21 | 16143.31 | 32047 |
| 百分比(%) | 29.82 | 13.16 | 2.78 | 3.87 | 50.37 | 100 |

由图 8-2 和表 8-3 可以看出，历城区耕地自然环境条件相对一般。由于自然环境条件受地势影响较大，因此，北部地形坡度较小的地区明显好于南部山区。在对历城区耕地自然环境条分析的基础上，得出有 50.37%的耕地面积不需改良，需要改良的耕地主要分布在历城区的中部和南部地区。其中灌溉保证水平需要提高的耕地面积为

15903.69hm²,占耕地总面积的49.63%;有效土层厚度需要改善的耕地面积为2131.44hm²,占耕地总面积的6.65%;坡度条件需要改善的耕地面积为5458.18hm²,占耕地总面积的17.03%。单一自然条件需要改善的耕地面积为9553.28hm²,占耕地总面积的29.82%;多种自然条件需要改善的耕地面积为6350.41hm²,占耕地总面积的19.82%。可见,历城区耕地自然环境条件改良利用的主要方向为改善耕地灌溉条件,尤其是南部山区的灌溉条件,提高灌溉保证率,次要方向是有效增加土层厚度,防止水土流失,保护耕层土壤。

### 三、耕地土体整治改良利用分区面积统计及问题分析

历城区耕地土体整治改良利用区各改良利用类型面积及其比例如表8-4所示。

表8-4　　历城区耕地土体整治改良利用分区面积统计表

| 改良利用分区 | Pt | Pc | PtPc | 非改良区 | 总计 |
|---|---|---|---|---|---|
| 面积(hm²) | 2173.8 | 6806.21 | 2662.03 | 20404.97 | 32047 |
| 百分比(%) | 6.78 | 21.24 | 8.31 | 63.67 | 100 |

由图8-3和表8-4可以看出,历城区耕地土体结构整体较好,不需改良的耕地面积为20404.97hm²,占耕地总面积的63.67%。需要改良的面积主要分布在历城区西北部地区和南部山区,耕层为沙壤、沙土或者耕层中含有石渣土、粗骨土等障碍性层次。其中耕层质地较差的耕地面积为4835.83hm²,占耕地总面积的15.09%;土体构型较差的耕地面积为9468.24hm²,占耕地总面积的29.55%。单一条件较差的耕地面积为8980.01hm²,占耕地总面积的28.02%;两种条件都较差的耕地面积为2662.03hm²,占耕地总面积的8.31%。

总之,对于北部地区宜采取秸秆还田、增施有机肥料等措施,来改善偏沙的土壤表层质地,对于南部山区,除采取上述措施,还应采取深耕等措施来改善不良的土体结构,这将是历城区耕地土体整治改良的主要方向。

## 第五节　耕地改良利用对策及措施

土壤肥力是指在作物生长的各个时期,及时为作物供给和协调所必需的水、肥、气、热等生活条件的能力。土壤肥力高低与土壤中腐殖质含量密切相关。土壤肥瘠直接决定土地生产力的高低,同时也就决定了农业收入的高低。因此,采取切实有力的对策来提高土壤肥力,可增加农民收入。

### 一、推广秸秆还田技术,增加有机质

根据测定,新玉米秸秆中含氮量为0.61%,含磷量为0.27%,含钾量为2.28%,有机质含量为15%。如果每亩还田400kg秸秆,相当于施用土杂肥1280kg,相当于5.7kg的纯氮、2.7kg的纯磷、6.6kg的纯钾。大量的秸秆还田使秸秆吸收的养分又归还土壤,使土壤中的速效氮、磷、钾和有机质明显的提高,特别是有机质和速效钾提高更加明显。不仅能够提高土壤肥力,供应作物营养,而且可以防止秸秆田间焚烧后对周围环境产生的污

染，还能节省劳力和运输费用。

## 二、推广配方施肥等新技术，按需供肥

配方施肥是根据作物需肥规律、土壤供肥性能与肥料效应，产前确定施肥品种、数量、比例及相应科学施肥技术。实践证明，推广测土配方施肥技术，可以提高化肥利用率5%～10%，增产率一般为10%～15%，高的可达20%以上。实行测土配方施肥不但能提高化肥利用率，获得稳产、高产，还能改善农产品质量，是一项增产节肥、节支增收的技术措施。

## 三、增施有机肥，有机、无机配合施用

有机肥是含有氮、磷、钾和微量元素的完全肥料，在培肥改土方面有着化肥不可代替的作用。有机肥料不仅能为农作物提供全面营养，促进生长，而且有机肥进入土壤后经过分解与合成，形成土壤有机胶体，它与土壤无机胶体复合促使土壤中形成良好的土壤团粒结构，增强土壤的保水、保肥、供肥能力。有机肥与化肥配合施用，可使化肥利用率大大提高，肥效得到充分发挥，同时化肥用量也可相应减少。

## 四、推广施用控制释放肥料

控制释放（肥效调节）肥料。确切意义的控制释放肥料是指那些养分释放速率能与作物需肥规律相一致或基本一致的肥料。这类肥料能最大限度地提高肥料利用率，防止多余养分对环境的污染，推广施用缓释、控释肥料，能够提高肥料利用率，减少环境污染，同时培肥地力。

## 五、加强水利建设，改善灌溉条件，注重农田基本设施建设

水是作物生长的必要条件，灌排条件与耕地的基础地力有着密切的关系。因而可以通过采取以下措施，实现自然降水的空间聚集，改善区域农田的土壤水分状况，推广节水灌溉技术，改善和扩大灌溉面积。

(1)健全灌溉工程，改善灌区输水、配水设备，加强灌溉作业管理，改进地面灌溉技术，采用增产、增值的节水灌溉方法和灌溉技术。应加强水利建设，修筑田埂，防止水土冲刷；安排好水利规划，修好水渠，制止渗漏，加强管理，提高引灌水的利用率。

(2)人工富集天然降水，建造大、中、小型蓄水池、塘等蓄水体系，将集纳雨水、拦截径流和蓄水有效结合起来，在作物需水的关键时期进行灌溉，解决作物的需求和降水错位的矛盾，以充分发挥水分的增产效果。

(3)改善土壤结构，增加土壤的蓄水能力，通过对土壤增施有机物料（如施用有机肥、秸秆还田等）和应用土壤改良剂，改良土壤结构，增强土壤结构的稳定性，提高土壤对降水的入渗速率和持水量。

## 六、采用农业措施改良土壤质地、改善土体结构

(一)褐土土类的合理利用

这部分土壤有较好的土体构型和较好的生产能力，适宜种植。本区大部分的土壤属

于褐土，主要种植粮食作物和经济作物，耕种模式比较合理。但受土壤肥力的影响，离作物高产的要求还有差距。因此，要把增施有机肥、大力推广秸秆还田作为改良土壤、培肥土壤、提高地力的首要任务和关键措施。在此基础上，继续大力推广测土配方施肥技术，以平衡协调土壤养分含量比例，创造作物高产的土壤条件，发展扩大蔬菜种植面积及高效多茬的立体种植模式，以合理利用土壤，提高土壤的产出率和经济效益。

（二）棕壤土类的合理利用

这类土壤主要分布在柳埠镇和西营镇的山上，所处的地形部位高，土层薄，肥力低，土壤环境条件差，其生产性能低下，现多种植一年一作和多年生作物，如杂粮、果树等作物。杂粮产量一般为1500～2250kg/hm$^2$，若遇干旱等自然灾害侵袭，甚至会绝产、颗粒无收。本区果树也有部分种植在这类土壤上。鉴于此，合理利用这部分土壤应以增加土层厚度、培肥地力为主。上部荒岭、陡坡地应退耕还林、封山造林，选择喜酸性土壤的松树、刺槐、板栗、山楂等树种栽植，改善土壤理化性状，防止水土流失，培肥地力，同时大力发展林果业，增加果树种植面积，以提高经济效益，增加山区农民收入。

（三）潮土土类的合理利用

潮土，其母质为黄河冲积物，是受地下水潮化作用影响，经过耕作熟化而形成的土壤类型。由于潮土所处地势平坦，地形微有起伏，坡降很少，土层深厚，水源丰富，这类土壤主要分布在遥墙镇、华山镇、唐王镇和王舍人镇，主要种植粮食作物和蔬菜，耕作模式比较合理。但遥墙镇、华山镇靠近黄河的地区和唐王镇东北地区土壤因地下水位高，地面排水不畅，形成了盐化潮土。目前遥墙镇、华山镇的盐化潮土地区种植水稻、莲藕及粮食作物，唐王镇盐化潮土地区主要种植蔬菜。虽然经过长时间的耕作，土壤的盐化现象有了大幅度的缓解，但要更好地提高作物产量，必须继续改良土壤理化性质。在大力发展畜牧养殖业、增加有机肥施用量、改善土壤结构、提高土壤肥力、积极推广平衡施肥技术的基础上，搞好农田林网化建设，提高林木覆盖率，以防风固沙，减少风蚀，促进农业综合生产能力的提高。目前，本区的畜牧养殖业发展迅速，并且在积极实施秸秆还田的基础上大力推进配方施肥项目，为土壤肥力的提升提供了条件。但是农田林网化建设相对比较缓慢，今后要大力提高林木覆盖率，改善田间小气候。

## 七、集约化利用耕地资源，发展生态型可持续农业，改善生态环境

耕地生态环境质量的高低是保证农作物持续稳产、高产、优产、高效的重要前提。根据历城区资源优势以及生态环境的特点，因地制宜地利用耕地资源，通过合理轮作、科学间套种等措施，增加复种指数，努力提高耕地资源的利用率；注重多物种、多层次、多时序、多级质能、多种产业的有机结合，农、林、牧、副、渔并举，建立生态型可持续农业系统，达到经济、生态和社会效益的高度统一。此外，应重新审视耕地承包到户政策所致的耕地经营权分散在新形势下出现的不利于耕地资源规模集约经营的缺点，努力探讨建立“公司＋农户”或各种专业化合作组织等耕地规模集约经营模式，提高全区耕地资源的集约经营和经济效益。

# 第九章　耕地资源合理利用与改良

## 第一节　利用与改良的耕地资源问题

根据此次耕地地力评价结果，结合历城区农户施肥调查情况分析，历城区耕地资源使用主要存在4个方面的问题。

### 一、施用有机肥料减少

目前，由于农产品价格低迷，投资比较效益低，加上有机肥积造及施用比较麻烦，因此，有机肥施用量，特别是常规作物的施用量呈下降趋势。主要表现在三个方面：一是有机肥施用面积越来越小。根据全区农户调查得知，全区农田施用有机肥面积仅有31.2%。二是施用量逐年下降。调查发现，过去每个农户每年积攒三圈农家肥料，现在每户三年积攒不到一圈肥。因而施肥量较过去下降了60%以上，有机肥用量平均只有850kg/667$m^2$。三是城市粪便由过去的派人看、管、争、抢变为无人过问，城市垃圾得不到合理的加工利用；农村人畜粪便的积用也越来越不受重视。

### 二、化肥投入结构失衡

根据历城区的土壤养分状况和种植业结构分析，钾肥投入不足，氮肥、磷肥投入比例偏大。根据农户施肥调查，农民习惯施肥折纯后小麦平均每亩施氮素15.4kg、磷素18.73kg，N∶P∶K比例为1∶1.2∶0。玉米平均每亩施氮素11.36kg、磷素22.31kg，N∶P∶K比例为1∶1.96∶0。开展测土配方施肥项目以来，农民施肥方式有所改变，钾肥用量有了明显增加，磷肥用量明显减少。小麦折纯平均每亩施氮素9.46kg、磷素11.97kg、钾素4kg，N∶P∶K比例为2.37∶3∶1。玉米折纯平均每亩施氮素11.83kg、磷素15.72kg、钾素1.33kg，N∶P∶K比例为8.89∶11.8∶1。

### 三、盲目施肥现象严重

一是在同一地区不顾管理水平和生产条件的差异，作物施肥具有一定的模式化倾向。农户之间在肥料投入量、施肥结构甚至肥料品种、施肥方法等方面都惊人的相似。二是在时间上不顾土壤养分的巨大变化，作物施肥长期一贯制。尤其明显的是，近二十年，土壤有效磷含量大幅增长，而小麦、大棚菜等高效经济作物仍过量施用磷肥。三是在不同作物间肥料供需关系差异大。高产田，尤其是经济作物施肥严重过量，而常规作物施肥不足。

四是不按作物需肥规律施肥，表现为玉米追肥晚，次数少，大豆、花生等经济作物基本不追肥。

### 四、施肥习惯具有一定的地带性

从调查的农户中发现，由于受水浇条件、土壤肥力的影响，历城区不同地域的农户施肥习惯有很大的差异。北部平原区域，磷肥施用较多，钾肥施用较少，小麦施肥基本施用两次，即基肥和拔节肥，玉米一般在大喇叭口期一次施入。中部、南部丘陵山地区域，由于水浇条件较差，农作物施肥上基本都是一炮轰（一次施入）或者不施用肥料。农户的施肥习惯为耕地改良利用分区提供了依据。

## 第二节　耕地资源合理利用的对策

针对本次耕地地力调查发现所存在的问题，结合产业结构调整优化及农业的可持续发展战略实施，确定耕地保养特别是中低产田的改良方向。

### 一、培肥地力

通过增施有机肥、实行秸秆还田、开展平衡施肥等措施，促进土壤养分稳步提高，培肥地力。实施秸秆还田可以达到以下效果：一是提高作物产量。二是培肥地力，增加土壤肥力的基础物质。据测定，每年平均增加土壤有机质0.2～0.4g/kg。三是提高土壤蓄水保墒能力。由于作物秸秆的覆盖，可减少土壤水分的扩散和蒸发，这对干旱缺水的丘陵山区农业生产具有重要的现实意义。四是具有减缓水土流失、防止土壤环境污染的功效。五是秸秆还田能减少田间杂草，节约劳力，具有增加土壤生物量、节约能源、减少投入的优点。

### 二、加大农田基本建设，兴修水利，提高耕地级别

加大基本农田建设投资，平整土地，兴修水利，改善耕地田间设施，提高灌溉保证率，提高耕地抵御自然灾害的能力，促进地力升级。

### 三、改善耕地物理性状，提高耕地保水、保肥和供肥、供水能力

通过深耕、深松，打破耕地存在的障碍层次，通过治黏、治沙等工作，克服土壤存在的限制因素，改善耕地物理性状，并大力发展农艺节水，提高耕地保肥、保水和供肥、供水能力。

# 第四篇　测土配方施肥技术应用与推广

## 第十章　历城区大棚草莓基地土壤地力及利用规划

历城区董家镇张而村是山东省最大的冬暖棚草莓种植基地。该基地现有草莓大棚 $1334hm^2$，为 AA 级绿色食品生产基地，2007 年获农业部颁发绿色食品证书。近年来，由于耕作模式单一，土壤肥力状况有所降低。为保护这一珍贵的地方资源，在耕地地力评价基础上，对基地的土壤地力现状及利用规划进行分析，为今后历城区大棚草莓种植产业的发展提供依据。

### 第一节　种植概况

#### 一、生产状况

历城区草莓种植始于 20 世纪 80 年代初，迄今为止已有三十多年的历史，已由当初的不足 $1.33hm^2$ 发展到以董家镇张而村为中心的 $1334hm^2$ 的草莓种植基地，带动全镇 2000 余户农民从事草莓产业，年产鲜果 4 万余吨，产值约 2.4 亿元，被誉为“中国冬暖棚草莓第一镇”。2001 年，该镇向国家工商总局申请注册了“张而”牌草莓商标。2007 年，取得了绿色食品农产品认证。2009 年，获得济南市民最满意的十大农产品称号，可谓实现了草莓品牌的大丰收，同时进行精美包装打进了银座超市。为了提高草莓种植农户抵御风险的能力，董家镇于 1997 年率先在全市成立了草莓技术协会，2002 年被评为“全国百家示范协会”，2007 年转制为济南市历城区张而草莓专业合作社。合作社的成立使农产品加工和运销的个体农户联合起来，创造了聚集规模，增强了市场竞争力，提高了产品的附加值，标志着张而草莓产业的发展迈上了一个崭新的台阶。

#### 二、自然条件

董家镇位于济南市历城区的东北部，全镇土地面积为 $64.45km^2$，耕地面积为 $4053hm^2$，辖 49 个行政村，4.3 万人，全年平均气温为 23.4℃，零度以上积温为 4500℃

~5500℃，年降水量为600~700mm，四季分明，无霜期为170~190天，属暖温带大陆性半湿润季风性气候。该镇北临遥墙、唐王，东接章丘市，南靠胶济铁路，距遥墙国际机场10km，济青高速、102省道贯穿东西，郭唐公路、孙唐公路、机场路连接南北，交通十分便利，是人流、物流、信息流的聚集地。

**三、立地条件**

基地土壤类型属于褐土，褐土的成土母质主要由基性岩的风化物和黄土母质组成，该土壤土体褐色，有黏化层，中性或微碱性反应，耕性适中，土体构造均壤质。土壤质地属于轻壤土，耕层土壤容重为1.25g/cm$^3$，土壤总孔隙度为52.83%，质地较松，通透性好，养分含量中等。

## 第二节　土壤地力现状、变化原因分析及改良

**一、土壤地力现状**

土壤化学性状的分析是历城区草莓基地土壤地力现状分析的基础。共采集有代表性的土壤样品28个，化验分析了pH、有机质、全氮、碱解氮、有效磷、速效钾、缓效钾、交换性钙、交换性镁、有效硫、有效锌、有效硼、有效锰、有效铁、有效铜、有效钼、有效硅含量。

（一）耕层土壤pH、有机质及大量元素养分状况（见表10-1）

**表10-1　草莓基地耕层土壤养分统计表**

| 项　目 | 样品个数 | 最大值 | 最小值 | 平均值 | 标准差 | 变异系数(%) |
|---|---|---|---|---|---|---|
| pH | 28 | 7.9 | 7.6 | 7.8（众数） | 0.1 | 1.27 |
| 有效磷(mg/kg) | 28 | 193.5 | 16.8 | 97 | 42.64 | 43.98 |
| 速效钾(mg/kg) | 28 | 382 | 154 | 309 | 59.52 | 19.28 |
| 有机质(g/kg) | 28 | 25.3 | 13.4 | 17.6 | 2.67 | 15.18 |
| 缓效钾(mg/kg) | 28 | 943 | 463 | 687 | 151.33 | 22.01 |
| 全氮(g/kg) | 28 | 1.58 | 0.78 | 1.16 | 0.2 | 17.6 |
| 碱解氮(mg/kg) | 28 | 164 | 45 | 102 | 23.69 | 23.21 |

草莓对土壤酸碱适应性较强，在微酸或微碱性的土壤中均可生长，pH低于4或高于8时，植株生长不良，严重时可导致死亡。基地耕层土壤pH众数为7.8，变幅为7.6~7.9，比较适宜草莓生长。

基地耕层土壤有效磷平均值为97mg/kg，变幅为16.8~193.5mg/kg。有效磷含量属于2级水平，土壤中含有较丰富的磷会促进草莓生根并有利于果实糖分的生成。

基地耕层土壤速效钾平均值为309mg/kg，变幅为154~382mg/kg，速效钾含量属于

1级水平;基地耕层土壤缓效钾平均值为687mg/kg,变幅为463～943mg/kg,缓效钾含量属于4级水平。虽然土壤中缓效钾含量不高,但利于草莓吸收的主要是土壤中的速效钾,因此,基地土壤钾元素含量还是比较丰富的,丰富的钾可以改善草莓的品质和口感。

基地耕层土壤有机质平均值为17.6g/kg,变幅为13.4～25.3g/kg,有机质含量属于2级水平。土壤有机质含量的多少是土壤肥力高低的重要指标,它是肥料以外土壤中氮素的唯一来源,也是磷、硫等养分的重要来源,直接影响到土壤容重、结构等一系列物理性状,所以对土壤的肥沃度、生产率影响极大。

基地耕层土壤全氮平均值为1.16g/kg,变幅为0.78～1.58g/kg,全氮含量属于3级水平;基地耕层土壤碱解氮平均值为102mg/kg,变幅为45～164mg/kg,全氮含量属于4级水平。由此可见基地土壤的氮元素含量属于中等水平,要根据实际情况适量补充氮肥。

(二)耕层土壤中微量元素养分状况(见表10-2)

表10-2 草莓基地耕层土壤中微量元素统计表

| 项 目 | 样品个数 | 最大值 | 最小值 | 平均值 | 标准差 | 变异系数(%) |
|---|---|---|---|---|---|---|
| 交换性钙(mg/kg) | 28 | 5132 | 2461 | 3567 | 804.49 | 22.55 |
| 交换性镁(mg/kg) | 28 | 355 | 135 | 266 | 60.65 | 22.82 |
| 有效硫(mg/kg) | 28 | 93.2 | 32.5 | 58.7 | 17.11 | 29.13 |
| 有效锌(mg/kg) | 28 | 3.6 | 0.4 | 1.6 | 0.76 | 46.33 |
| 有效铜(mg/kg) | 28 | 4.9 | 0.9 | 1.7 | 0.8 | 47.74 |
| 有效铁(mg/kg) | 28 | 15.4 | 6.9 | 11.3 | 2.48 | 21.99 |
| 有效锰(mg/kg) | 28 | 23.2 | 7.1 | 16 | 5.69 | 35.51 |
| 有效硼(mg/kg) | 28 | 0.93 | 0.36 | 0.61 | 0.16 | 26.5 |
| 有效钼(mg/kg) | 28 | 0.5 | 0.08 | 0.24 | 0.13 | 52.65 |
| 有效硅(mg/kg) | 28 | 382 | 81.57 | 158.19 | 70.98 | 44.87 |

交换性钙平均含量为3567mg/kg,变幅为2461～5132mg/kg,交换性钙含量属于3级水平,说明土壤钙含量中等。

交换性镁平均含量为266mg/kg,变幅为135～355mg/kg,交换性镁含量属于4级水平,说明土壤镁含量中等。

有效硫平均含量为58.7mg/kg,变幅为32.5～93.2mg/kg,有效硫含量属于4级水平,说明土壤含硫量中等。

有效锌平均含量为1.6mg/kg,变幅为0.4～3.6mg/kg,有效锌含量属于2级水平,说明土壤含锌量较丰富。

有效铜平均含量为1.7mg/kg,变幅为0.9～4.9mg/kg,有效铜含量属于2级水平,说明土壤含铜量较丰富。

有效铁平均含量为11.3mg/kg,变幅为6.9～15.4mg/kg,有效铁含量属于2级水平,说明土壤含铁量较丰富。

有效锰平均含量为16mg/kg,变幅为7.1～23.2mg/kg,有效锰含量属于2级水平,说明土壤含锰量较丰富。

硼是植物生长必需的营养元素，缺硼会影响植株正常的生理代谢活动。有效硼平均含量为0.61mg/kg，变幅为0.36～0.93mg/kg，有效硼含量属于3级水平，说明土壤含锰量较中等。

有效钼平均含量为0.24mg/kg，变幅为0.08～0.5mg/kg，有效钼含量属于2级水平，说明土壤含钼量较丰富。

有效硅是对植物生长有益的元素，能够增强植株抗逆性。有效硅的平均含量为158.19mg/kg，变幅为81.57～382mg/kg，有效硅含量属于3级水平，说明土壤含硅量中等。

综上所述，草莓基地内土壤中微量元素含量属于中等水平，在生产实践中要适时了解土壤养分状况，按需施肥。

## 二、土壤地力变化原因分析

由表10-3可以看出，现在草莓基地土壤养分比第二次土壤普查时均有所提高，其中有效磷、碱解氮和速效钾含量都有大幅度的提升，有效磷的含量达到97mg/kg，增加了85mg/kg，碱解氮的含量达到102mg/kg，增加了36mg/kg，速效钾含量达到309mg/kg，增加了204mg/kg。

**表10-3　　　　土壤养分含量统计表**

| 时　间 | 有机质(g/kg) | 全氮(g/kg) | 碱解氮(mg/kg) | 有效磷(mg/kg) | 速效钾(mg/kg) |
|---|---|---|---|---|---|
| 第二次土壤普查 | 12.1 | 1.02 | 66 | 12 | 105 |
| 现在 | 17.6 | 1.16 | 102 | 97 | 309 |

长期施用氮、磷、钾肥和有机肥，对土壤中氮、磷、钾养分都有不同程度的影响。长期施有机肥或有机、无机配合施用化肥能改善土壤结构，培肥土壤，提高化肥和有机肥吸收利用率，保持地力久用不衰，保持土壤环境均衡，为农业可持续发展奠定坚实的基础，同时也会改变土壤养分状况。

（一）碱解氮

长期施用化肥，尤其是氮肥，可以提高土壤全氮及有效氮含量。这是因为施氮肥可增加根茬、根系和根分泌物的含量，即增加了归还土壤的有机氮量。有机肥单施能显著提高土壤全氮及碱解氮含量，但其作用不如化学氮肥来得快。在有机肥中，厩肥的作用优于绿肥和秸秆。在某些土壤上，即使施用厩肥，土壤碱解氮含量也会缓慢下降。有机肥与无机肥配合施用对于提高土壤氮素含量具有重要意义，既能快速提高土壤中碱解氮的含量，又能长久保存土壤氮素。

（二）有效磷

磷在植物大量营养元素中占有重要地位，然而，与其他大量营养元素相比，土壤磷的含量相对较低。由于磷肥的残效期较长，重施一次磷肥，其后效至少可持续10年以上。磷肥对作物有增产作用，致使农户加大了对磷肥的投入，但长期施用磷肥，会导致土壤酸化。

（三）速效钾

土壤钾库极大，即使长期施用钾肥，对土壤全钾的影响也很难测出，但钾肥能显著提高土壤代换离子的含量。

### 三、土壤改良利用措施

（一）加强大棚土壤监测

根据现在土壤地力变化的趋势，每年对大棚土壤进行检测，根据具体情况，采取相应措施，使土壤地力保持在良好水平。

（二）在作物施肥上要一改过去传统方式，变盲目施肥为优化配方施肥

基肥：每亩施农家肥 5000kg 或优质腐熟鸡粪 2500kg，磷酸二铵 50kg，硫酸钾 20kg。氮、磷、钾的比例以 15∶15∶10 为宜。

追肥：第一次追肥，顶花序显蕾时；第二次追肥，顶花序果开始膨大时；第三次追肥，顶花序果采收前期；第四次追肥，顶花序果采收后期；以后每隔 15～20 天追肥一次。追肥与灌水结合进行。追肥以磷酸二氢钾为主，每次追肥量为 $2kg/667m^2$，液肥浓度以 0.2%～0.4%为宜。适生长情况追施少量氮肥。有条件的可施入适量牛奶，以改善草莓风味。

（三）要增加有机肥在配方施肥中的比重

有机肥具有养分全、肥效长、无污染的特点。高效有机肥可增加土壤有机质含量，提高土壤蓄水、保肥能力，改善土壤的理化性状和团粒结构，提高农产品品质。有机质含量偏低的现象在强酸性土壤甚为普遍，添加有机质肥料以增加强酸性土壤有机质含量也有助于土壤物理、化学和生物性的改良。不但如此，有机质肥料的添加也具有提升强酸性土壤 pH 的功效，而禽畜粪堆肥的施用对强酸性土壤地力的增进效应更为显著。鸡粪堆肥的 pH 通常较高（有些甚至 pH 高于 8），施用可以改变土壤 pH。

（四）要加大对微肥及生物肥的利用

微肥能平衡作物所需的养分，而生物肥料又能通过自身所含有的微生物分泌生理活性物质，能固氮、解磷、解钾、分解土壤中的其他微量养分，提高化肥和有机肥的利用率，改善土壤的理化性状，使土壤能供给作物各种养分，促进作物生长，提高作物产量和产品品质，同时还能分解土壤中的有害化学物质和杀死有害菌群，减少化肥、农药的残留量及有害病菌。

（五）要协调大量元素与微量元素之间的关系

人们在配方施肥中，往往重视氮、磷、钾等大量元素的施用，而忽视了微量元素肥料的施用。增施微量元素或喷施微量元素生长剂及复合生物生长剂，都能使养分平衡供应，促进作物体内营养快速转化，减少有害物质的积累，是促使作物抗病、防病并增加产量、提高品质的好方法。

（六）控制浇水数量

在满足作物需要的情况下，尽量减少浇水数量。不使用大水漫灌，采用滴灌等节水措施。用滴灌时，根据土壤墒情和作物需求确定浇水量，减少下渗水量。

# 第三节　周边地区土壤地力现状及改良利用规划

## 一、周边地区土壤地力现状

(一)耕层土壤pH、有机质及大量元素养分状况(见表10-4)

表10-4　草莓基地周边耕层土壤养分统计表

| 项　目 | 样品个数 | 最大值 | 最小值 | 平均值 | 标准差 | 变异系数(%) |
|---|---|---|---|---|---|---|
| pH | 126 | 8.5 | 7.3 | 7.8<br>(众数) | 0.17 | 2.26 |
| 有效磷(mg/kg) | 126 | 78.9 | 5.7 | 26.7 | 15.15 | 56.76 |
| 速效钾(mg/kg) | 126 | 365 | 68 | 174 | 67.08 | 38.49 |
| 有机质(g/kg) | 126 | 32.7 | 10.6 | 18.9 | 4.36 | 23.08 |
| 缓效钾(mg/kg) | 126 | 1075 | 394 | 751 | 148.71 | 19.8 |
| 全氮(g/kg) | 126 | 1.78 | 0.83 | 1.23 | 0.16 | 12.87 |
| 碱解氮(mg/kg) | 126 | 168 | 43 | 94 | 17.7 | 18.83 |

基地周边地区耕层土壤pH众数为7.8,变幅为7.3～8.5。

基地周边地区耕层土壤有效磷平均值为26.7mg/kg,变幅为5.7～78.9mg/kg。有效磷含量属于5级水平,土壤磷元素含量属于中下水平。

基地周边地区耕层土壤速效钾平均值为174mg/kg,变幅为68～365mg/kg,速效钾含量属于3级水平;基地周边地区耕层土壤缓效钾平均值为751mg/kg,变幅为394～1075mg/kg,缓效钾含量属于3级水平。土壤钾元素含量属于中等水平

基地周边地区耕层土壤有机质平均值为18.9g/kg,变幅为10.6～32.7g/kg,有机质含量属于2级水平。土壤有机质含量比较丰富。

基地周边地区耕层土壤全氮平均值为1.23g/kg,变幅为0.83～1.78g/kg,全氮含量属于2级水平;基地周边地区耕层土壤碱解氮平均值为94mg/kg,变幅为43～168mg/kg,全氮含量属于3级水平。土壤氮元素含量属于中等偏上水平。

(二)耕层土壤中微量元素养分状况

耕层土壤中微量元素养分状况如表10-5所示。

交换性钙平均含量为3492mg/kg,变幅为209～6044mg/kg,交换性钙含量属于3级水平,说明土壤钙含量中等。

表 10-5　　草莓基地周边耕层土壤中微量元素统计表

| 项　目 | 样品个数 | 最大值 | 最小值 | 平均值 | 标准差 | 变异系数(%) |
|---|---|---|---|---|---|---|
| 交换性钙(mg/kg) | 126 | 6044 | 209 | 3492 | 1212.82 | 34.73 |
| 交换性镁(mg/kg) | 126 | 1094 | 103 | 318 | 230.81 | 72.53 |
| 有效硫(mg/kg) | 126 | 110 | 24.5 | 63.1 | 21.91 | 34.72 |
| 有效锌(mg/kg) | 126 | 3.6 | 0.4 | 1.82 | 0.85 | 46.63 |
| 有效铜(mg/kg) | 126 | 3.7 | 0.7 | 1.36 | 0.41 | 29.84 |
| 有效铁(mg/kg) | 126 | 34.6 | 4.5 | 10.3 | 4.23 | 41.09 |
| 有效锰(mg/kg) | 126 | 69.1 | 3.1 | 17.02 | 6.5 | 38.18 |
| 有效硼(mg/kg) | 126 | 2.13 | 0.06 | 0.64 | 0.28 | 43.92 |
| 有效钼(mg/kg) | 126 | 0.48 | 0.03 | 0.26 | 0.11 | 42.18 |
| 有效硅(mg/kg) | 126 | 381.53 | 82.64 | 209.32 | 81.62 | 38.99 |

交换性镁平均含量为 318mg/kg，变幅为 103～1094mg/kg，交换性镁含量属于 3 级水平，说明土壤镁含量中等。

有效硫平均含量为 63.1mg/kg，变幅为 24.5～110mg/kg，有效硫含量属于 3 级水平，说明土壤含硫量中等。

有效锌平均含量为 1.82mg/kg，变幅为 0.4～3.6mg/kg，有效锌含量属于 2 级水平，说明土壤含锌量较丰富。

有效铜平均含量为 1.36mg/kg，变幅为 0.7～3.7mg/kg，有效铜含量属于 2 级水平，说明土壤含铜量较丰富。

有效铁平均含量为 10.3mg/kg，变幅为 4.5～34.6mg/kg，有效铁含量属于 2 级水平，说明土壤含铁量较丰富。

有效锰平均含量为 17.02mg/kg，变幅为 3.1～69.1mg/kg，有效锰含量属于 2 级水平，说明土壤含锰量较丰富。

有效硼平均含量为 0.64mg/kg，变幅为 0.06～2.13mg/kg，有效硼含量属于 3 级水平，说明土壤含锰量较中等。

有效钼平均含量为 0.26mg/kg，变幅为 0.03～0.48mg/kg，有效钼含量属于 2 级水平，说明土壤含钼量较丰富。

有效硅平均含量为 209.32mg/kg，变幅 82.64～381.53mg/kg，有效硅含量属于 2 级水平，说明土壤含硅量较丰富。

## 二、周边地区改良利用规划

### (一)耕层土壤 pH、有机质及大量元素养分差别及改良利用规划

草莓基地与周边地区的 pH 众数都为 7.8，因此大部分地区适宜草莓生长，但是董家镇西部和唐王镇东南部、北部部分地区 pH 在 8 左右，对草莓生长可能有影响，不适宜种植。

草莓基地的土壤有机质含量平均值为17.6g/kg，周边地区为18.9g/kg，比基地土壤含量多1.3g/kg。因此，周边地区土壤有机质含量完全满足草莓种植的要求。

草莓基地的土壤速效钾含量平均值为309mg/kg，缓效钾含量平均值为687mg/kg。周边地区土壤速效钾含量平均值为174mg/kg，缓效钾含量平均值为751mg/kg。土壤速效钾含量草莓基地比周边地区多135mg/kg，土壤缓效钾含量草莓基地比周边地区少64mg/kg，虽然草莓基地土壤缓效钾含量低，但作物生长的钾元素主要来自于速效钾，因此，基地周边地区要种植草莓必须增施钾肥，提高土壤速效钾含量。

草莓基地的土壤全氮含量平均值为1.16g/kg，碱解氮含量平均值为89mg/kg。周边地区土壤全氮含量平均值为1.23g/kg，碱解氮含量平均值为94mg/kg。土壤全氮含量草莓基地比周边地区少0.07g/kg，碱解氮含量草莓基地比周边地区少5mg/kg，因此，基地周边地区的土壤氮元素完全满足草莓种植需要，可以种植草莓。

（二）耕层土壤中微量元素养分差别及改良利用规划

由表10-2和表10-5可以看出，草莓基地和周边地区的土壤中微量元素含量差别并不大，但都不是很丰富。因此，基地周边地区要种植草莓也必须要实时掌握土壤中微量元素含量水平，适时、适量地增施肥料，提高土壤养分含量。

综上所述，草莓基地周边的唐王镇、郭店镇和董家镇的其他地区种植草莓的前景比较广阔，最主要的土壤条件基本能满足草莓种植的需求。

# 第十一章　历城区大田作物土壤肥力及配方施肥技术

历城区属暖温带大陆性半湿润季风气候，夏热冬冷，光照充足，降水集中。由于所处地理位置及地势起伏程度等因素影响，构成了平原、丘陵温暖半湿润气候和山区温凉湿润气候。由于地形原因，形成了不同的区域小气候条件，也形成了不同的土壤质地和作物布局。在对小麦玉米前期施肥量和施肥情况田间调查的基础上，选择代表性田块采集土壤样品进行土壤理化性质的分析测试并进行大量的田间试验，通过分析得到了小麦、玉米的肥料效应方程。

## 第一节　大田试验设计

### 一、小麦田块的配方施肥试验方案设计

试验供试小麦品种为当地主栽品种济麦22。供试肥料为尿素（N 46%）和过磷酸钙（$P_2O_5$ 18%）、氯化钾（$K_2O$ 50%）。

试验地位于历城区两处典型地块，供试耕层（0～20cm）土壤类型和基本理化性质如表11-1所示，土壤pH平均为7.7，有机质为15.6g/kg，有效氮为103.4mg/kg，有效磷为37.5mg/kg，有效钾为174mg/kg。地势平坦，排水良好，有水浇条件。

表11-1　　小麦“3414”试验供试土壤基本理化性质

| 试验地块 | 土类 | 亚　类 | 有机质(g/kg) | 有效氮(mg/kg) | 有效磷(mg/kg) | 速效钾(mg/kg) | pH |
|---|---|---|---|---|---|---|---|
| 1 | 褐土 | 潮褐土 | 14.2 | 101.9 | 43.8.8 | 214 | 7.8 |
| 2 | 褐土 | 潮褐土 | 16.9 | 104.8 | 31.2 | 134 | 7.6 |
| | 平均 | | 15.6 | 103.4 | 37.5 | 174 | 7.7 |

小麦田间试验方案设计1：氮、磷、钾不同配比的“3414”田间试验方案。

“3414”试验设置14个试验处理，2次重复，小区面积为6m×4m＝24m²，随机排列。尿素、过磷酸钙和氯化钾一次性作种肥施用。设置0、1、2、3四个水平，水平2的施肥量（纯养分量）：N、$P_2O_5$、$K_2O$分别为12kg/667m²、9kg/667m²、8kg/667m²；水平1施肥量是水平2的0.5倍，水平3施肥量是水平2的1.5倍。试验方案如表11-2所示。

表 11-2　　小麦"3414"试验方案设计 1

| 处理号 | 处　理 | N | $P_2O_5$ | $K_2O$ |
|---|---|---|---|---|
| 1 | $N_0P_0K_0$ | 0 | 0 | 0 |
| 2 | $N_0P_2K_2$ | 0 | 9 | 8 |
| 3 | $N_1P_2K_2$ | 6 | 9 | 8 |
| 4 | $N_2P_0K_2$ | 12 | 0 | 8 |
| 5 | $N_2P_1K_2$ | 12 | 4.5 | 8 |
| 6 | $N_2P_2K_2$ | 12 | 9 | 8 |
| 7 | $N_2P_3K_2$ | 12 | 9 | 8 |
| 8 | $N_2P_2K_0$ | 12 | 9 | 0 |
| 9 | $N_2P_2K_1$ | 12 | 9 | 4 |
| 10 | $N_2P_2K_3$ | 12 | 9 | 12 |
| 11 | $N_3P_2K_2$ | 18 | 9 | 8 |
| 12 | $N_1P_1K_2$ | 6 | 4.5 | 8 |
| 13 | $N_1P_2K_1$ | 6 | 9 | 4 |
| 14 | $N_2P_1K_1$ | 12 | 4.5 | 4 |

小麦田间试验方案设计 2:配方施肥的田间试验方案设计。

试验地位于历城区两处典型地块,供试耕层(0～20cm)土壤类型和基本理化性质如表 11-3 所示,土壤 pH 平均为 7.2,有机质为 17.9g/kg,有效氮为 107mg/kg,有效磷为 26mg/kg,有效钾为 122.5mg/kg。地势平坦,排水良好,有水浇条件。

表 11-3　　小麦示范试验供试土壤基本理化性质

| 试验地块 | 土类 | 亚　类 | 有机质(g/kg) | 有效氮(mg/kg) | 有效磷(mg/kg) | 速效钾(mg/kg) | pH |
|---|---|---|---|---|---|---|---|
| 1 | 褐土 | 潮褐土 | 16 | 123 | 26 | 127 | 7.3 |
| 2 | 褐土 | 潮褐土 | 19.7 | 91 | 25.9 | 118 | 7 |
| 3 | 褐土 | 潮褐土 | 17.9 | 107 | 26 | 122.5 | 7.2 |

试验设置 3 个处理,小区面积为 $9m \times 7m = 63m^2$,2 次重复,随机区组设计。处理 1 为配方施肥,处理 2 为常规施肥,处理 3 为空白(不施肥)。

配方区施肥量为:N 12kg/667m²、$P_2O_5$ 9kg/667m²、$K_2O$ 8kg/667m²,尿素、过磷酸钙和氯化钾一次性作基肥施用;常规区施肥量为:N 20kg/667m²、$P_2O_5$ 6kg/667m²、$K_2O$ 6kg/667m²,磷、钾肥作种肥,尿素 1/3 作种肥,2/3 作小喇叭口期追肥。配方施肥的试验设计如表 11-4 所示。

表 11-4　　小麦配方施肥的试验设计 2

| 处理号 | 处　理 | N | $P_2O_5$ | $K_2O$ |
|---|---|---|---|---|
| 1 | 配方施肥 | 12 | 9 | 8 |
| 2 | 常规施肥 | 20 | 4 | 4 |
| 3 | 空白 | 0 | 0 | 0 |

## 二、玉米配方施肥试验方案设计

试验供试玉米品种为当地主栽品种郑单 958。供试肥料为尿素(N 46%)和过磷酸钙($P_2O_5$ 18%)、氯化钾($K_2O$ 50%)。

试验地位于历城区 9 处典型地块,供试耕层(0～20cm)土壤类型和基本理化性质如表 11-5 所示,土壤 pH 平均为 7.7,有机质为 18.1g/kg,有效磷为 35mg/kg,有效钾为 138.4mg/kg。地势平坦,排水良好,有水浇条件。

表 11-5　　"3414"试验供试土壤基本理化性质

| 试验地块 | 土类 | 亚类 | 有机质(g/kg) | 有效磷(mg/kg) | 速效钾(mg/kg) | pH |
|---|---|---|---|---|---|---|
| 1 | 褐土 | 潮褐土 | 16.2 | 15.9 | 178 | 7.5 |
| 2 | 褐土 | 潮褐土 | 15.9 | 73 | 166 | 7.8 |
| 3 | 潮土 | 典型潮土 | 22.6 | 23.6 | 141 | 8 |
| 4 | 褐土 | 典型褐土 | 17 | 31.2 | 137 | 7.9 |
| 5 | 褐土 | 潮褐土 | 16.7 | 50 | 163 | 7.8 |
| 6 | 褐土 | 典型褐土 | 17.7 | 19.4 | 89 | 7.9 |
| 7 | 褐土 | 潮褐土 | 20.3 | 30.3 | 116 | 7.7 |
| 8 | 潮土 | 典型潮土 | 16.9 | 36.2 | 145.6 | 7.6 |
| 9 | 褐土 | 潮褐土 | 20 | 35.3 | 110 | 7.4 |
|  | 平均 |  | 18.1 | 35 | 138.4 | 7.7 |

田间试验方案设计 1:氮、磷、钾不同配比的"3414"田间试验方案。

"3414"试验设置 14 个试验处理,2 次重复,小区面积为 4.8m×5m=24$m^2$,随机排列。尿素、过磷酸钙和氯化钾一次性作种肥施用。设置 0、1、2、3 四个水平,水平 2 的施肥量(纯养分量):N、$P_2O_5$、$K_2O$ 分别为 14kg/667$m^2$、4kg/667$m^2$、6kg/667$m^2$;水平 1 施肥量是水平 2 的 0.5 倍,水平 3 施肥量是水平 2 的 1.5 倍。试验方案如表 11-6 所示。

表 11-6　　玉米“3414”试验方案设计

| 处理号 | 处　理 | N | $P_2O_5$ | $K_2O$ |
|---|---|---|---|---|
| 1 | $N_0P_0K_0$ | 0 | 0 | 0 |
| 2 | $N_0P_2K_2$ | 0 | 4 | 6 |
| 3 | $N_1P_2K_2$ | 7 | 4 | 6 |
| 4 | $N_2P_0K_2$ | 14 | 0 | 6 |
| 5 | $N_2P_1K_2$ | 14 | 2 | 6 |
| 6 | $N_2P_2K_2$ | 14 | 4 | 6 |
| 7 | $N_2P_3K_2$ | 14 | 6 | 6 |
| 8 | $N_2P_2K_0$ | 14 | 4 | 0 |
| 9 | $N_2P_2K_1$ | 14 | 4 | 3 |
| 10 | $N_2P_2K_3$ | 14 | 4 | 9 |
| 11 | $N_3P_2K_2$ | 21 | 4 | 6 |
| 12 | $N_1P_1K_2$ | 7 | 2 | 6 |
| 13 | $N_1P_2K_1$ | 7 | 4 | 3 |
| 14 | $N_2P_1K_1$ | 14 | 2 | 3 |

田间试验方案设计 2:配方施肥的田间试验方案设计。

试验供试耕层(0～20cm)土壤类型和基本理化性质如表 11-7 所示,土壤 pH 平均为 7.2,有机质为 17.9g/kg,有效磷为 34.1mg/kg,有效钾为 34.5mg/kg。地势平坦,排水良好,有水浇条件。

表 11-7　　示范试验供试土壤基本理化性质

| 试验地块 | 土类 | 亚类 | 有机质(g/kg) | 有效磷(mg/kg) | 速效钾(mg/kg) | pH |
|---|---|---|---|---|---|---|
| 1 | 褐土 | 潮褐土 | 20.8 | 30.3 | 178 | 7.3 |
| 2 | 褐土 | 潮褐土 | 19.7 | 23.6 | 89 | 7 |
| 3 | 褐土 | 潮褐土 | 22.9 | 35.3 | 166 | 7.3 |
| 4 | 褐土 | 褐土 | 13.6 | 15.9 | 137 | 7.3 |
| 5 | 褐土 | 潮褐土 | 10.2 | 74.9 | 116 | 6.9 |
| 6 | 褐土 | 潮褐土 | 15 | 19.4 | 86 | 6.9 |
| 7 | 褐土 | 潮褐土 | 25.7 | 37 | 163 | 7.3 |
| 8 | 潮土 | 潮土 | 15.4 | 36.2 | 141 | 7.4 |
|  | 平均 |  | 17.9 | 34.1 | 134.5 | 7.2 |

试验设置 3 个处理,小区面积为 10m×7m=70m²,2 次重复,随机区组设计。处理 1 为配方施肥,处理 2 为常规施肥,处理 3 为空白(不施肥)。

配方区施肥量为：N 14kg/667m$^2$、$P_2O_5$ 4kg/667m$^2$、$K_2O$ 6kg/667m$^2$，尿素、过磷酸钙和氯化钾一次性作基肥施用；常规区施肥量为：N 20kg/667m$^2$、$P_2O_5$ 4kg/667m$^2$、$K_2O$ 4kg/667m$^2$，磷、钾肥作种肥，尿素1/3作种肥、2/3作小喇叭口期追肥。配方施肥的试验设计如表11-8所示。

表11-8 配方施肥的试验设计

| 处理号 | 处　理 | N | $P_2O_5$ | $K_2O$ |
|---|---|---|---|---|
| 1 | 配方施肥 | 14 | 4 | 6 |
| 2 | 常规施肥 | 20 | 4 | 4 |
| 3 | 空白 | 0 | 0 | 0 |

田间试验的管理措施与当地常用的生产技术水平一致。玉米收获时测产，选取并采集代表性植株样品风干后计算籽粒与茎叶比例；然后分茎叶和籽粒两部分烘干、磨细，分析测定植株氮、磷、钾含量。

在实施上，大田作物磷、钾肥一般作为基肥施用，而氮肥要分期施用。通过查阅资料可知，优化氮肥总量和基追比例，可在保证小麦、玉米产量的同时，比农民习惯氮肥管理减少氮素损失116kg/hm$^2$和65kg/hm$^2$

## 第二节　小麦—玉米田块的土壤肥力特征及其分级

由表11-9至表11-12可以看出，历城区小麦—玉米田块土壤有机质略显不足，氮素处于中等水平，磷素、钾素供应较充足，养分比例失衡，土壤肥力处于中等偏低的水平。需肥规律为：氮肥＞磷肥＞钾肥。应加大有机肥或有机物料投入，调整施肥结构，培肥地力，以创造小麦—玉米高产的最佳土壤肥力条件。

表11-9 小麦—玉米生产区土壤有机质含量

| 等　级 | 平均值(g/kg) | 样本数 | 变异系数(%) | 占总样本(%) |
|---|---|---|---|---|
| 丰富(＞30) | 33.2 | 3 | 7.2 | 2.75 |
| 中等(30～10) | 17.6 | 1003 | 21.74 | 91.85 |
| 缺乏(＜10) | 7.8 | 59 | 23.32 | 5.4 |

表11-10 小麦—玉米生产区土壤碱解氮含量

| 等　级 | 平均值(mg/kg) | 样本数 | 变异系数 | 占总样本(%) |
|---|---|---|---|---|
| 丰富(＞120) | 132.36 | 143 | 8.45 | 12.86 |
| 中等(120～90) | 101.75 | 482 | 8.02 | 43.35 |
| 缺乏(＜90) | 76.13 | 487 | 13.85 | 43.79 |

表 11-11　　小麦—玉米生产区土壤有效磷含量

| 等　级 | 平均值(mg/kg) | 样本数 | 变异系数 | 占总样本(%) |
|---|---|---|---|---|
| 丰富(>20) | 59.4 | 532 | 55.87 | 48.63 |
| 中等(20～10) | 15.5 | 454 | 17.48 | 41.50 |
| 缺乏(>10) | 6.7 | 108 | 30.14 | 9.87 |

表 11-12　　小麦—玉米生产区土壤速效钾含量

| 等　级 | 平均值(mg/kg) | 样本数 | 变异系数 | 占总样本(%) |
|---|---|---|---|---|
| 丰富(>150) | 229 | 546 | 30.6 | 49.73 |
| 中等(150～50) | 110 | 549 | 24.49 | 50 |
| 缺乏(<50) | 48 | 3 | 4.44 | 0.27 |

## 第三节　配方施肥的效应及施肥技术

### 一、不同施肥处理对作物产量的影响

(一)不同施肥处理对小麦产量的影响

由表 11-13 可以看出,2 个点的小麦产量以 $N_3P_2K_2$ 和 $N_2P_3K_2$ 处理最高,其次为 $N_2P_2K_2$ 和 $N_2P_3K_2$ 处理,且在其中 2 因素处于水平 2 时,随着单因素氮、磷和钾肥用量的增加,小麦产量提高,但增幅在逐渐减小。缺氮区的小麦产量分别是氮肥水平 1、2 和 3 的产量的 83.6%、77.4%和 75.5%,平均为 78.8%;缺磷区的小麦产量分别是磷肥水平 1、2 和 3 的产量的 87.5%、84.7%和 84.5%,平均为 85.6%;缺钾区的玉小麦产量分别是钾肥水平 1、2 和 3 的产量的 94.9%、87.2%和 86.8%,平均为 89.6%。对小麦的增产效果依次为:氮肥>磷肥>钾肥,小麦上氮、磷、钾肥均表现出一定的增产效果。

表 11-13　　"3414"试验不同处理的小麦籽粒产量

| 处　理 | 籽粒产量(kg/667m²) 1 | 籽粒产量(kg/667m²) 2 | 平均籽粒产量(kg/667m²) | 秸秆产量(kg/667m²) 1 | 秸秆产量(kg/667m²) 2 | 平均秸秆量(kg/667m²) |
|---|---|---|---|---|---|---|
| $N_0P_0K_0$ | 346.84 | 415.08 | 380.96 | 417.88 | 500.1 | 458.99 |
| $N_0P_2K_2$ | 421.45 | 433.66 | 427.56 | 507.77 | 522.48 | 515.13 |
| $N_1P_2K_2$ | 565.47 | 457.58 | 511.53 | 681.29 | 551.3 | 616.3 |
| $N_2P_0K_2$ | 465.88 | 469.95 | 467.92 | 561.3 | 566.2 | 563.75 |
| $N_2P_1K_2$ | 585.11 | 484.86 | 534.99 | 704.95 | 584.17 | 644.56 |
| $N_2P_2K_2$ | 595.48 | 509.78 | 552.63 | 717.45 | 614.19 | 665.82 |
| $N_2P_3K_2$ | 605.39 | 501.79 | 553.59 | 729.39 | 604.57 | 666.98 |
| $N_2P_2K_0$ | 485.86 | 478.11 | 481.99 | 585.37 | 576.04 | 580.7 |
| $N_2P_2K_1$ | 525.71 | 490.4 | 508.06 | 633.39 | 590.84 | 612.11 |
| $N_2P_2K_3$ | 595.65 | 514.42 | 555.04 | 717.65 | 601.71 | 659.68 |
| $N_3P_2K_2$ | 616.89 | 514.96 | 565.93 | 743.24 | 620.43 | 681.84 |

续表

| 处理 | 籽粒产量(kg/667m²) | | 平均籽粒产量(kg/667m²) | 秸秆产量(kg/667m²) | | 平均秸秆量(kg/667m²) |
|---|---|---|---|---|---|---|
| | 1 | 2 | | 1 | 2 | |
| $N_1P_1K_2$ | 547.63 | 445.58 | 496.61 | 659.8 | 536.84 | 598.32 |
| $N_1P_2K_1$ | 560.32 | 489 | 524.66 | 675.08 | 589.16 | 632.12 |
| $N_2P_1K_1$ | 576.37 | 464.36 | 520.37 | 694.42 | 559.47 | 626.95 |

(二)不同施肥处理对玉米产量的影响

表 11-14 和表 11-15 分别是玉米"3414"试验的籽粒产量与秸秆产量结果。

表 11-14 "3414"试验不同处理的玉米籽粒产量

| 处理 | 试验地点(kg/667m²) | | | | | | | | | 平均(kg/667m²) |
|---|---|---|---|---|---|---|---|---|---|---|
| | 1 | 2 | 3 | 4 | 5 | 6 | 7 | 8 | 9 | |
| $N_0P_0K_0$ | 389 | 461.8 | 371.9 | 323.6 | 397.9 | 277.7 | 521.9 | 416.9 | 337.8 | 388.7 |
| $N_0P_2K_2$ | 405.8 | 516.5 | 403.3 | 365.3 | 473.5 | 308.8 | 530.8 | 459.9 | 391.1 | 428.3 |
| $N_1P_2K_2$ | 452.2 | 580 | 406.3 | 395.3 | 485.6 | 349.2 | 550.4 | 493.2 | 417.4 | 458.8 |
| $N_2P_0K_2$ | 452.9 | 608.2 | 410.1 | 374.8 | 480.2 | 344.5 | 517.6 | 509.2 | 412.4 | 456.6 |
| $N_2P_1K_2$ | 489.4 | 626.9 | 435.1 | 386.9 | 490.9 | 365.6 | 543.3 | 531 | 428.2 | 477.5 |
| $N_2P_2K_2$ | 518.9 | 636 | 458.5 | 410.5 | 505.3 | 390.6 | 570.9 | 547.3 | 448 | 498.4 |
| $N_2P_3K_2$ | 522.3 | 642.5 | 463.1 | 416.8 | 509.5 | 398.9 | 563.2 | 552.8 | 454.2 | 502.6 |
| $N_2P_2K_0$ | 505.7 | 615.2 | 418.1 | 370.8 | 478.6 | 316.5 | 512.4 | 516.7 | 397.6 | 459.1 |
| $N_2P_2K_1$ | 519.7 | 627.2 | 430.1 | 387.7 | 487.8 | 325.6 | 543.8 | 528.7 | 406.7 | 473 |
| $N_2P_2K_3$ | 520.8 | 640.9 | 484.1 | 414.2 | 507.8 | 394.6 | 562 | 562.5 | 451.2 | 504.2 |
| $N_3P_2K_2$ | 526.1 | 649 | 459.2 | 417.6 | 520.1 | 417.5 | 573.7 | 554.1 | 468.8 | 509.6 |
| $N_1P_1K_2$ | 456.6 | 566.7 | 403.5 | 361.2 | 444.7 | 351.6 | 549.1 | 485.1 | 398.2 | 446.3 |
| $N_1P_2K_1$ | 487.8 | 605.4 | 431 | 385.9 | 475 | 375.6 | 546.5 | 518.2 | 425.3 | 472.3 |
| $N_2P_1K_1$ | 493 | 611.8 | 435.6 | 390 | 480 | 379.6 | 536.7 | 523.7 | 429.8 | 475.6 |

表 11-15 "3414"试验不同处理的玉米秸秆产量

| 处理 | 试验地点(kg/667m²) | | | | | | | | | 平均(kg/667m²) |
|---|---|---|---|---|---|---|---|---|---|---|
| | 1 | 2 | 3 | 4 | 5 | 6 | 7 | 8 | 9 | |
| $N_0P_0K_0$ | 409.7 | 491.6 | 396.5 | 351 | 449.1 | 279.3 | 579 | 444.1 | 364.2 | 418.3 |
| $N_0P_2K_2$ | 427.4 | 549.8 | 430 | 396.3 | 534.5 | 287.5 | 618.8 | 489.9 | 411 | 460.6 |
| $N_1P_2K_2$ | 492.9 | 696 | 432 | 489.7 | 637.3 | 392.2 | 633.8 | 564 | 514.7 | 539.2 |
| $N_2P_0K_2$ | 471.8 | 697.8 | 438 | 502.2 | 656.7 | 371.4 | 652.5 | 567.9 | 514 | 541.4 |
| $N_2P_1K_2$ | 505.6 | 708.3 | 462 | 518.4 | 669.9 | 372.6 | 685.6 | 585.2 | 521.2 | 558.7 |
| $N_2P_2K_2$ | 515.2 | 707.9 | 485 | 550.8 | 677.8 | 415.5 | 702 | 596.5 | 546.6 | 577.5 |
| $N_2P_3K_2$ | 567.8 | 723.8 | 510 | 558.5 | 690.8 | 431.3 | 725.8 | 616.9 | 561 | 598.4 |
| $N_2P_2K_0$ | 494.6 | 648.1 | 415.9 | 486 | 471 | 304.5 | 673.2 | 532 | 387.7 | 490.3 |

续表

| 处理 | 试验地点(kg/667m²) | | | | | | | | | 平均(kg/667m²) |
|---|---|---|---|---|---|---|---|---|---|---|
| | 1 | 2 | 3 | 4 | 5 | 6 | 7 | 8 | 9 | |
| $N_2P_2K_1$ | 511.6 | 677.6 | 450 | 512.5 | 660.1 | 359.8 | 688.3 | 563.8 | 509.9 | 548.2 |
| $N_2P_2K_3$ | 555.6 | 853.3 | 519 | 564 | 700.2 | 447.6 | 719 | 686.2 | 573.9 | 624.3 |
| $N_3P_2K_2$ | 549.7 | 714.8 | 486 | 559.6 | 696.9 | 423.8 | 689.6 | 600.4 | 560.4 | 586.8 |
| $N_1P_1K_2$ | 453.4 | 623 | 426.8 | 484.7 | 596.5 | 365.6 | 617.8 | 524.9 | 481 | 508.2 |
| $N_1P_2K_1$ | 484.3 | 665.4 | 455.9 | 517.8 | 637.1 | 390.5 | 659.9 | 560.7 | 513.8 | 542.8 |
| $N_2P_1K_1$ | 489.5 | 672.5 | 460.8 | 523.3 | 643.9 | 394.7 | 666.9 | 566.6 | 519.3 | 548.6 |

9 个点的玉米产量以 $N_3P_2K_2$、$N_2P_2K_3$ 处理最高，其次为 $N_2P_2K_2$ 和 $N_2P_3K_2$ 处理，且在其中 2 因素处于水平 2 时，随着单因素氮、磷和钾肥用量的最佳，玉米产量最佳，但增幅在逐渐减小。缺氮区的玉米产量分别是氮肥水平 1、2 和 3 的产量的 93.4%、85.9% 和 84.1%，平均为 87.8%；缺磷区的玉米产量分别是磷肥水平 1、2 和 3 的产量的 95.6%、91.6% 和 90.9%，平均为 92.7%；缺钾区的玉米产量分别是钾肥水平 1、2 和 3 的产量的 97.7%、92.7% 和 91.7%，平均为 94%。对玉米的增产效果依次为：氮肥＞磷肥＞钾肥，玉米上氮、磷、钾肥均表现出一定的增产效果。

## 二、不同施肥处理的肥料效应

肥料的农学效率：肥料农学效率(AE)是指特定施肥条件下，单位施肥量所增加的作物经济产量。它是施肥增产效应的综合体现，施肥量、作物种类和管理措施都会影响肥料的农学效率。在具体应用中，施肥量通常用纯养分(如 N、$P_2O_5$ 和 $K_2O$)来表示，即氮肥农学效率通常是指投入每千克纯氮所增加的经济产量数量，磷肥农学效率通常是指投入每千克 $P_2O_5$ 所增加的经济产量数量，钾肥农学效率通常是指投入每千克 $K_2O$ 所增加的经济产量数量。计算公式为：

$$AE=(Y_f-Y_0)/F$$

式中：AE 是指肥料农学效率，单位为 kg/kg；$Y_f$ 为某一特定的化肥施用下作物的经济产量，单位为 kg/667m²；$Y_0$ 为对照(不施特定化肥条件下)作物的经济产量，单位为 kg/667m²；$F$ 为肥料纯养分(是指 N、$P_2O_5$ 和 $K_2O$)投入量，单位为 kg/667m²。

由表 11-16 可以看出，小麦上单位氮肥(N)的平均增产量为 10.71kg，单位磷肥($P_2O_5$)的平均增产量为 10.22kg，单位钾肥($K_2O$)的平均增产量为 7.15kg。小麦上氮肥的农学效率最高，钾肥较低。

表 11-16 小麦"3414"试验氮、磷、钾肥的农学效率

| 水平 | N | $P_2O_5$ | $K_2O$ |
|---|---|---|---|
| 1 | 14 | 14.9 | 6.52 |
| 2 | 10.43 | 9.41 | 8.83 |
| 3 | 7.69 | 6.35 | 6.09 |
| 平均 | 10.71 | 10.22 | 7.15 |

由表 11-17 可以看出，玉米上单位氮肥(N)的平均增产量为 4.41kg，单位磷肥($P_2O_5$)的平均增产量为 9.5kg，单位钾肥($K_2O$)的平均增产量为 4.74kg。玉米上磷肥的农学效

率最高，氮肥较低。

表 11-17　　玉米“3414”试验氮磷钾肥的农学效率

| 水平 | N | $P_2O_5$ | $K_2O$ |
| --- | --- | --- | --- |
| 1 | 4.36 | 10.4 | 3.56 |
| 2 | 5.01 | 10.4 | 6.02 |
| 3 | 3.87 | 7.7 | 4.65 |
| 平均 | 4.41 | 9.5 | 4.74 |

肥料利用率：从农学意义上看，应采用差值法测算氮、磷、钾肥的利用率。差值法计算肥料利用率是指施肥区作物吸收的养分量与不施肥区作物吸收的养分量之差与肥料投入量的比值。计算公式为：

$$RE=\frac{U_1-U_0}{F}\times 100\%$$

式中：RE 为肥料利用率；$U_1$、$U_0$ 分别为施肥区与缺素区作物吸收的养分量，单位为 $kg/667m^2$；$F$ 为肥料养分（指 N、$P_2O_5$、$K_2O$）投入量，单位为 $kg/667m^2$。

由试验得到小麦、玉米“3414”试验二水平氮、磷、钾的肥料利用率，结果如表 11-18 和表 11-19 所示。

表 11-18　　小麦“3414”试验氮、磷、钾肥料利用率

| 水平 | N | P | K |
| --- | --- | --- | --- |
| 1 | 48.54 | 17.72 | 29.21 |
| 2 | 35.44 | 11.72 | 25.09 |
| 3 | 27.06 | 7.97 | 20.42 |
| 平均 | 37.01 | 12.47 | 24.91 |

表 11-19　　玉米“3414”试验氮、磷、钾肥料利用率

| 水平 | N | P | K |
| --- | --- | --- | --- |
| 1 | 24.31 | 19.36 | 14.27 |
| 2 | 21.48 | 15.57 | 18.69 |
| 3 | 16.39 | 9.36 | 14.57 |
| 平均 | 20.72 | 14.76 | 15.85 |

无论玉米还是小麦，随着施肥量的增加，肥料利用率明显下降。小麦的平均氮肥利用率（37.01%）及钾肥利用率（24.91%）高于玉米的（20.72%、15.85%）。小麦的磷肥利用率平均为 12.47%，低于玉米的 14.76%。

## 第四节　土壤磷、钾的丰缺状况

"3414"试验中各缺磷、钾的相对产量，按如下公式计算：

$$缺磷的相对产量(\%)=Y_{NK}/Y_{NPK}\times 100$$

$$缺钾的相对产量(\%)=Y_{NP}/Y_{NPK}\times 100$$

在SPASS软件中，对缺磷的相对产量结果与土壤有效磷测定结果(见表11-20)进行相关性分析，试验的结果如表11-21所示。

表11-20　玉米"3414"试验有关磷的部分结果

| 试验点 | 有效磷含量(mg/kg) | 相对产量(%) |
|---|---|---|
| 1 | 15.9 | 87.28079 |
| 2 | 73 | 95.62893 |
| 3 | 23.6 | 89.44384 |
| 4 | 31.2 | 91.30329 |
| 5 | 50 | 95.03265 |
| 6 | 19.4 | 88.19764 |
| 7 | 30.3 | 90.66386 |
| 8 | 36.2 | 93.03855 |
| 9 | 35.3 | 92.05357 |

表11-21　模型汇总和参数估计值(因变量:相对产量)

| 方程 | 模型汇总 | | | | | 参数估计值 | | |
|---|---|---|---|---|---|---|---|---|
| | $R_2$ | F | df1 | df2 | Sig. | 常数 | b1 | b2 |
| 二次 | 0.988 | 243.741 | 2 | 6 | 0.000 | 80.942 | 0.436 | −0.003 |

自变量为有效磷。

由表11-21得出土壤有效磷与缺磷相对产量的方程为 $y=-0.003x^2+0.436x+80.942$，且 $R_2=0.988$，Sig.<0.001，说明土壤有效磷测定值与作物相对产量之间有很好的相关关系，可以作为土壤养分丰缺指标建立的依据。将数据代入方程，以相对产量83%、90%、95%为准，获得土壤养分丰缺指标(见表11-22)。

表11-22　玉米土壤有效磷丰缺指标

| 丰缺等级 | 相对产量(%) | 有效磷(mg/kg) |
|---|---|---|
| 极高 | >95 | >35 |
| 高 | 90～95 | 16～35 |
| 中 | 83～90 | 10～16 |
| 低 | <83 | <10 |

从历城区土壤肥力分析得出，有效磷含量低于10mg/kg即丰缺等级属于低等的仅占耕地面积的0.53%，10～20mg/kg即属于中等的占28.54%，20～30mg/kg即属于高等

的占 18.3%，高于 30mg/kg 即属于极高的占 52.63%。

在 SPASS 软件中对缺钾的相对产量结果与土壤速效钾测定结果（见表 11-23）进行相关性分析。试验的结果如表 11-24 所示。

**表 11-23 玉米“3414”试验有关钾的部分结果**

| 试验点 | 速效钾含量(mg/kg) | 相对产量(%) |
|---|---|---|
| 1 | 178 | 97.45616 |
| 2 | 166 | 96.72956 |
| 3 | 141 | 91.18866 |
| 4 | 137 | 90.32887 |
| 5 | 163 | 94.71601 |
| 6 | 89 | 81.02919 |
| 7 | 116 | 89.75302 |
| 8 | 145.6 | 94.40892 |
| 9 | 110 | 88.75 |

**表 11-24 模型汇总和参数估计值(因变量:相对产量)**

| 方程 | 模型汇总 | | | | | 参数估计值 | | |
|---|---|---|---|---|---|---|---|---|
| | $R_2$ | F | df1 | df2 | Sig. | 常数 | b1 | b2 |
| 二次 | 0.929 | 39.497 | 2 | 6 | 0.000 | 52.105 | 0.424 | −0.001 |

自变量为速效钾。

可得相关系数 $R_2=0.929$，Sig.$<0.01$，说明土壤钾测定值与作物相对产量之间有很好的相关关系，可以作为土壤养分丰缺指标建立的依据。土壤速效钾含量与产量的关系函数为 $Y=-0.001x^2+0.424x+52.105$。将数据代入方程，以相对产量 70%、85%、95%为准，获得土壤养分丰缺指标（见表 11-25）。

**表 11-25 玉米土壤速效钾丰缺指标**

| 丰缺等级 | 相对产量(%) | 速效钾(mg/kg) |
|---|---|---|
| 极高 | >95 | >160 |
| 高 | 85～95 | 100～160 |
| 中 | 70～85 | 80～100 |
| 低 | <70 | <80 |

从历城区土壤肥力分析得出，土壤速效钾含量低于 100mg/kg 的仅占 4.93%，土壤速效钾含量属于高等以上的近 95%，历城区的耕层土壤速效钾非常丰富。

# 第五节　肥料效应函数

## 一、小麦肥料效应函数

不同处理下，小麦产量有明显不同。氮、磷、钾的缺素相对产量分别为77.37%、84.67%、87.22%，对小麦增产效果依次为：氮＞磷＞钾。将不同处理下小麦产量结果用DPS进行“3414”试验设计统计分析。采用三元二次肥料效应模型对小麦产量($y$)与氮(N)、磷(P)、钾(K)施用量进行拟合，得到方程：$y=383.048+10.286N+15.532P+0.955K-0.862N^2-0.966P^2-1.3858K^2+0.0657NP+1.6949NK+0.4831PK$。检验得$R_2=0.9355$，由表11-26可以看出，除NK、PK的$p$值较大，其余各项相关性都很好，表明该拟合模型拟合度很高，说明施用氮肥、磷肥及钾肥对小麦产量有显著影响。DPS采用非线性优化技术得出最高产量为649.64kg/667m²，最佳施肥量分别为氮17kg/667m²、磷10.91kg/667m²、钾12kg/667m²。综合考虑肥料利用率、当地施肥习惯及经济效益等，给出建议施肥量为氮肥13kg/667m²、磷肥8kg/667m²、钾肥8kg/667m²。

表11-26　　小麦DPS处理相关系数

| | N | P | K | NP | NK | PK | $N^2$ | $P^2$ | $K^2$ | $y$ | $p$值 |
|---|---|---|---|---|---|---|---|---|---|---|---|
| N | 1.023 | 0.261 | 0.272 | 1.042 | 0.231 | 0.251 | 0.708 | 0.808 | 0.172 | 0.763 | 0.002 |
| P | 0.245 | 1.018 | 0.243 | 0.201 | 0.992 | 0.204 | 0.787 | 0.147 | 0.76 | 0.549 | 0.075 |
| K | 0.283 | 0.243 | 1.089 | 0.242 | 0.201 | 1.03 | 0.158 | 0.758 | 0.727 | 0.536 | 0.075 |
| NP | 1.042 | 0.201 | 0.245 | 1.088 | 0.21 | 0.234 | 0.693 | 0.811 | 0.167 | 0.654 | 0.015 |
| NK | 0.219 | 0.949 | 0.201 | 0.211 | 1.089 | 0.155 | 0.772 | 0.171 | 0.801 | 0.453 | 0.146 |
| PK | 0.251 | 0.206 | 0.967 | 0.219 | 0.155 | 1.03 | 0.162 | 0.747 | 0.721 | 0.441 | 0.155 |
| $N^2$ | 0.755 | 0.779 | 0.158 | 0.746 | 0.772 | 0.163 | 1.098 | 0.536 | 0.622 | 0.787 | 0.004 |
| $P^2$ | 0.808 | 0.138 | 0.815 | 0.811 | 0.171 | 0.747 | 0.536 | 1.064 | 0.535 | 0.818 | 0.002 |
| $K^2$ | 0.166 | 0.764 | 0.729 | 0.179 | 0.75 | 0.763 | 0.583 | 0.567 | 1.023 | 0.555 | 0.047 |

## 二、玉米肥料效应函数

不同处理下，玉米产量有明显不同。氮、磷、钾的缺素相对产量分别为85.93%、91.61%、92.11%，对玉米增产效果依次为：氮＞磷＞钾。将不同处理下玉米产量结果用DPS进行“3414”试验设计统计分析。采用三元二次肥料效应模型对玉米产量($y$)与氮(N)、磷(P)、钾(K)施用量进行拟合，得到方程：$y=388.8438-0.3399N+20.8516P+15.4321K-0.0802N^2-3.0426P^2-1.6047K^2+0.9088NP+0.6743NK-1.4163PK$。检验得$R_2=0.921$，表明该拟合模型拟合度很高(见表11-27)，说明施用氮肥、磷肥及钾肥对玉米产量有显著影响。DPS采用非线性优化技术得出最高产量为557.56kg/667m²，最佳施肥量分别为氮21.9kg/667m²、磷5.1615kg/667m²、钾7.3286kg/667m²。由于

DPS处理数据属于纯粹的数学方法，所以结果只能作为参考。特别是当肥料用量高时应综合考虑肥料利用率以及经济效益等，所以建议玉米施肥量为15：4：6(氮、磷、钾)。

表 11-27　玉米DPS处理相关系数

| | N | P | K | NP | NK | PK | $N^2$ | $P^2$ | $K^2$ | $y$ | $p$值 |
|---|---|---|---|---|---|---|---|---|---|---|---|
| N | 1.095 | 0.309 | 0.27 | 0.966 | 0.263 | 0.233 | 0.805 | 0.765 | 0.185 | 0.847 | 0 |
| P | 0.309 | 1.064 | 0.282 | 0.274 | 0.961 | 0.234 | 0.787 | 0.206 | 0.809 | 0.555 | 0.07 |
| K | 0.256 | 0.264 | 1.095 | 0.226 | 0.226 | 0.961 | 0.177 | 0.758 | 0.779 | 0.556 | 0.063 |
| NP | 1.009 | 0.284 | 0.22 | 1.073 | 0.235 | 0.208 | 0.824 | 0.731 | 0.206 | 0.852 | 0.001 |
| NK | 0.264 | 1.032 | 0.226 | 0.246 | 1.095 | 0.203 | 0.811 | 0.204 | 0.751 | 0.42 | 0.147 |
| PK | 0.224 | 0.226 | 1.032 | 0.216 | 0.203 | 1.016 | 0.186 | 0.756 | 0.786 | 0.418 | 0.15 |
| $N^2$ | 0.77 | 0.794 | 0.176 | 0.766 | 0.809 | 0.2 | 1.055 | 0.56 | 0.56 | 0.775 | 0.002 |
| $P^2$ | 0.771 | 0.198 | 0.758 | 0.785 | 0.209 | 0.812 | 0.6 | 1.073 | 0.582 | 0.849 | 0.001 |
| $K^2$ | 0.185 | 0.809 | 0.758 | 0.214 | 0.773 | 0.751 | 0.585 | 0.598 | 1.095 | 0.559 | 0.063 |

## 第六节　三区示范结果

通过示范试验也可看出(见表11-28和表11-29)，无论是小麦上还是玉米上，施用配方肥料均比常规施肥要增产，且小麦和玉米上部施肥获得的产量均很低，表明配方肥料的施用改善了养分供应的不平衡，起到了增产的作用。

表 11-28　小麦示范试验产量结果

| 部位 | 配方区 | 常规区 | 空白区 |
|---|---|---|---|
| 籽粒 | 583.5 | 570.8 | 510.3 |
| | 640.3 | 628.5 | 542.4 |
| 茎叶 | 757.6 | 714.2 | 645.7 |
| | 849.6 | 809.6 | 679.8 |

表 11-29　玉米示范试验产量结果

| 处　理 | 籽粒产量(kg/667m²) | | | | | | | |
|---|---|---|---|---|---|---|---|---|
| 配方区 | 526.1 | 649 | 469.2 | 424.6 | 520.1 | 417.5 | 573.7 | 554.1 |
| 常规区 | 518.9 | 636 | 458.5 | 410.5 | 505.3 | 390.6 | 570.9 | 547.3 |
| 空白区 | 381.2 | 452.6 | 364.5 | 317.1 | 389.9 | 325.1 | 511.5 | 484.6 |

# 主要参考文献

[1]陈新平,张福锁．通过“3414”试验建立测土配方施肥技术指标体系．中国农技推广,2006,22(4):36～39

[2]曹国松等.藜蒿测土配方施肥肥料效应试验示范.长江蔬菜,2011,(16):99～100

[3]历城区统计局.历城区统计年鉴(内部资料),2008

[4]历城区农业局土肥站．历城土壤(内部资料),1984

[5]吴志勇等．“3414”肥料效应试验的设计与统计分析．新疆农业科学,2008,45(1):135～141

[6]吴兵.山东省章丘市耕地地力调查与质量分析评价.山东农业大学,2010

[7]席承藩.中国土壤.北京:中国农业出版社,1998

[8]编委会.最新农业测土配方施肥工作实务全书．北京:银声音像出版社,2005

[9]山东省土壤肥料工作站.山东土种志．北京:农业出版社．1993

[10]山东省土壤肥料工作站.山东土壤．北京:中国农业出版社．1994

[11]宋庆英,蔡森,林影．加强耕地质量建设　实现粮食稳产增产.黑龙江农业科学,2011,(4):120～124

[12]佟玉欣等.平衡施肥对松嫩平原黑土玉米产量效益的影响.黑龙江农业科学,2010,(9):134～137

[13]杨文叶等.浅谈测土配方施肥技术.杭州农业与科技,2010,(6):38～40

[14]曾素养,罗明,陆贵珍.测土配方施肥“3414”完全试验结果初报.吉林农业,2011,(7):79

[15]张鸿利,田艳．测土配方施肥技术指标体系的建立.现代农业科技,2011,(11):277～278

# 附 图

## 历城区土地利用现状图

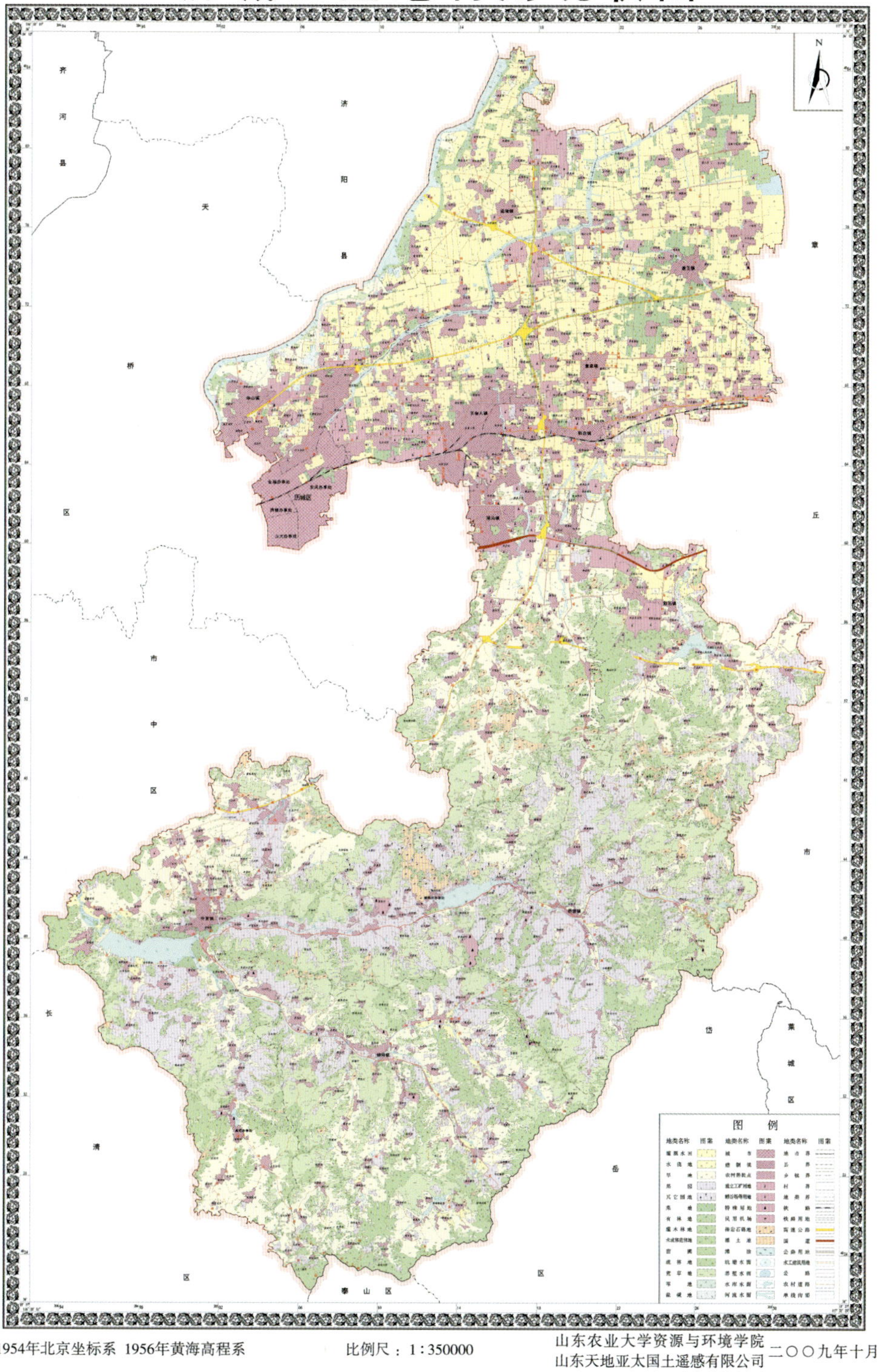


1954年北京坐标系 1956年黄海高程系　　比例尺：1∶350000　　山东农业大学资源与环境学院
山东天地亚太国土遥感有限公司 二〇〇九年十月

# 历城区地貌图

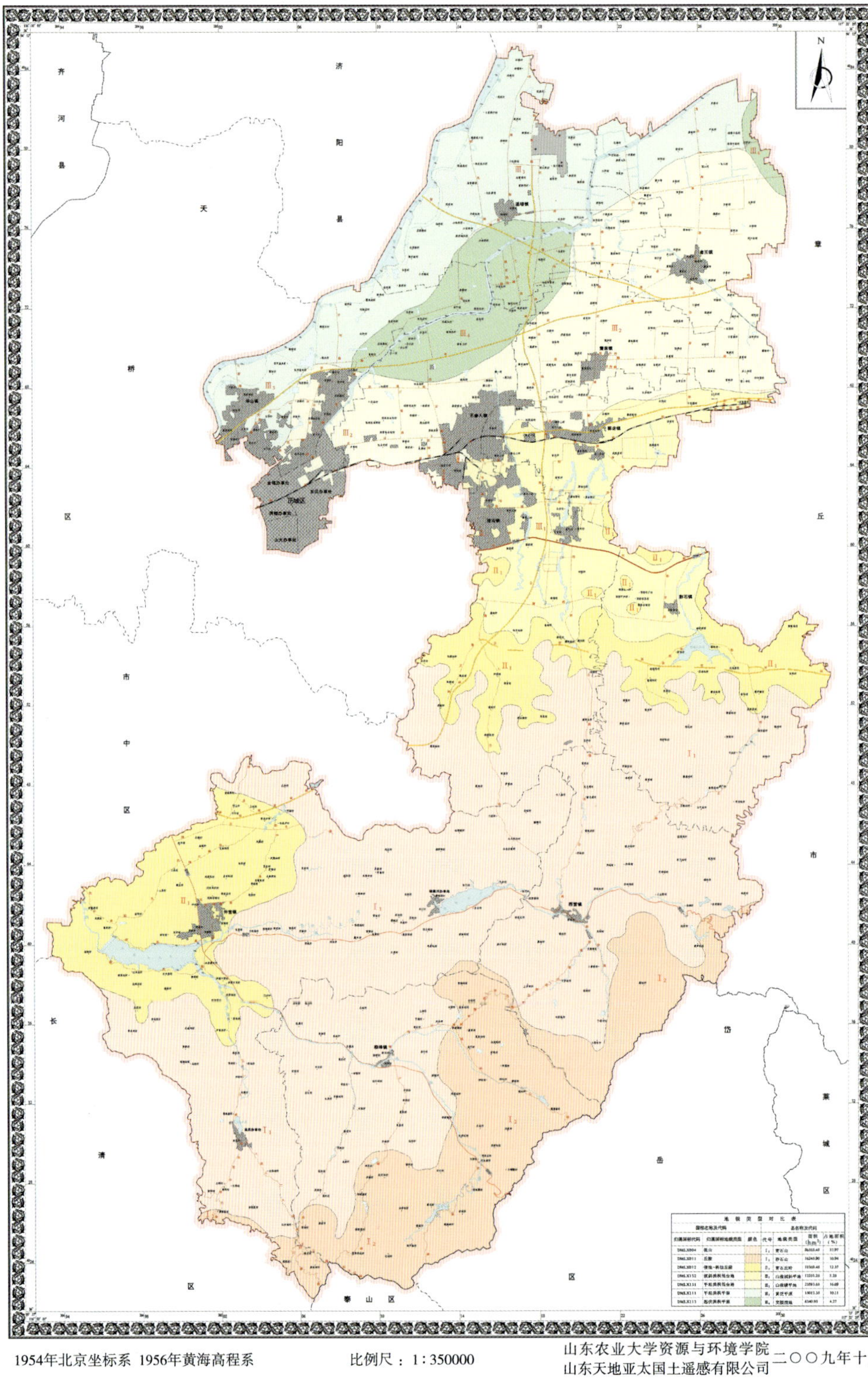


1954年北京坐标系 1956年黄海高程系　　比例尺：1∶350000　　山东农业大学资源与环境学院 山东天地亚太国土遥感有限公司 二〇〇九年十月

# 历城区土壤图

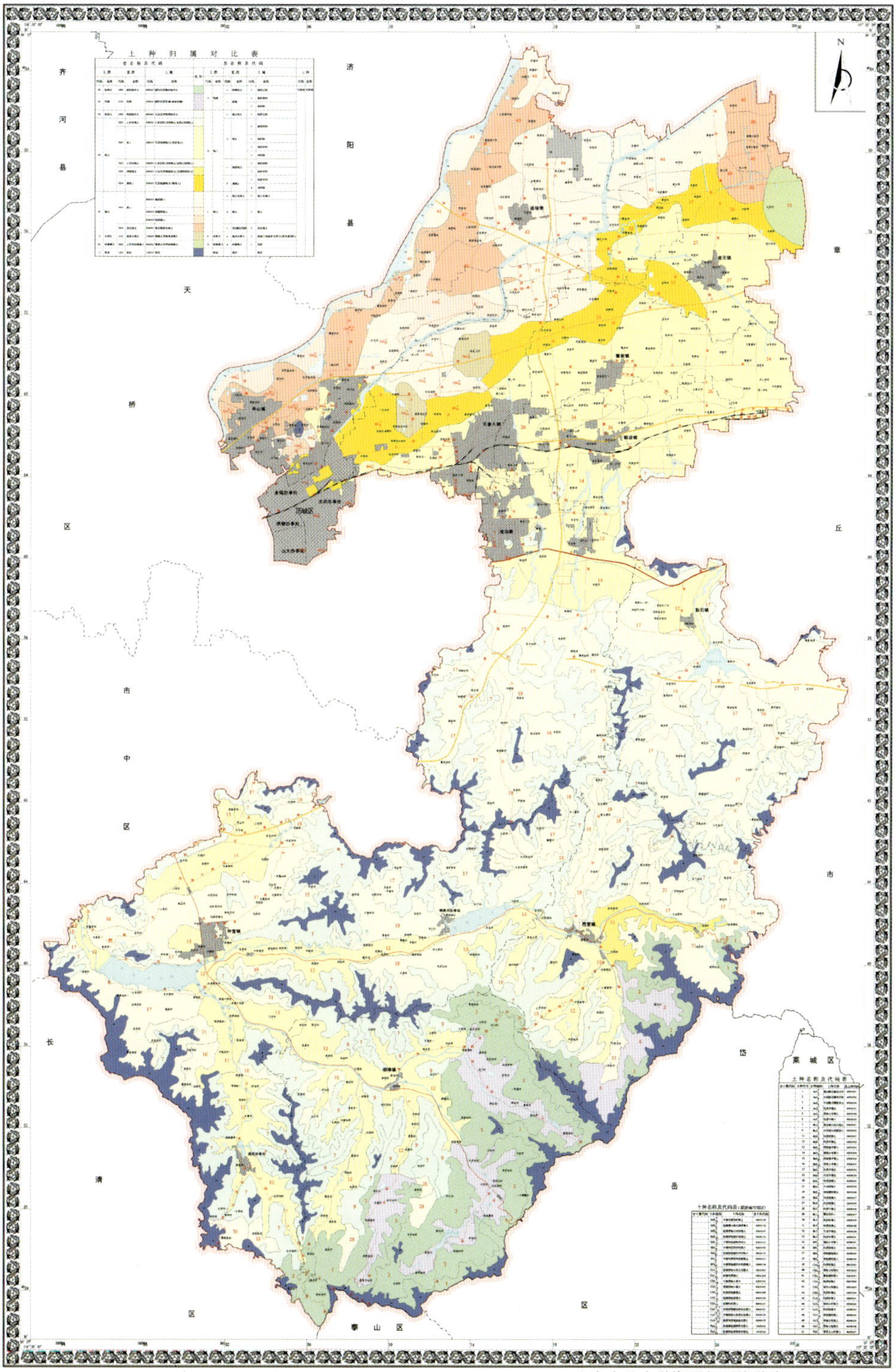


1954年北京坐标系 1956年黄海高程系 比例尺：1∶350000

山东农业大学资源与环境学院
山东天地亚太国土遥感有限公司 二〇〇九年十月

# 历城区坡度图

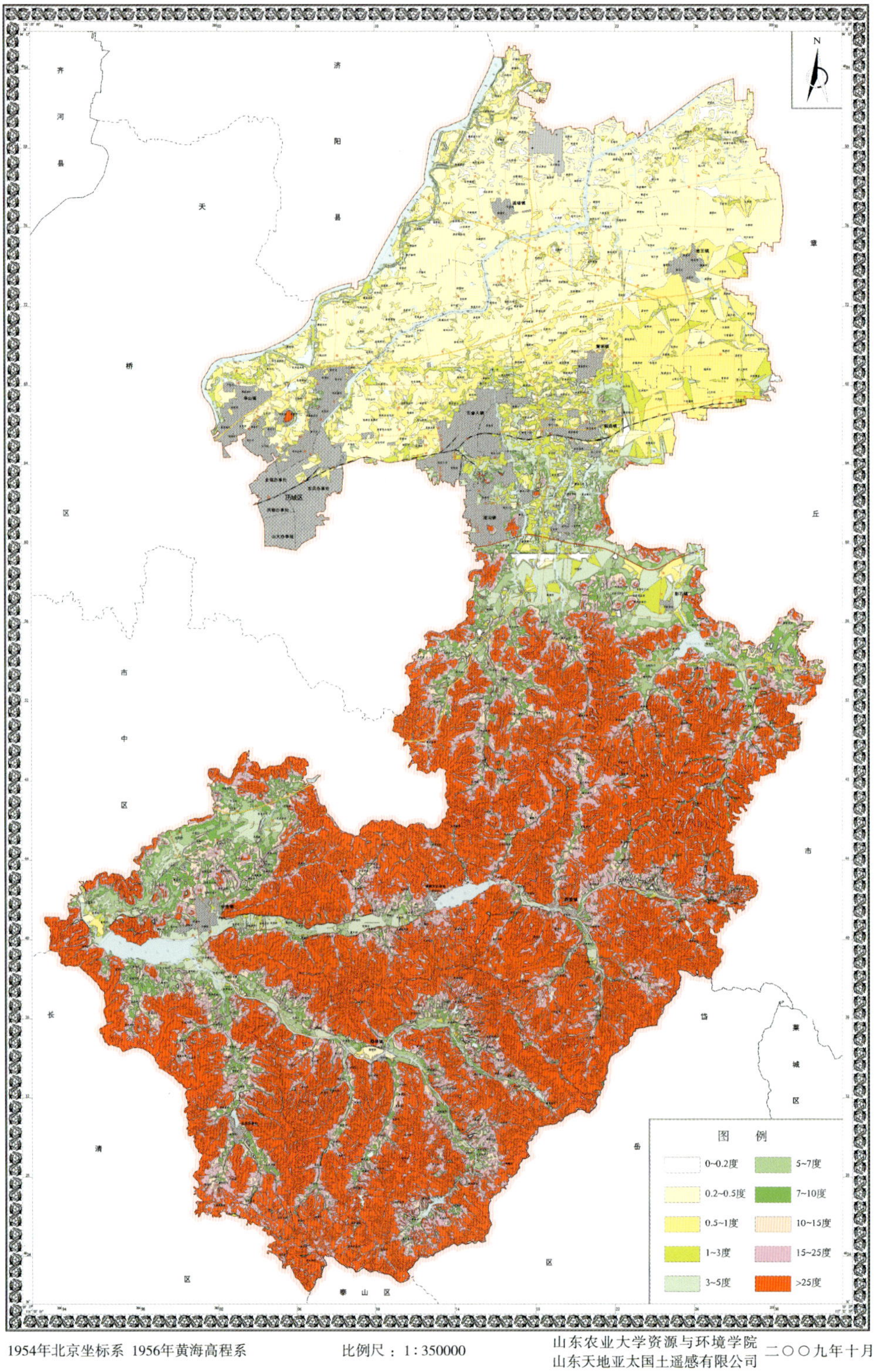


1954年北京坐标系 1956年黄海高程系　　比例尺：1∶350000　　山东农业大学资源与环境学院
山东天地亚太国土遥感有限公司　二〇〇九年十月

# 历城区耕地地力调查点点位图

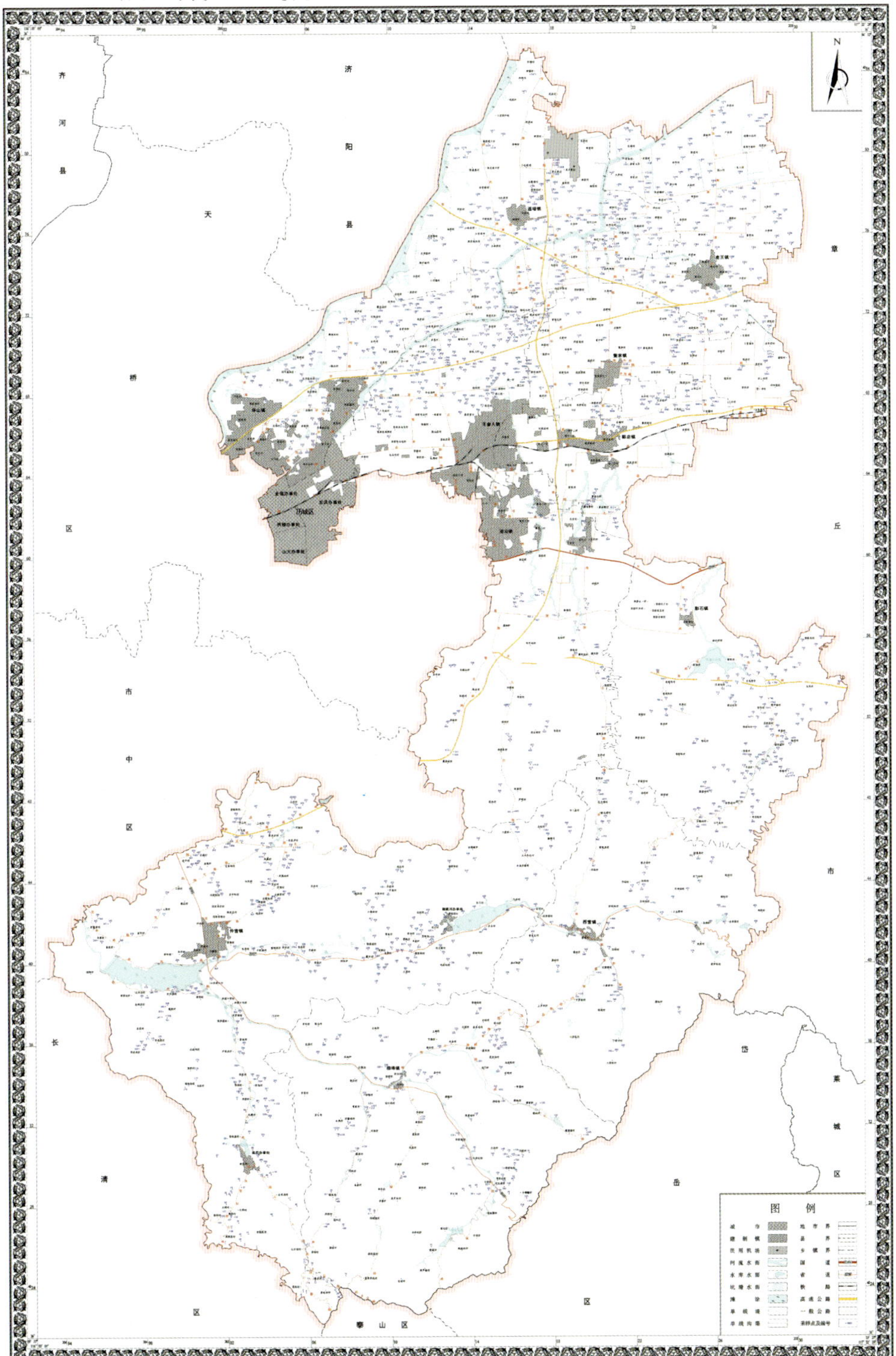


1954年北京坐标系 1956年黄海高程系　　比例尺：1:350000　　山东农业大学资源与环境学院　山东天地亚太国土遥感有限公司　二〇〇九年十月

# 历城区灌溉分区图

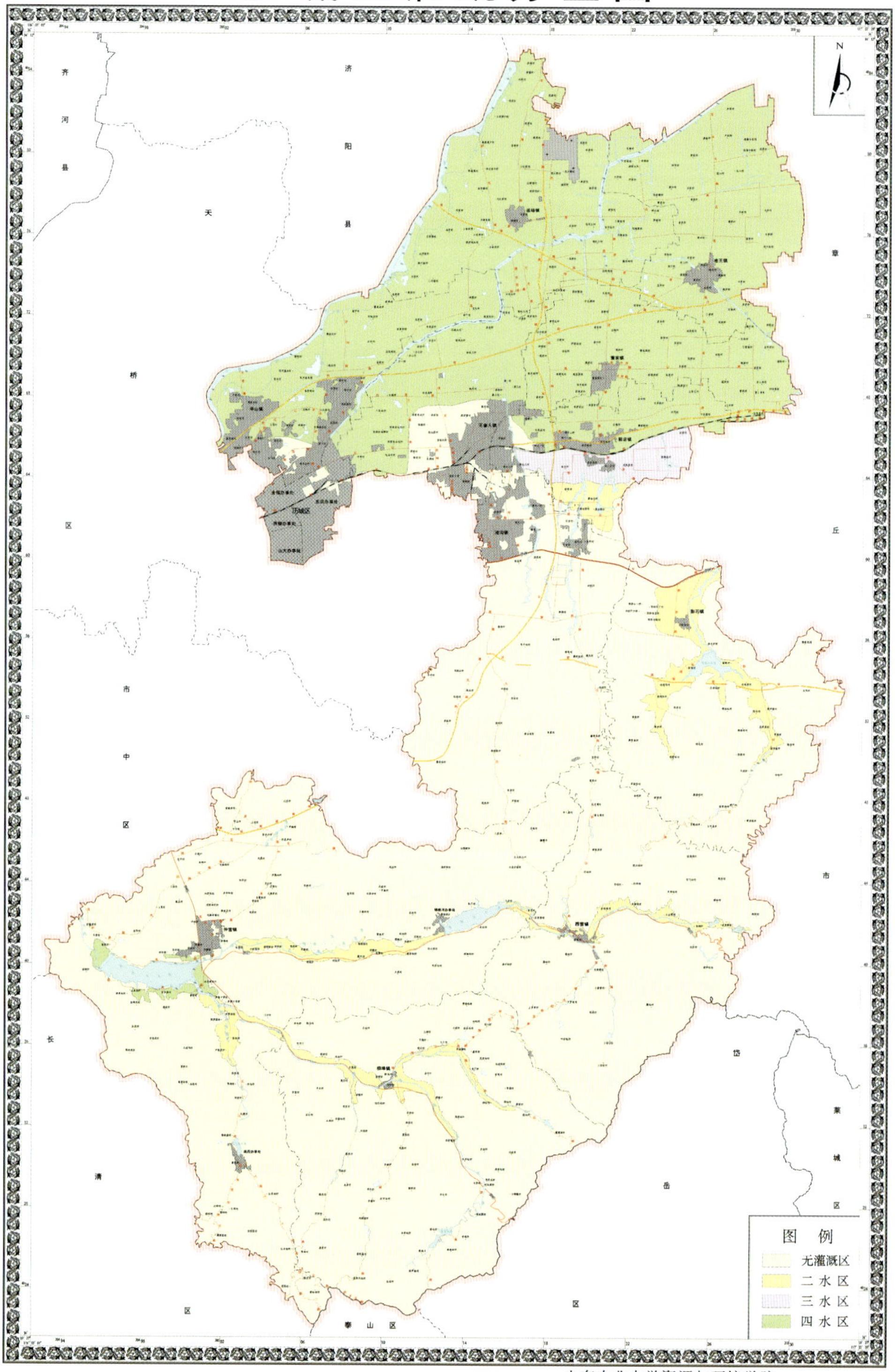


1954年北京坐标系 1956年黄海高程系

比例尺：1∶350000

山东农业大学资源与环境学院
山东天地亚太国土遥感有限公司 二〇〇九年十月

# 历城区耕地地力评价等级图

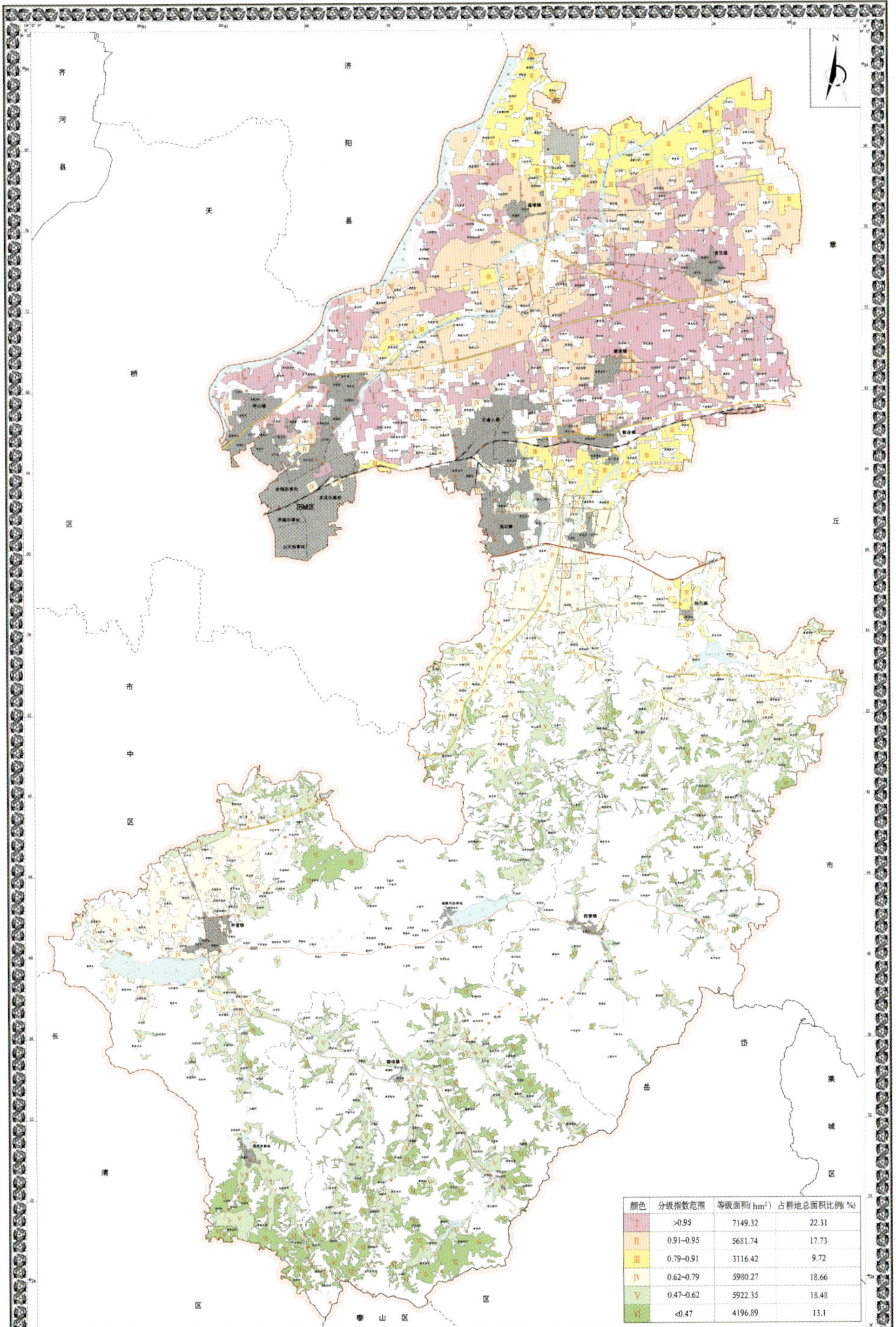


| 颜色 | 分级指数范围 | 等级面积(hm²) | 占耕地总面积比例(%) |
|---|---|---|---|
| Ⅰ | >0.95 | 7149.32 | 22.31 |
| Ⅱ | 0.91~0.95 | 5681.74 | 17.73 |
| Ⅲ | 0.79~0.91 | 3116.42 | 9.72 |
| Ⅳ | 0.62~0.79 | 5980.27 | 18.66 |
| Ⅴ | 0.47~0.62 | 5922.35 | 18.48 |
| Ⅵ | <0.47 | 4196.89 | 13.1 |

1954年北京坐标系　1956年黄海高程系　　比例尺：1∶350000

山东农业大学资源与环境学院
山东天地亚太国土遥感有限公司　二〇〇九年十月

# 历城区土壤有机质含量分布图

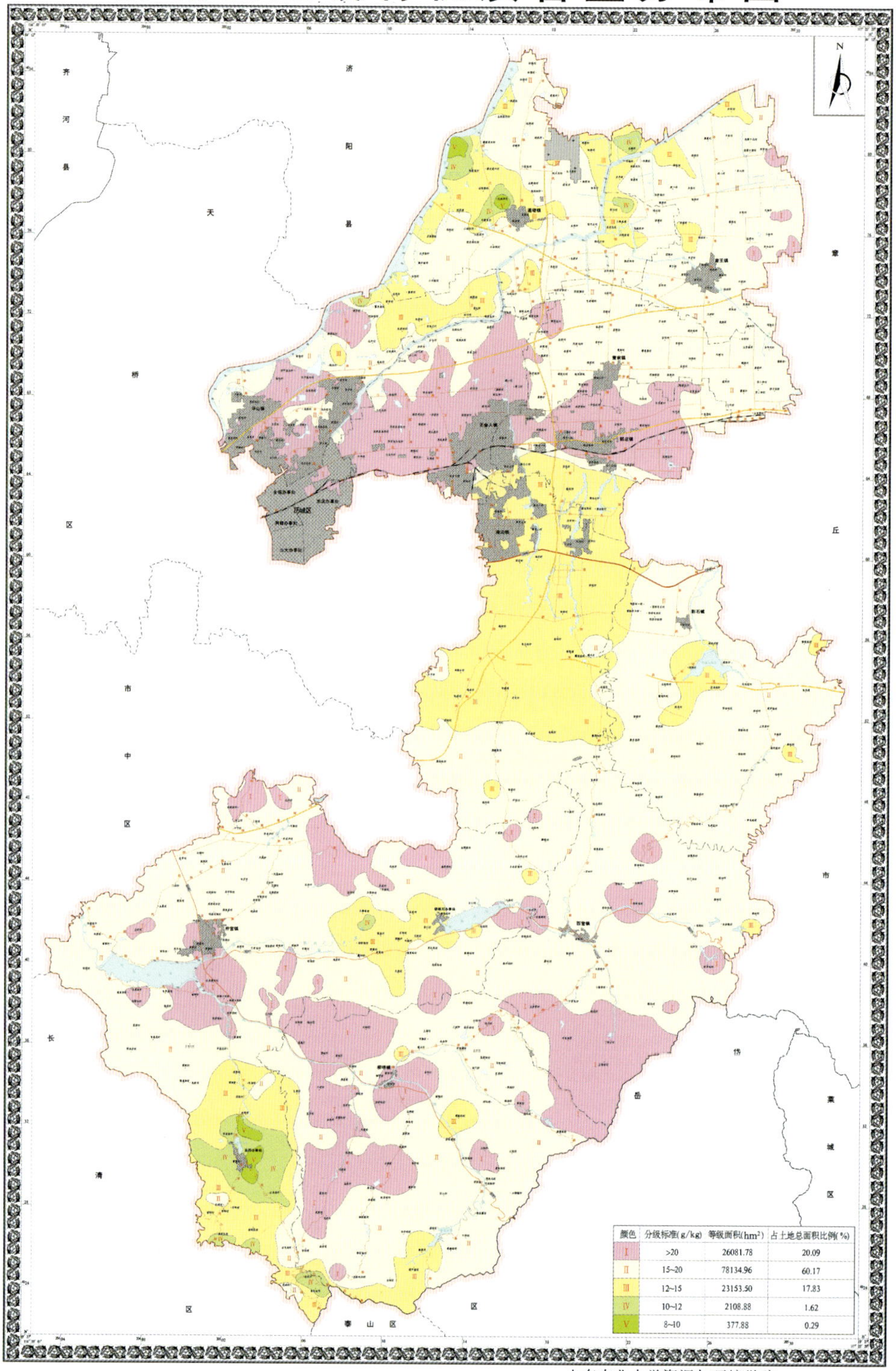


| 颜色 | 分级标准(g/kg) | 等级面积($hm^2$) | 占土地总面积比例(%) |
|---|---|---|---|
| Ⅰ | >20 | 26081.78 | 20.09 |
| Ⅱ | 15~20 | 78134.96 | 60.17 |
| Ⅲ | 12~15 | 23153.50 | 17.83 |
| Ⅳ | 10~12 | 2108.88 | 1.62 |
| Ⅴ | 8~10 | 377.88 | 0.29 |

1954年北京坐标系 1956年黄海高程系　　比例尺：1:350000

山东农业大学资源与环境学院
山东天地亚太国土遥感有限公司 二〇〇九年十月

# 历城区土壤速效钾含量分布图

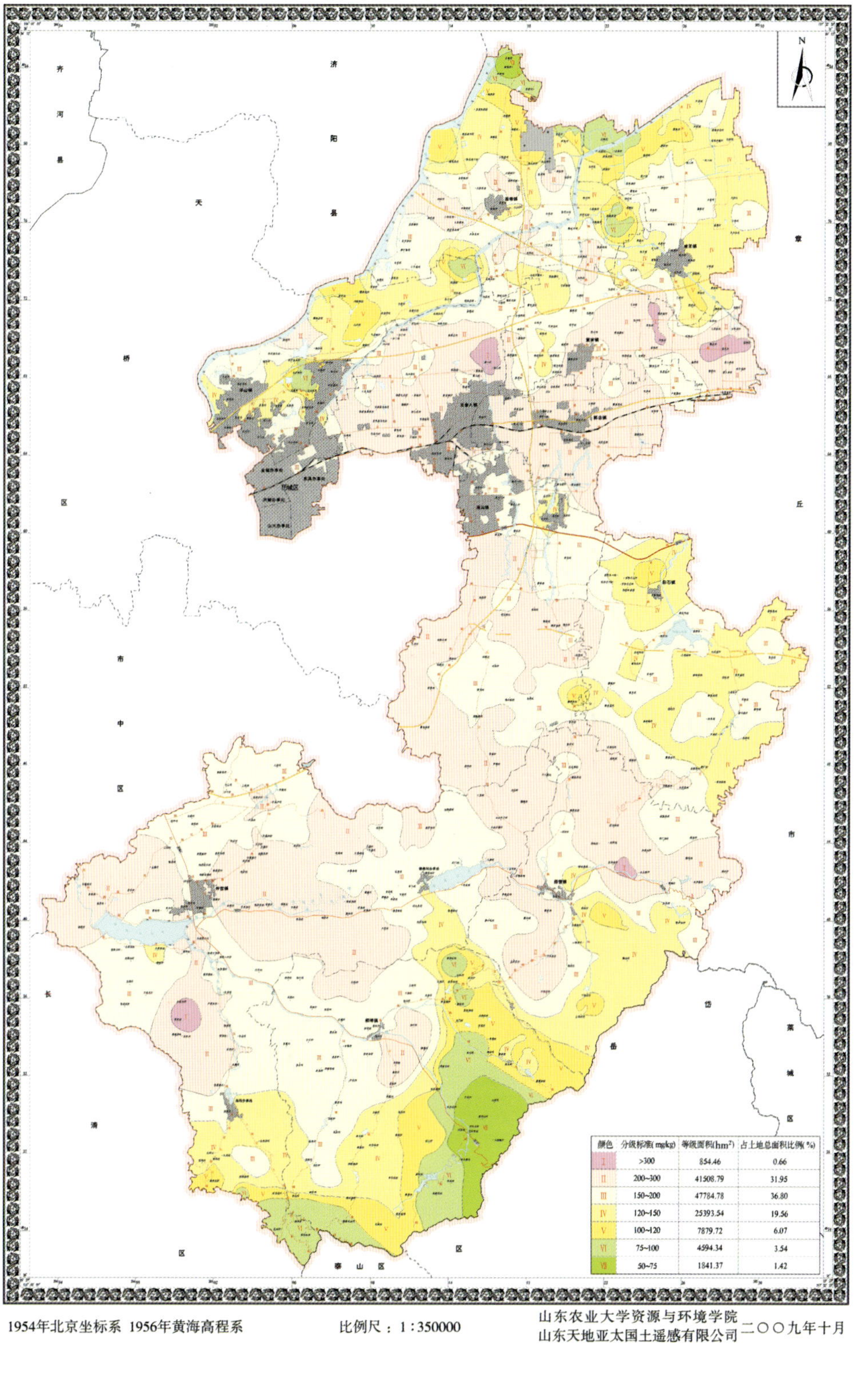


| 颜色 | 分级标准(mg/kg) | 等级面积($hm^2$) | 占土地总面积比例(%) |
|---|---|---|---|
| Ⅰ | >300 | 854.46 | 0.66 |
| Ⅱ | 200~300 | 41508.79 | 31.95 |
| Ⅲ | 150~200 | 47784.78 | 36.80 |
| Ⅳ | 120~150 | 25393.54 | 19.56 |
| Ⅴ | 100~120 | 7879.72 | 6.07 |
| Ⅵ | 75~100 | 4594.34 | 3.54 |
| Ⅶ | 50~75 | 1841.37 | 1.42 |

1954年北京坐标系 1956年黄海高程系　　比例尺：1∶350000　　山东农业大学资源与环境学院　山东天地亚太国土遥感有限公司　二〇〇九年十月

# 历城区土壤缓效钾含量分布图

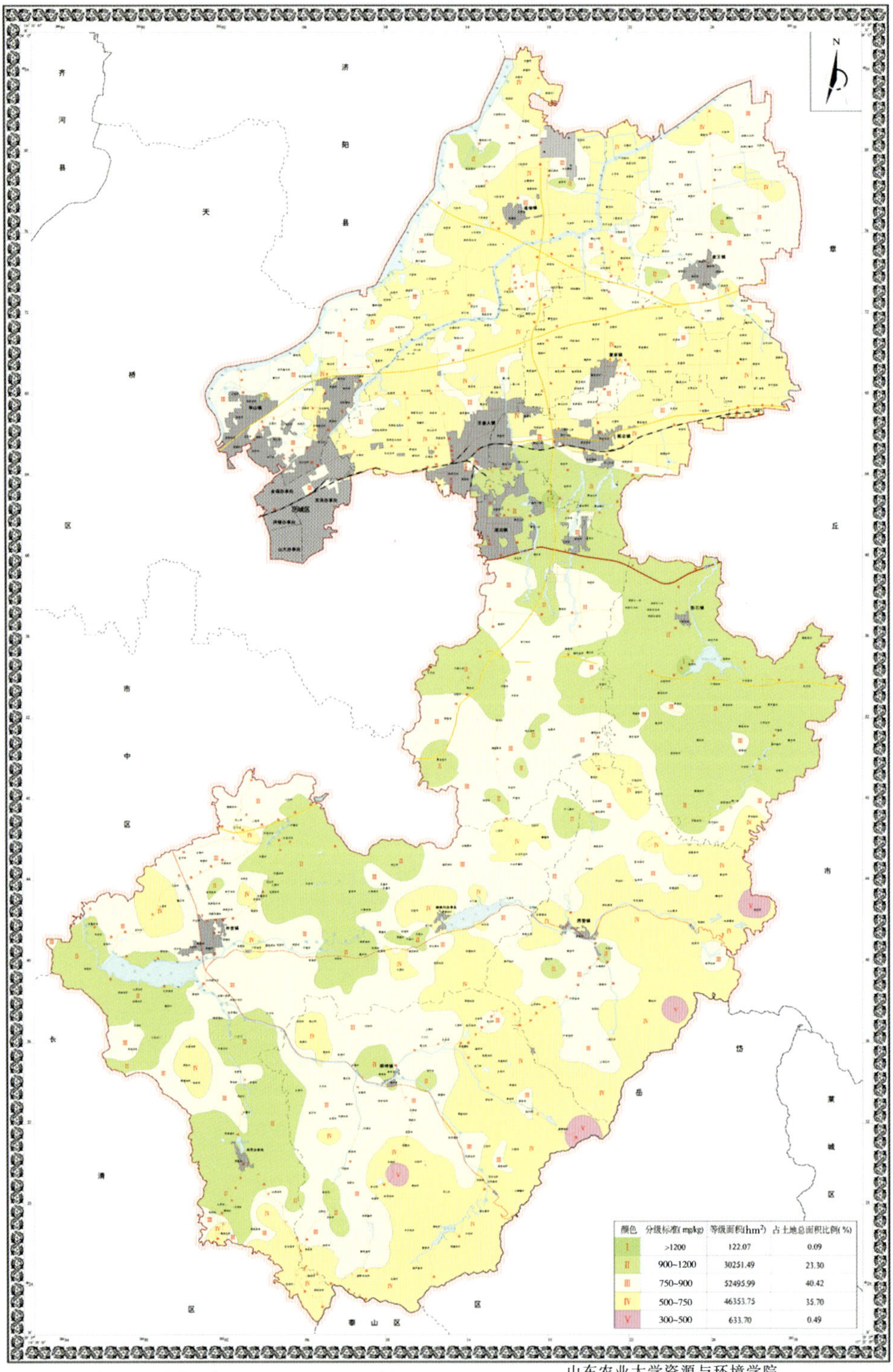


| 颜色 | 分级标准(mg/kg) | 等级面积(hm²) | 占土地总面积比例(%) |
|---|---|---|---|
| Ⅰ | >1200 | 122.07 | 0.09 |
| Ⅱ | 900~1200 | 30251.49 | 23.30 |
| Ⅲ | 750~900 | 52495.99 | 40.42 |
| Ⅳ | 500~750 | 46353.75 | 35.70 |
| Ⅴ | 300~500 | 633.70 | 0.49 |

1954年北京坐标系 1956年黄海高程系

比例尺：1∶350000

山东农业大学资源与环境学院
山东天地亚太国土遥感有限公司
二〇〇九年十月

# 历城区土壤有效磷含量分布图

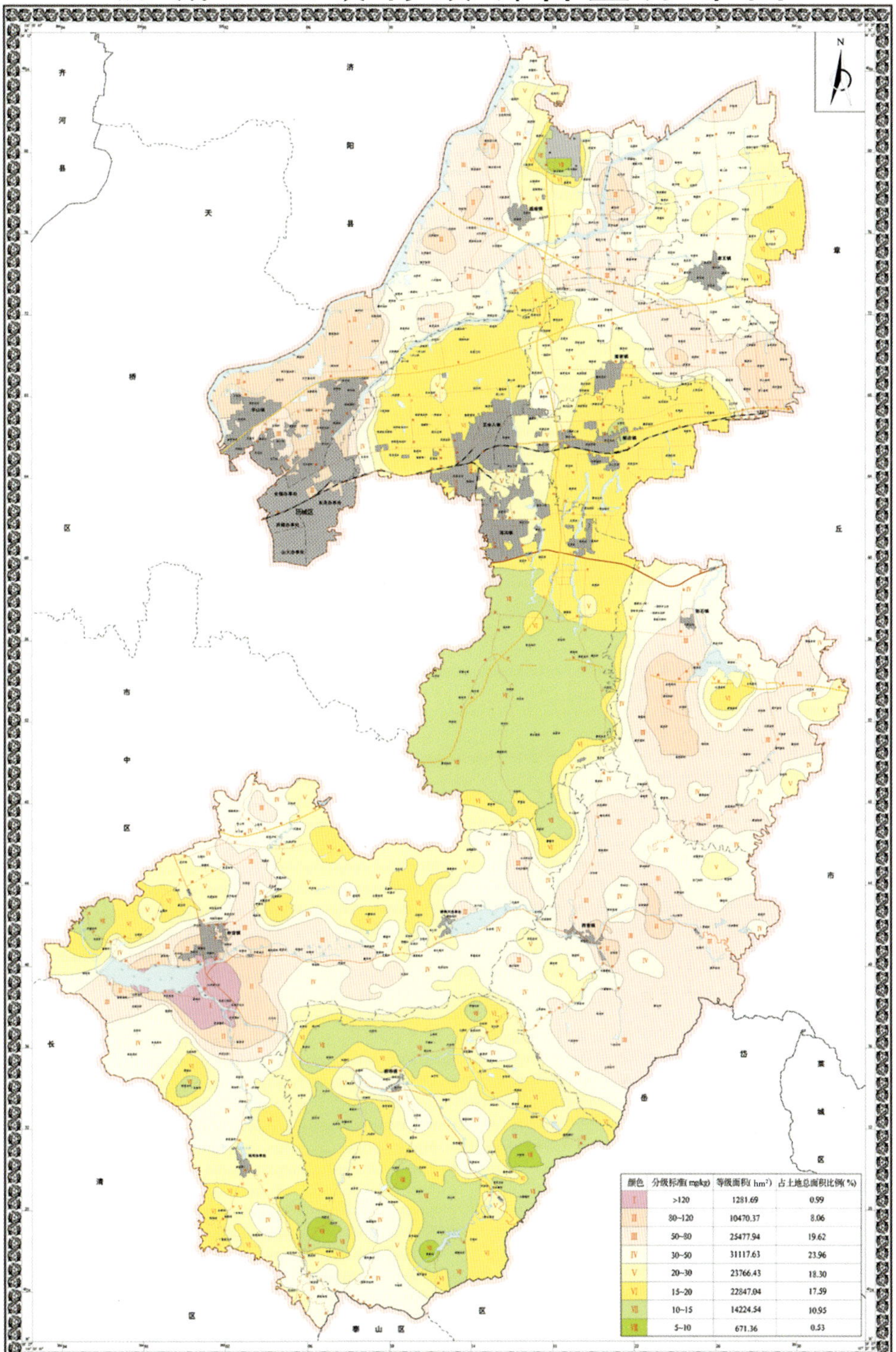


| 颜色 | 分级标准(mg/kg) | 等级面积(hm²) | 占土地总面积比例(%) |
|---|---|---|---|
| Ⅰ | >120 | 1281.69 | 0.99 |
| Ⅱ | 80~120 | 10470.37 | 8.06 |
| Ⅲ | 50~80 | 25477.94 | 19.62 |
| Ⅳ | 30~50 | 31117.63 | 23.96 |
| Ⅴ | 20~30 | 23766.43 | 18.30 |
| Ⅵ | 15~20 | 22847.04 | 17.59 |
| Ⅶ | 10~15 | 14224.54 | 10.95 |
| Ⅷ | 5~10 | 671.36 | 0.53 |

1954年北京坐标系 1956年黄海高程系　　比例尺：1∶350000　　山东农业大学资源与环境学院
山东天地亚太国土遥感有限公司　二〇〇九年十月

# 历城区土壤全氮含量分布图

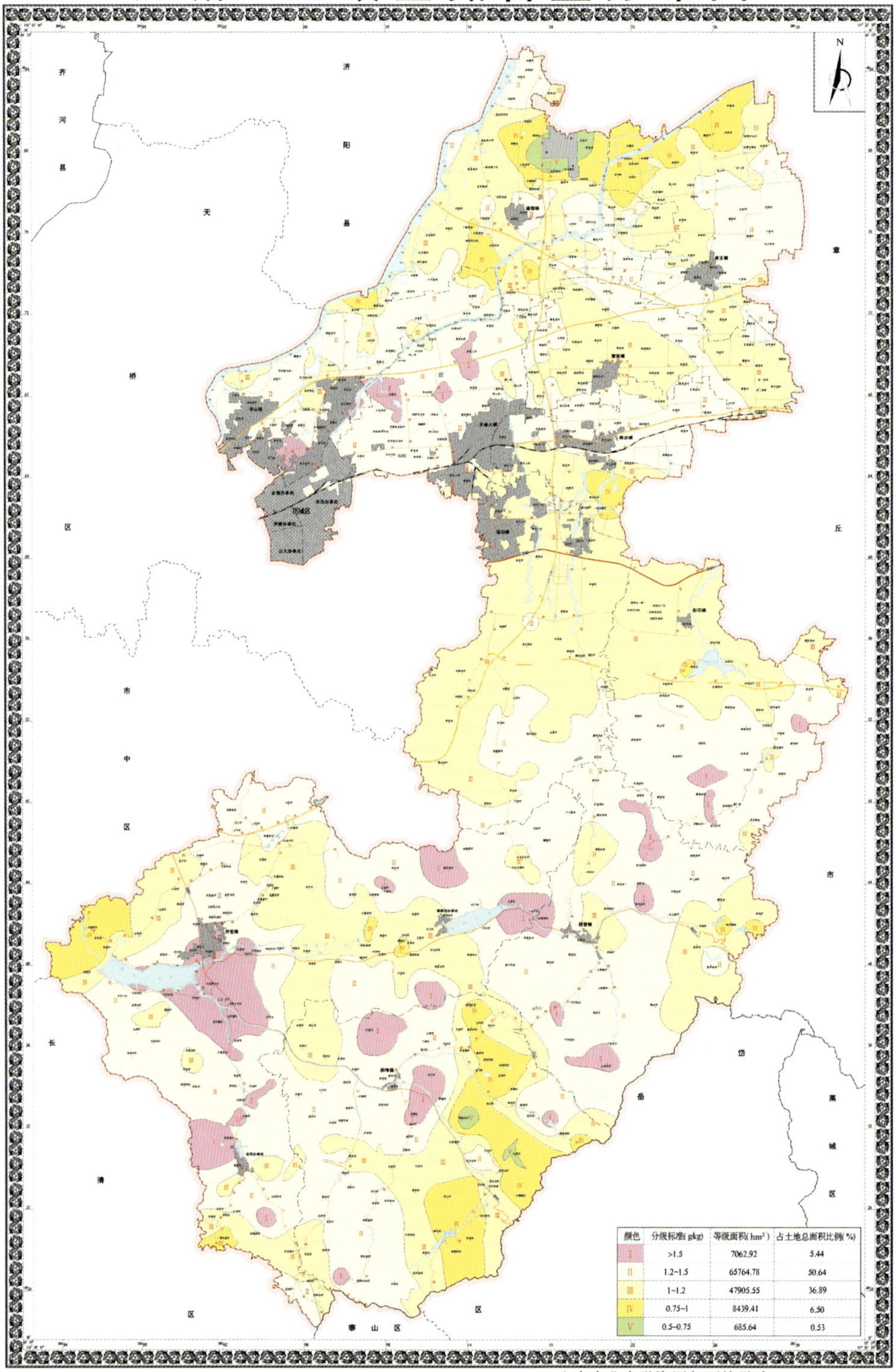


| 颜色 | 分级标准(g/kg) | 等级面积(hm²) | 占土地总面积比例(%) |
|---|---|---|---|
| Ⅰ | >1.5 | 7062.92 | 5.44 |
| Ⅱ | 1.2~1.5 | 65764.78 | 50.64 |
| Ⅲ | 1~1.2 | 47905.55 | 36.89 |
| Ⅳ | 0.75~1 | 8439.41 | 6.50 |
| Ⅴ | 0.5~0.75 | 685.64 | 0.53 |

1954年北京坐标系 1956年黄海高程系　　比例尺：1∶350000

山东农业大学资源与环境学院
山东天地亚太国土遥感有限公司　二〇〇九年十月

# 历城区土壤碱解氮含量分布图

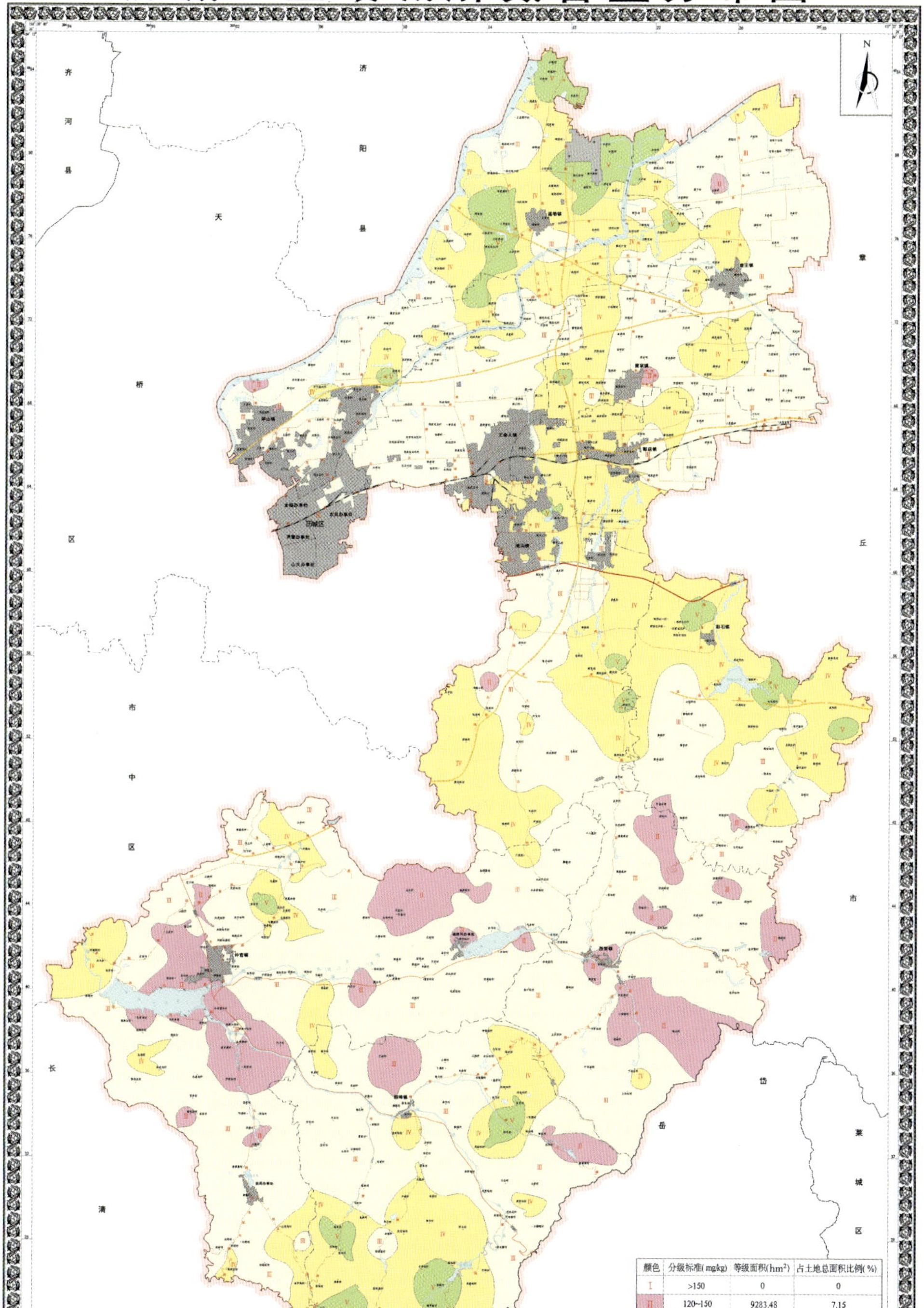


| 颜色 | 分级标准(mg/kg) | 等级面积($hm^2$) | 占土地总面积比例(%) |
|---|---|---|---|
| Ⅰ | >150 | 0 | 0 |
| Ⅱ | 120~150 | 9283.48 | 7.15 |
| Ⅲ | 90~120 | 78186.90 | 60.21 |
| Ⅳ | 75~90 | 37228.70 | 28.67 |
| Ⅴ | 60~75 | 5157.92 | 3.97 |

1954年北京坐标系 1956年黄海高程系　　比例尺：1∶350000　　山东农业大学资源与环境学院 山东天地亚太国土遥感有限公司 二〇〇九年十月

# 历城区土壤有效硼含量分布图

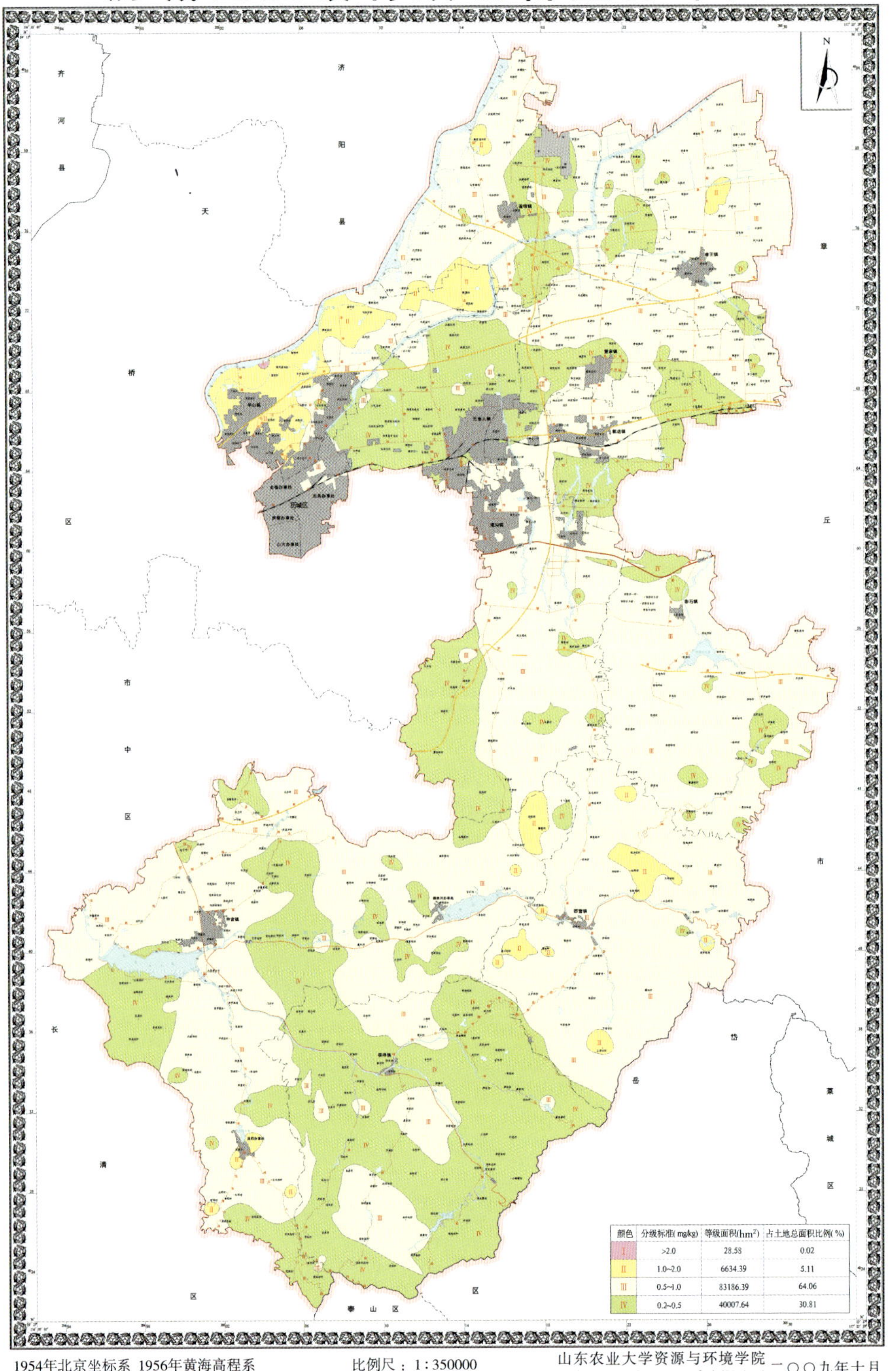


| 颜色 | 分级标准(mg/kg) | 等级面积($hm^2$) | 占土地总面积比例(%) |
|---|---|---|---|
| Ⅰ | >2.0 | 28.58 | 0.02 |
| Ⅱ | 1.0~2.0 | 6634.39 | 5.11 |
| Ⅲ | 0.5~1.0 | 83186.39 | 64.06 |
| Ⅳ | 0.2~0.5 | 40007.64 | 30.81 |

1954年北京坐标系 1956年黄海高程系　　比例尺：1∶350000　　山东农业大学资源与环境学院
山东天地亚太国土遥感有限公司　二〇〇九年十月

# 历城区土壤有效锌含量分布图

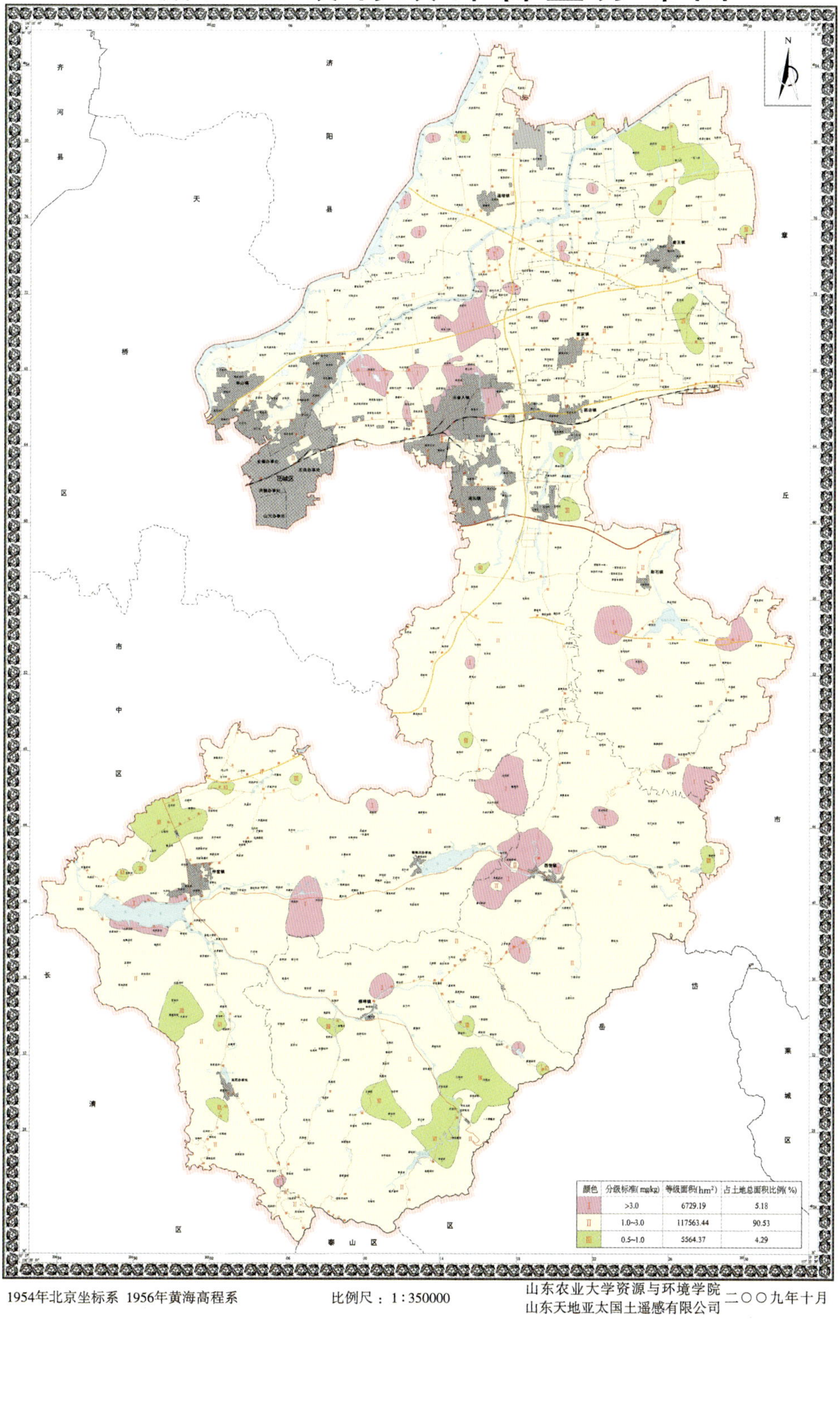


| 颜色 | 分级标准(mg/kg) | 等级面积(hm²) | 占土地总面积比例(%) |
|---|---|---|---|
| Ⅰ | >3.0 | 6729.19 | 5.18 |
| Ⅱ | 1.0~3.0 | 117563.44 | 90.53 |
| Ⅲ | 0.5~1.0 | 5564.37 | 4.29 |

1954年北京坐标系　1956年黄海高程系　　比例尺：1∶350000　　山东农业大学资源与环境学院　山东天地亚太国土遥感有限公司　二○○九年十月

# 历城区土壤有效锰含量分布图

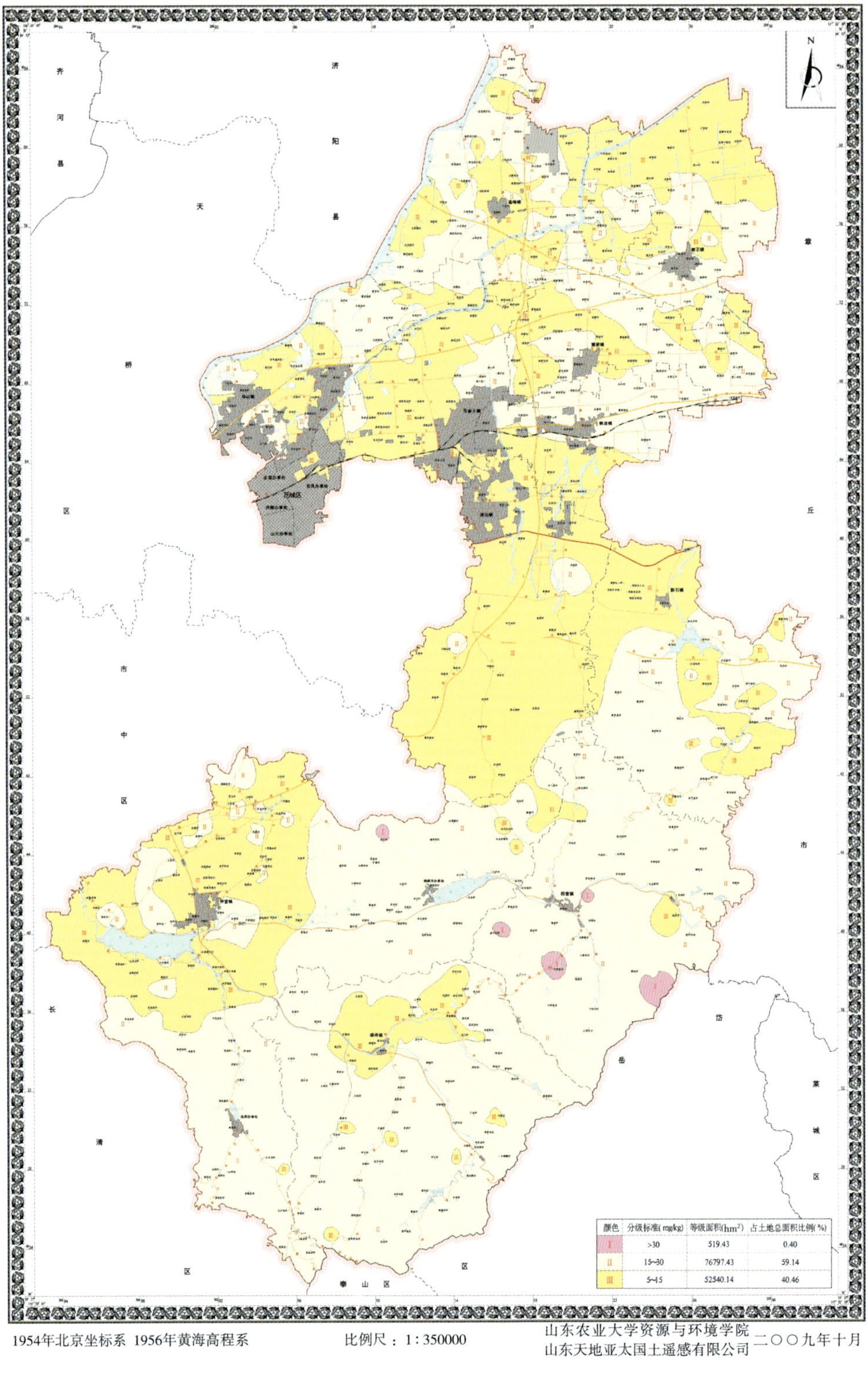


| 颜色 | 分级标准(mg/kg) | 等级面积($hm^2$) | 占土地总面积比例(%) |
|---|---|---|---|
| I | >30 | 519.43 | 0.40 |
| II | 15~30 | 76797.43 | 59.14 |
| III | 5~15 | 52540.14 | 40.46 |

1954年北京坐标系 1956年黄海高程系　　比例尺：1∶350000　　山东农业大学资源与环境学院 山东天地亚太国土遥感有限公司 二〇〇九年十月

# 历城区土壤有效铁含量分布图

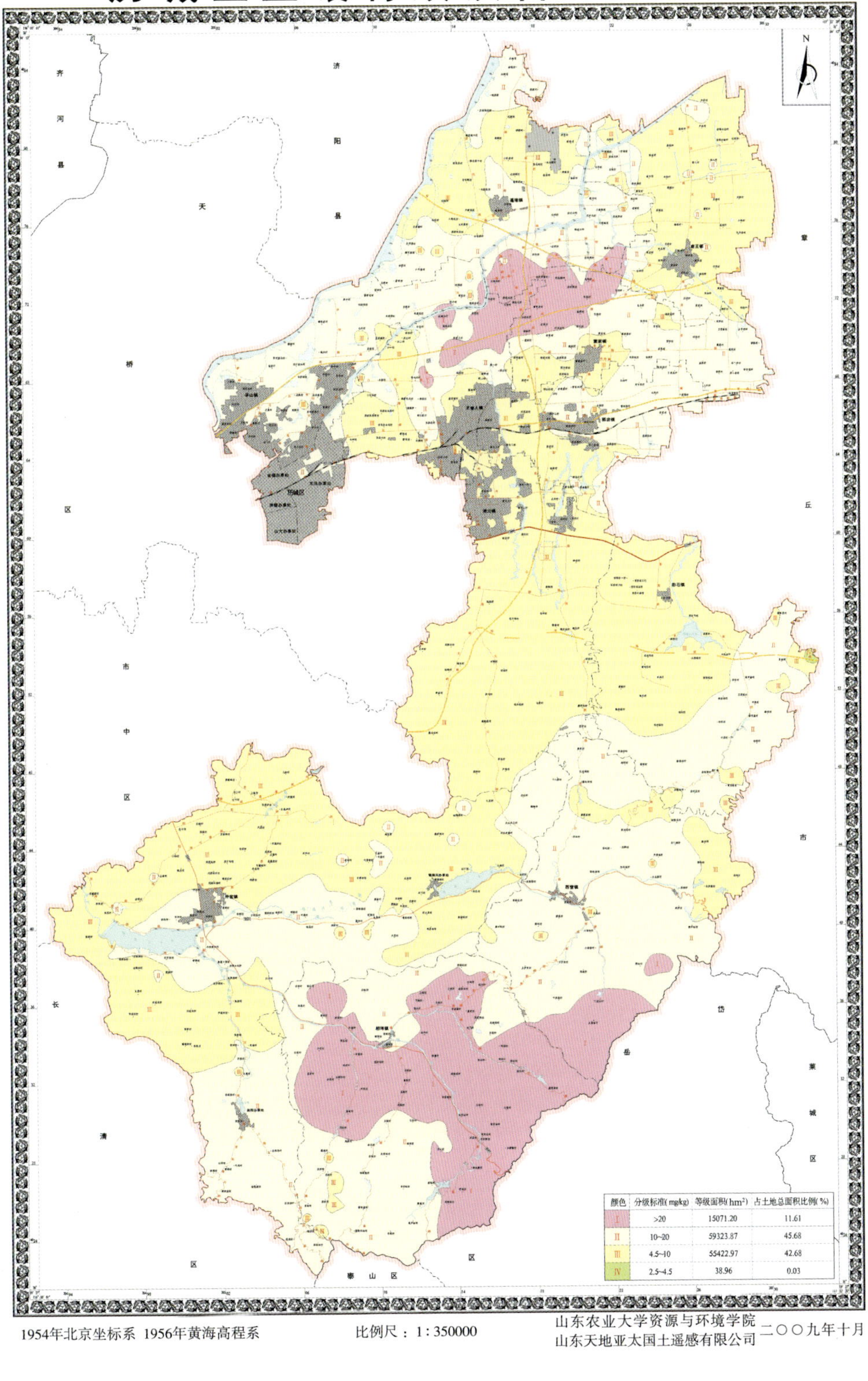


| 颜色 | 分级标准(mg/kg) | 等级面积(hm²) | 占土地总面积比例(%) |
|---|---|---|---|
| Ⅰ | >20 | 15071.20 | 11.61 |
| Ⅱ | 10~20 | 59323.87 | 45.68 |
| Ⅲ | 4.5~10 | 55422.97 | 42.68 |
| Ⅳ | 2.5~4.5 | 38.96 | 0.03 |

1954年北京坐标系 1956年黄海高程系　　比例尺：1:350000

山东农业大学资源与环境学院
山东天地亚太国土遥感有限公司　二〇〇九年十月

# 历城区土壤有效铜含量分布图

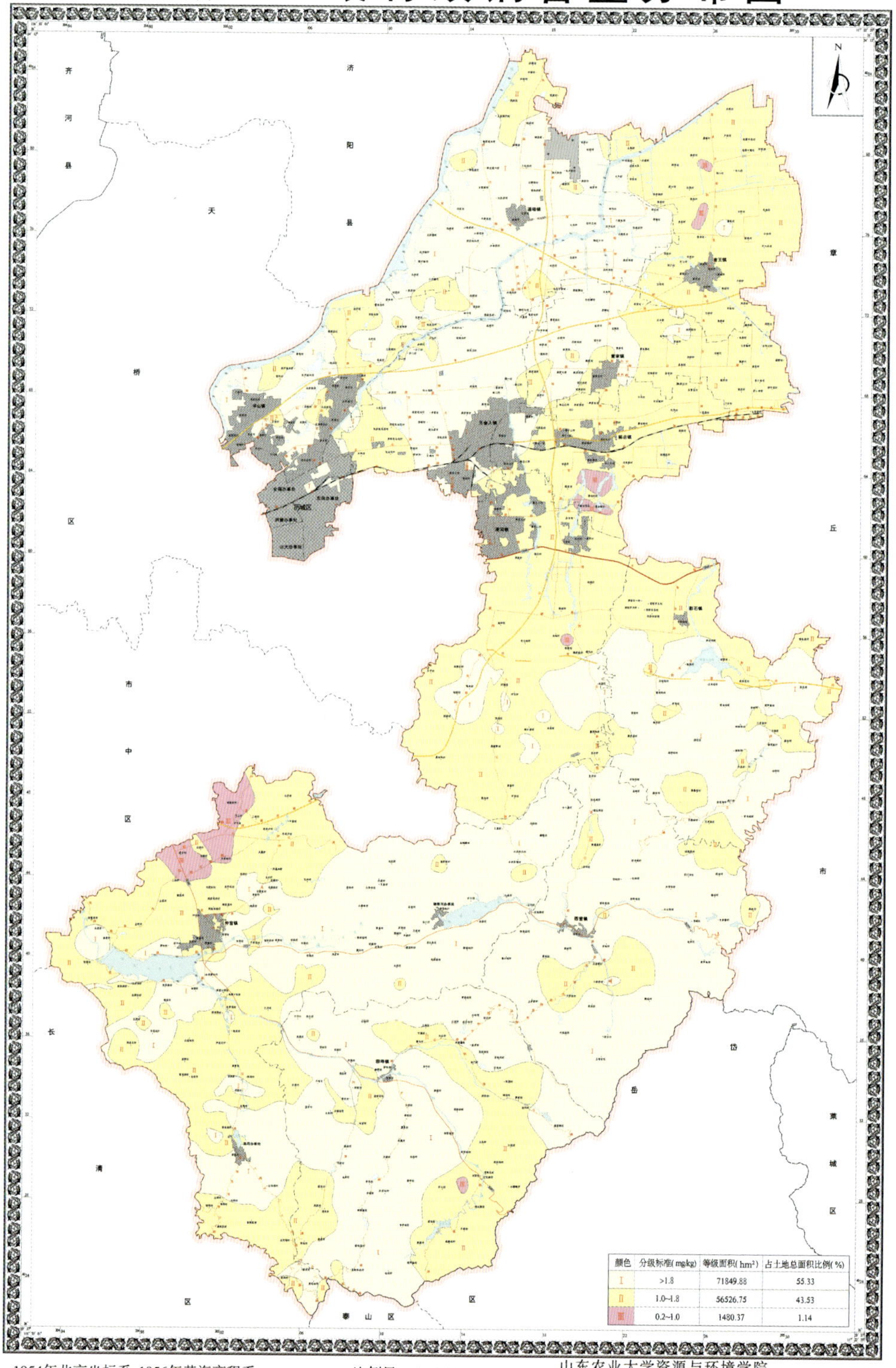


| 颜色 | 分级标准(mg/kg) | 等级面积(hm²) | 占土地总面积比例(%) |
|---|---|---|---|
| Ⅰ | >1.8 | 71849.88 | 55.33 |
| Ⅱ | 1.0~1.8 | 56526.75 | 43.53 |
| Ⅲ | 0.2~1.0 | 1480.37 | 1.14 |

1954年北京坐标系 1956年黄海高程系　　比例尺：1∶350000　　山东农业大学资源与环境学院　山东天地亚太国土遥感有限公司　二〇〇九年十月

# 历城区土壤pH分布图

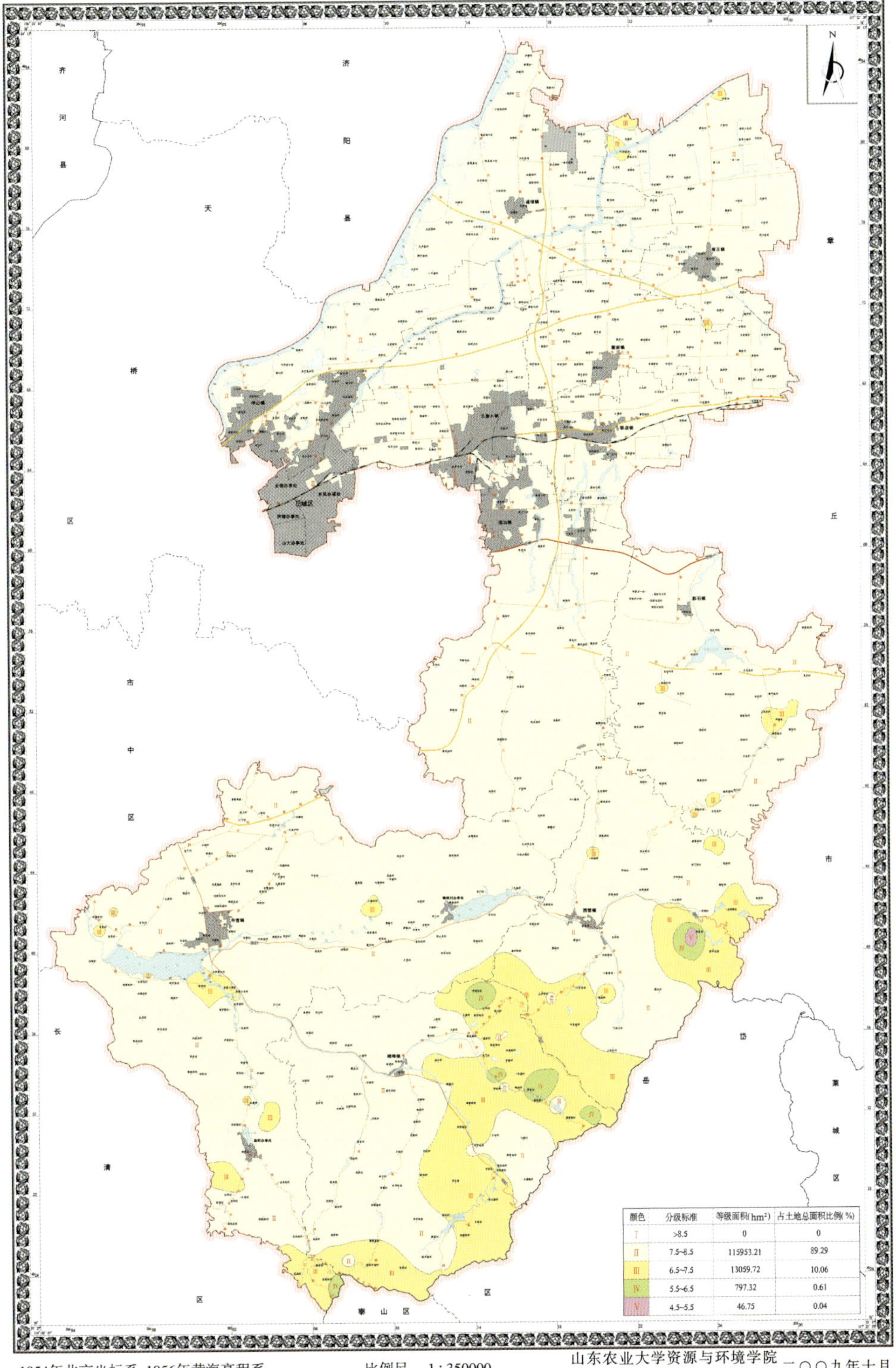


| 颜色 | 分级标准 | 等级面积($hm^2$) | 占土地总面积比例(%) |
|---|---|---|---|
| Ⅰ | >8.5 | 0 | 0 |
| Ⅱ | 7.5~8.5 | 115953.21 | 89.29 |
| Ⅲ | 6.5~7.5 | 13059.72 | 10.06 |
| Ⅳ | 5.5~6.5 | 797.32 | 0.61 |
| Ⅴ | 4.5~5.5 | 46.75 | 0.04 |

1954年北京坐标系 1956年黄海高程系　　比例尺：1∶350000　　山东农业大学资源与环境学院　山东天地亚太国土遥感有限公司　二〇〇九年十月

# 历城区壤交换性钙含量分布图

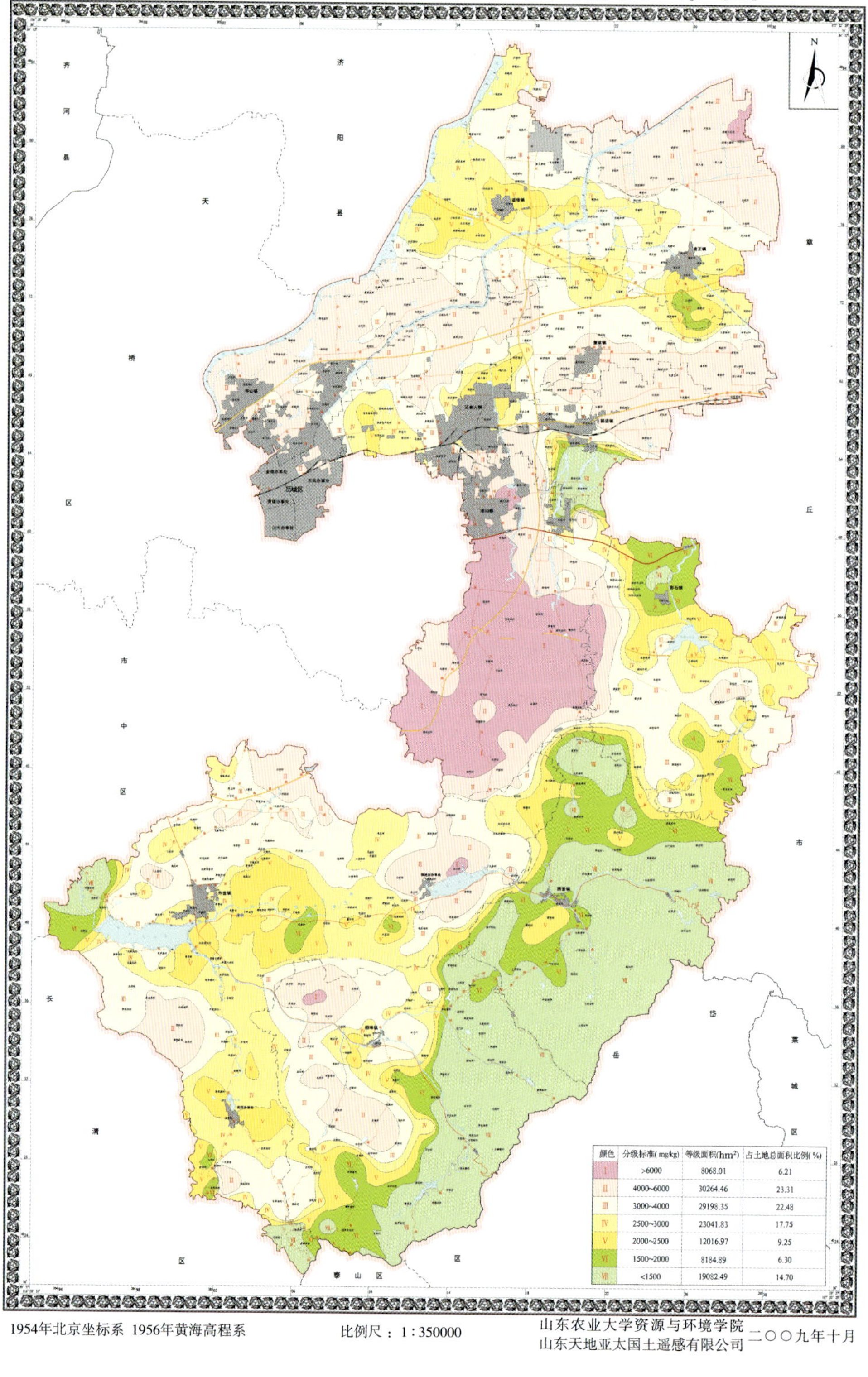


| 颜色 | 分级标准(mg/kg) | 等级面积($hm^2$) | 占土地总面积比例(%) |
|---|---|---|---|
| Ⅰ | >6000 | 8068.01 | 6.21 |
| Ⅱ | 4000~6000 | 30264.46 | 23.31 |
| Ⅲ | 3000~4000 | 29198.35 | 22.48 |
| Ⅳ | 2500~3000 | 23041.83 | 17.75 |
| Ⅴ | 2000~2500 | 12016.97 | 9.25 |
| Ⅵ | 1500~2000 | 8184.89 | 6.30 |
| Ⅶ | <1500 | 19082.49 | 14.70 |

1954年北京坐标系 1956年黄海高程系　　比例尺：1:350000

山东农业大学资源与环境学院
山东天地亚太国土遥感有限公司　二〇〇九年十月

# 历城区土壤交换性镁含量分布图

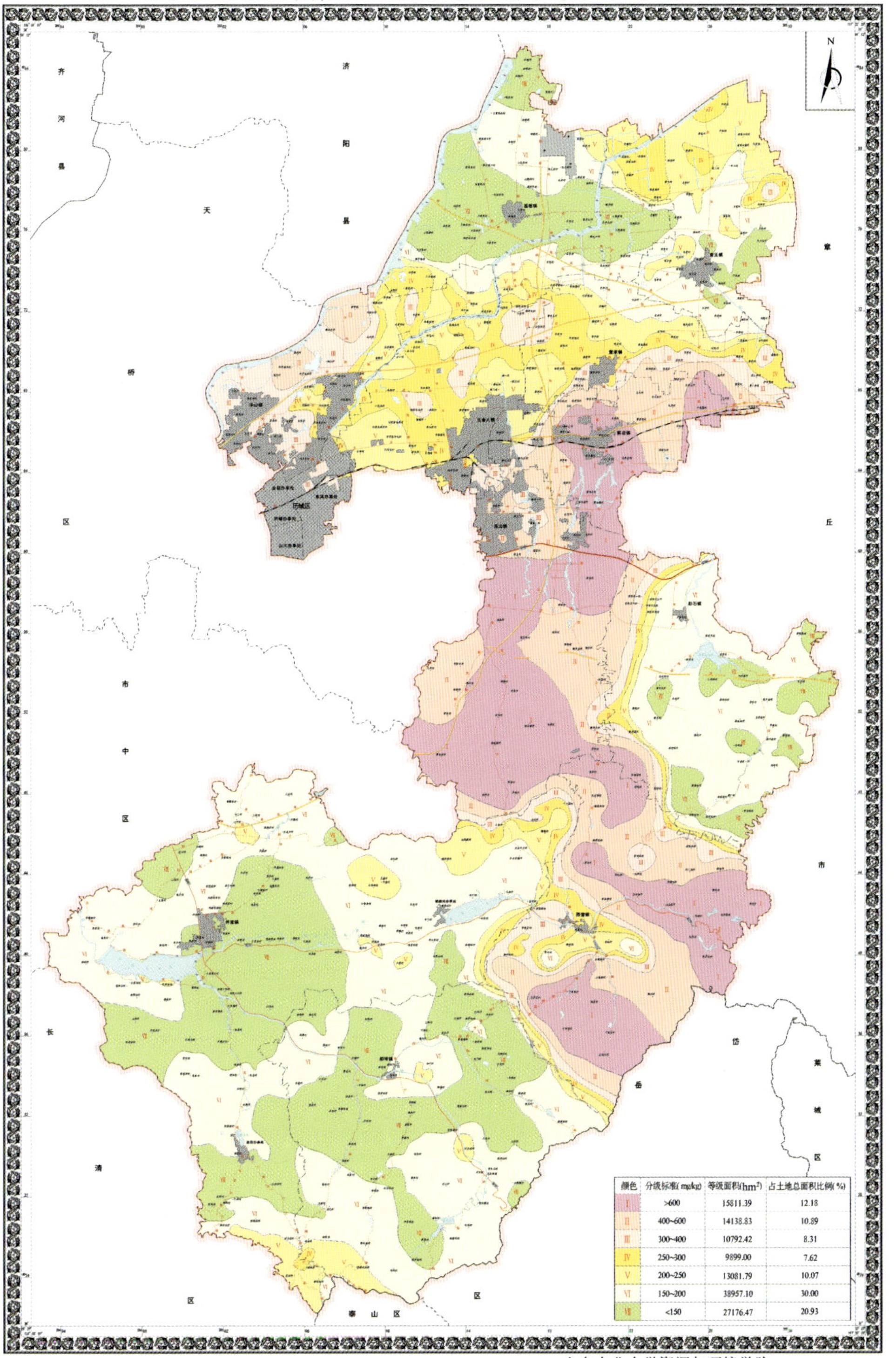


| 颜色 | 分级标准(mg/kg) | 等级面积(hm²) | 占土地总面积比例(%) |
|---|---|---|---|
| Ⅰ | >600 | 15811.39 | 12.18 |
| Ⅱ | 400~600 | 14138.83 | 10.89 |
| Ⅲ | 300~400 | 10792.42 | 8.31 |
| Ⅳ | 250~300 | 9899.00 | 7.62 |
| Ⅴ | 200~250 | 13081.79 | 10.07 |
| Ⅵ | 150~200 | 38957.10 | 30.00 |
| Ⅶ | <150 | 27176.47 | 20.93 |

1954年北京坐标系 1956年黄海高程系　　比例尺：1∶350000　　山东农业大学资源与环境学院
山东天地亚太国土遥感有限公司　二〇〇九年十月

# 历城区土壤有效硅含量分布图

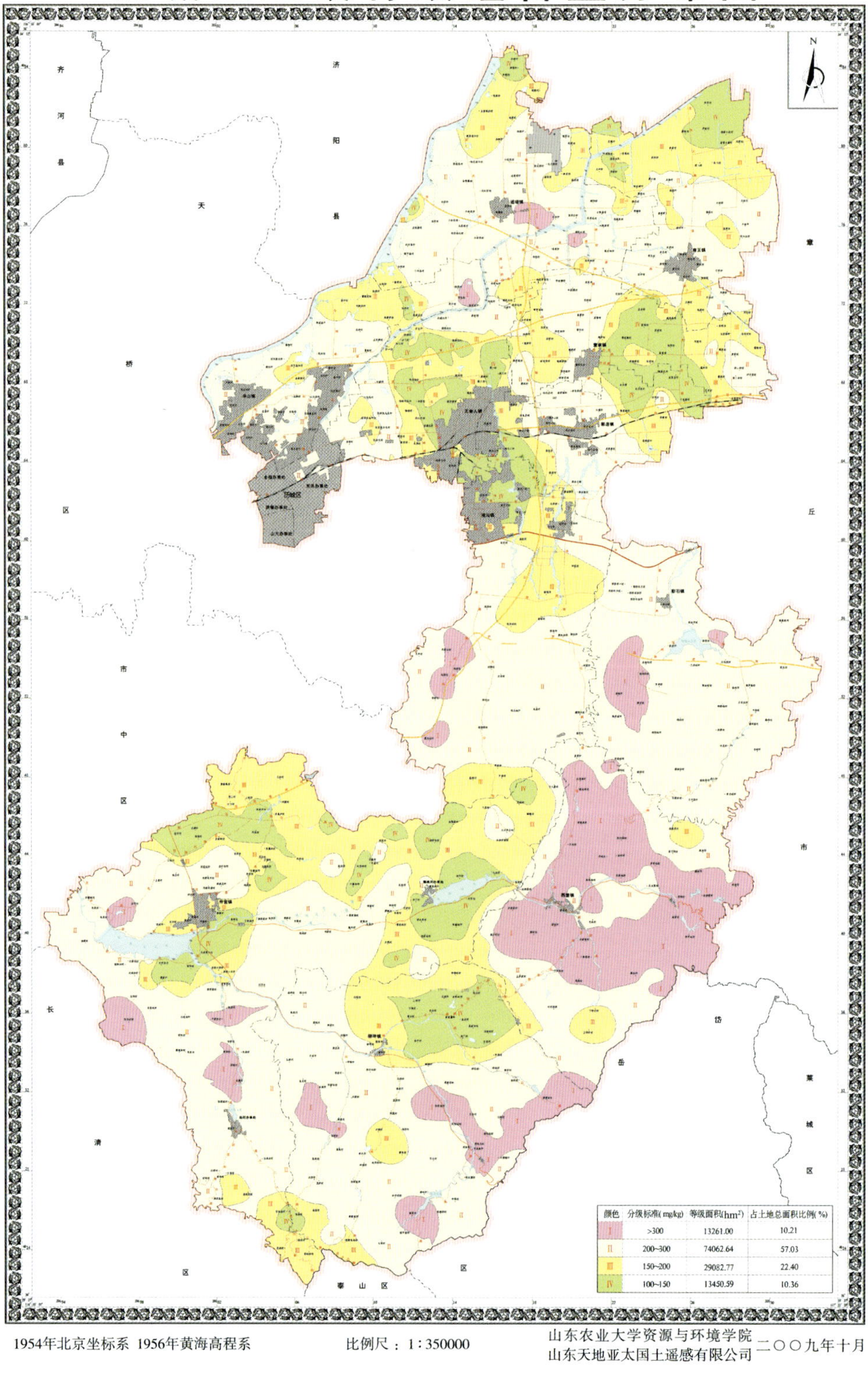


| 颜色 | 分级标准(mg/kg) | 等级面积(hm²) | 占土地总面积比例(%) |
|---|---|---|---|
| Ⅰ | >300 | 13261.00 | 10.21 |
| Ⅱ | 200~300 | 74062.64 | 57.03 |
| Ⅲ | 150~200 | 29082.77 | 22.40 |
| Ⅳ | 100~150 | 13450.59 | 10.36 |

1954年北京坐标系 1956年黄海高程系　　比例尺：1∶350000

山东农业大学资源与环境学院
山东天地亚太国土遥感有限公司　二〇〇九年十月

# 历城区土壤有效硫含量分布图

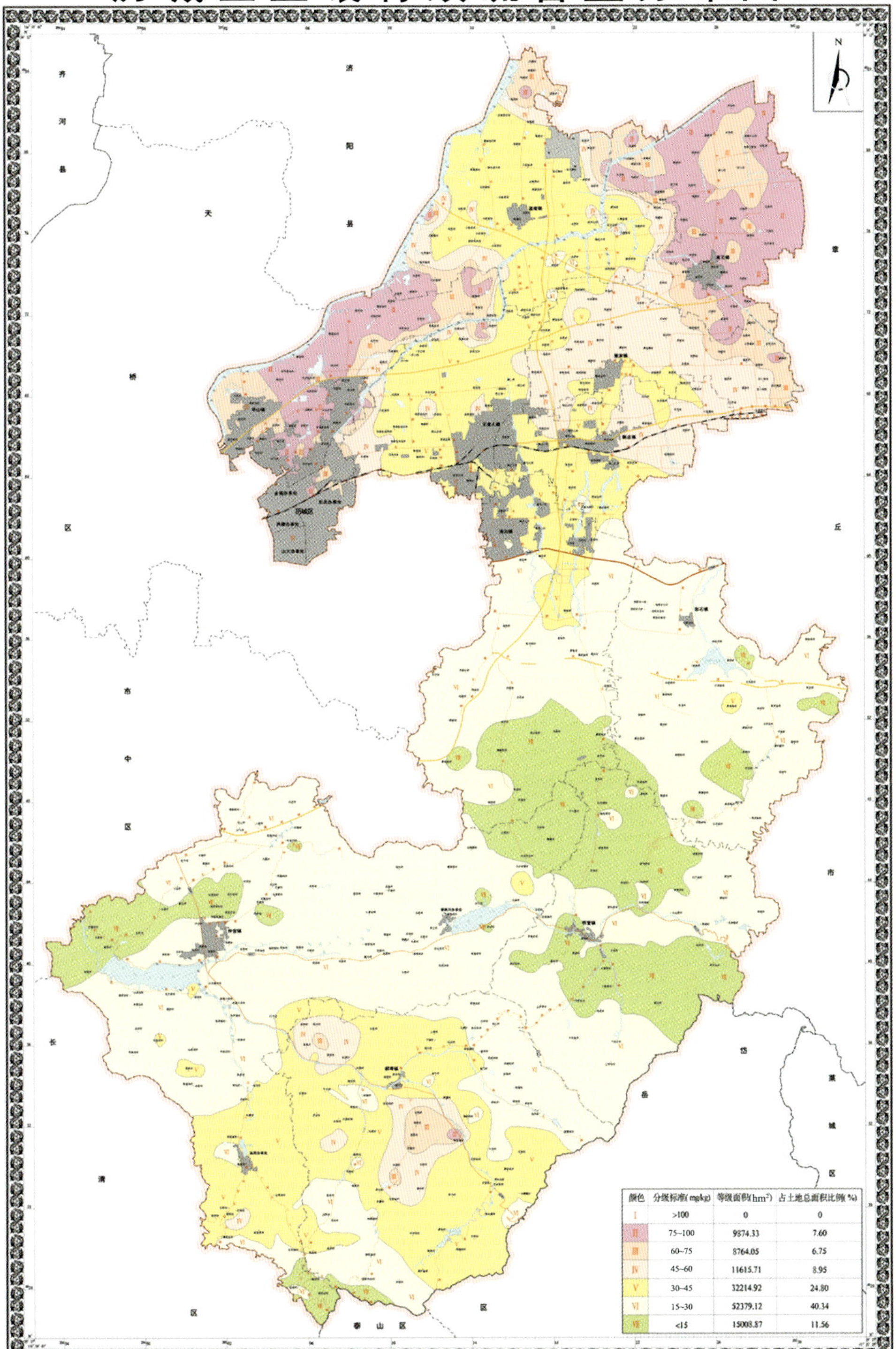


| 颜色 | 分级标准(mg/kg) | 等级面积(hm$^2$) | 占土地总面积比例(%) |
| --- | --- | --- | --- |
| Ⅰ | >100 | 0 | 0 |
| Ⅱ | 75~100 | 9874.33 | 7.60 |
| Ⅲ | 60~75 | 8764.05 | 6.75 |
| Ⅳ | 45~60 | 11615.71 | 8.95 |
| Ⅴ | 30~45 | 32214.92 | 24.80 |
| Ⅵ | 15~30 | 52379.12 | 40.34 |
| Ⅶ | <15 | 15008.37 | 11.56 |

1954年北京坐标系 1956年黄海高程系　　比例尺：1∶350000　　山东农业大学资源与环境学院 山东天地亚太国土遥感有限公司 二〇〇九年十月

# 历城区土壤有效钼含量分布图

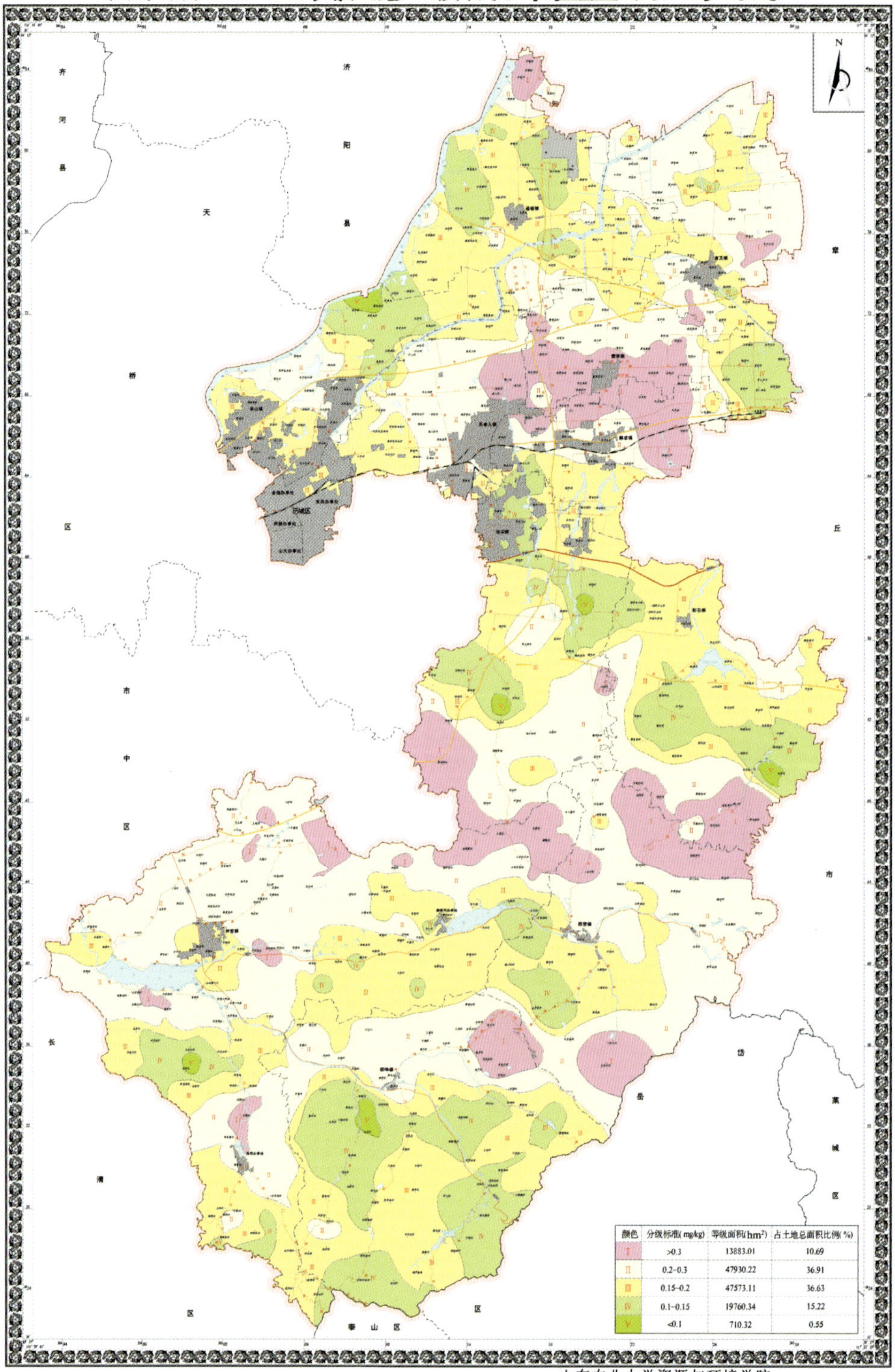


| 颜色 | 分级标准(mg/kg) | 等级面积(hm²) | 占土地总面积比例(%) |
|---|---|---|---|
| Ⅰ | >0.3 | 13883.01 | 10.69 |
| Ⅱ | 0.2~0.3 | 47930.22 | 36.91 |
| Ⅲ | 0.15~0.2 | 47573.11 | 36.63 |
| Ⅳ | 0.1~0.15 | 19760.34 | 15.22 |
| Ⅴ | <0.1 | 710.32 | 0.55 |

1954年北京坐标系 1956年黄海高程系　　比例尺：1∶350000　　山东农业大学资源与环境学院 山东天地亚太国土遥感有限公司 二〇〇九年十月